Liderazgo
sin límites

Liderazgo sin límites

Manual de supervivencia para mánagers

———

RONALD HEIFETZ

MARTY LINSKY

Reverté Management
Barcelona, México

Harvard Business Review Press
Boston, Massachusetts

Leader Ship on the Line
Liderazgo sin límites

© **Editorial Reverté, S. A., 2021**
Loreto 13-15, Local B. 08029 Barcelona – España
revertemanagement.com

Edición en papel
ISBN: 978-84-17963-29-3

Edición en ebook
ISBN: 978-84-291-9630-6 (ePub)
ISBN: 978-84-291-9631-3 (PDF)

Editores: Ariela Rodríguez / Ramón Reverté
Coordinación editorial y maquetación: Patricia Reverté
Revisión de textos: Mariló Caballer Gil

Impreso en España – *Printed in Spain*
Depósito legal: B 7962-2021
Impresión y encuadernación: Liberduplex
Barcelona – España

54

A David y Ariana (Anni), y a Alison, Sam,
Max, Rich, Meredith, LeAnna, Guy y Wit,
con la esperanza de que saldrán airosos y harán
algo por la humanidad.

Contenido

Contenido   vii
Prefacio   ix
Agradecimientos   xxv
Introducción   1

Primera parte: El desafío
1   En medio del peligro   9
2   Algunas facetas del peligro   31

Segunda parte: La respuesta
3   Subirse al balcón   55
4   Pensar en clave política   81
5   Orquestar el conflicto   111
6   Devolver el trabajo   137
7   Mantenerse quieto   155

Tercera parte: Cuerpo y alma
8   Maneja tus anhelos   179
9   Busca anclajes   205
10 ¿Qué está en el límite?   227
11 Sagrado corazón   245

Notas   259
Índice   265
Sobre los autores   273

Prefacio

Desde el comienzo de la vida en la tierra, la adaptabilidad siempre ha sido un factor esencial para sobrevivir y progresar para todas las especies de seres vivos. Sin duda, así ha sucedido en los sistemas humanos que intentan afrontar difíciles retos y prosperar ante la incertidumbre y el cambio, sea cual sea la forma que adopte ese sistema: redes internacionales, un país, una tribu, un pueblo, una empresa, una familia o una persona.

Por lo tanto, si tu comunidad —sin que importe a qué escala estés considerándola— necesita centrarse en la mejora de un conjunto de habilidades, de su rendimiento o de una competencia para garantizar un progreso exitoso, opta por la adaptabilidad. Creemos que lo que es válido para cualquier sistema humano también lo es para ti como individuo.

Ahora más que nunca

Hemos escrito este libro con tres objetivos: (1) mostrar que el cambio productivo debe ser adaptativo para ser sostenible; (2) ofrecer herramientas y modelos que reduzcan el riesgo para que las personas puedan ver cómo liderar y al mismo tiempo sobrevivir a los riesgos del cambio; y (3) animar a las personas a que aprovechen las oportunidades de ejercer el liderazgo que se les presentan cada día.

Aunque la necesidad de adaptación siempre ha sido fundamental, nunca ha sido tan importante como lo es ahora. Todo el mundo tiene que descubrir cómo adaptarse a los múltiples y desalentadores retos a los que se enfrenta el mundo: terrorismo apátrida o de Estado, guerras y refugiados; los efectos del cambio climático en la ferocidad de las tormentas, las inundaciones de las ciudades costeras y la sequía; los peligros de las nuevas pandemias víricas; el crecimiento demográfico que supera la capacidad de carga de las familias y las economías. Internet y las redes sociales han cambiado la forma en la que los seres humanos se comunican entre sí, cómo se libran las guerras y cómo se juega a la política. La Gran Recesión que comenzó en 2008 no solo precipitó en caída libre a los mercados de valores de todo el mundo, sino que condujo a una recuperación que se produjo de forma desigual, aumentando aún más la brecha de ingresos.

Desde el punto de vista político, Estados Unidos eligió a su primer presidente afroamericano; sin embargo, en el mundo surgieron movimientos polarizadores —tanto de izquierdas como de derechas— que a menudo se introdujeron y alteraron los procesos electorales convencionales. Las elecciones en contextos democráticos de Asia, Australia, Europa, Sudamérica y Estados Unidos han sido ganadas —o casi ganadas— por políticos con vocación autoritaria y un discurso que promete soluciones fáciles y un restablecimiento del orden, la previsibilidad y la calma. La palabra clave del mantra de la campaña electoral del presidente Trump en 2016, «hacer que América sea grande nuevamente», era «nuevamente». El deseo de restablecimiento, de recuperar la patria, tanto si ese anhelo se comparte como si no, es un retroceso ante las dificultades y las penurias de la adaptación a realidades nuevas, desconocidas y, a menudo, amenazantes.

La constancia, la complejidad y la profundidad del cambio nos desafían a todos. Por un lado, nos enfrentamos a nuevas y extraordinarias oportunidades para prosperar individual y colectivamente. Por otro, los cambios conllevan pérdidas: algunas personas se quedan atrás, se cuestionan valores mantenidos durante mucho tiempo, se anulan normas y prácticas muy arraigadas, y de una manera simple y repentina desaparecen la seguridad laboral, la familiaridad y la previsibilidad.

Tal inestabilidad ha hecho que emerjan desafíos enconados en el orden mundial y en las diferentes experiencias de quienes estaban surfeando las olas frente a quienes sentían que se estaban ahogando en ellas.

Consideremos el crecimiento de la población. El consenso mundial sobre la importancia de la política demográfica se ha venido abajo por razones que creemos solo parcialmente justificables, con importantes repercusiones en la pobreza, el terrorismo, el tráfico sexual, las pandemias, las migraciones masivas y, por supuesto, el cambio climático. En muchos países, familias, sistemas educativos y economías locales están desbordados por el alto número de niños; lo que hace que los hombres jóvenes sean vulnerables a los reclutadores de terroristas y criminales, y que las mujeres jóvenes lo sean a los depredadores y los traficantes sexuales. El cambio climático parece inabordable no solo porque, como consumidores, muchas personas sigan aferradas a los viejos trabajos y a las viejas pautas de consumo de combustible y alimentos, sino también porque como aspirantes, sobre todo en la era digital, una inmensa población de jóvenes sin recursos de todo el mundo tratará de consumir más. La gente ya no encontrará la felicidad en la subsistencia y el aislamiento. Las pandemias también se alimentarán de la alta densidad de personas que viven juntas. Esos factores se han combinado para tensar los entornos de contención de nuestras comunidades y sociedades, incluidas las occidentales, creando puntos desencadenantes de sequías e inundaciones desde el interior, y de migraciones, epidemias y terrorismo desde el exterior. En Siria, por ejemplo, una alta tasa de crecimiento rural combinada con una larga sequía antes de 2011 ocasionó un desplazamiento masivo de las comunidades agrícolas hacia las ciudades, y creó un contexto propicio para la guerra civil, la represión brutal, el incremento de movimientos islámicos regresivos y la migración masiva.

En términos de liderazgo, esas condiciones suelen generar que la gente anhele una dirección competente, de protección y regreso al orden. Al igual que las dictaduras de la historia suelen surgir en las crisis, las condiciones de nuestro tiempo crean un mercado político de certezas y respuestas. Los angustiados ciudadanos premian la complacencia, y los políticos les complacen. Estos últimos prometen demasiado para ganar las elecciones y se ganan la desconfianza porque no pueden cumplir sus promesas. Inevitablemente, en medio de los desafíos adaptativos de estas décadas, la gente siente que quienes ostentan el poder les defraudan, que no cumplen sus expectativas ni escuchan su dolor, que solo hablan en lugar de escuchar. Al sentirse traicionados y cada vez más inseguros, muchas personas se repliegan con rabia en grupos de identidad más cerrados. La tensión sobre la solidaridad en la diversidad es palpable en todo el mundo.

Hay que romper ese círculo vicioso. Los ciudadanos tienen que afrontar la complejidad y las consecuencias de sus demandas, pero los políticos deben comprometerse con los ciudadanos más honesta e ingeniosamente para liderar este proceso. No es suficiente con que los gobernantes se esfuercen por comprender los problemas si luego alejan a sus votantes de las decisiones difíciles. El cambio profundo debe ser más sincero que grandioso, más progresivo que la experiencia del mismo, y se construye a partir de valores perdurables para los seres humanos individuales y de valores que puedan guiar a las comunidades humanas. Creemos que es posible liderar y perdurar, tanto para ser reelegido como para hacer que, en ese cambio, la gente asuma su porción de responsabilidad en un proceso iterativo y adaptativo de renovación.

La actual experiencia humana es profundamente desconcertante y perturbadora, pero el radical, dramático y profundo cambio comienza en alguna parte, es más progresivo que la propia experiencia del cambio y está profundamente arraigado en los valores, tanto de los seres humanos individuales como los compartidos por las comunidades humanas.

Las trampas del liderazgo: el dilema de la transformación

Cuando empezamos hace treinta años, junto con nuestros colaboradores, a desarrollar estas perspectivas sobre la práctica del liderazgo, inicialmente en la colaboración de Ron con Riley Sinder en el libro *Leadership Without Easy Answers* y posteriormente en este. *El liderazgo en juego*, el término habitualmente utilizado para captar lo ambicioso del pensamiento del liderazgo era: «transformador».

La transformación en sí misma es problemática como marco para el liderazgo. En primer lugar, fomenta la grandiosidad autorreferencial: «Tengo una visión transformadora y ahora voy a vendértela». El liderazgo visto de esta manera se convierte fácilmente en «yo y mi visión», en lugar de en un trabajo colectivo que hay que hacer. La mentalidad transformadora no comienza con un enfoque de diagnóstico y un proceso de búsqueda: el paso crucial es escuchar para comprender la brecha entre los valores, las capacidades y las condiciones, antes de formular un camino a seguir. Rara vez fomenta la búsqueda de propósitos compartidos; con demasiada frecuencia, el autodenominado «líder transformacional» comienza con una solución, y luego considera el liderazgo como un problema de inspiración y persuasión de las ventas.

En segundo lugar, la mentalidad transformadora suele no tener una perspectiva histórica por sí misma. Tiende a comenzar con la idea de un cambio, tal vez una «mejor práctica», con poco respeto por el terreno en el que debe echar raíces. Aunque sobre el papel sea una gran idea, introducir esa idea corre el riesgo de desarraigar más de lo debido, de desorientar y devaluar a la gente más de lo necesario, y al final suele generar una reacción cultural inmune que rechaza o distorsiona la idea original, independientemente de la buena intención que se tenga. La reacción alérgica puede producirse rápidamente (Egipto, Yemen y la Primavera Árabe) o puede tardar cuarenta años (la Revolución china) o sesenta (la Revolución rusa).

En tercer lugar, hay que hacer hincapié en que el cambio transformacional, por sí solo, estimula a las personas apasionadas y valientes para que busquen un cambio grande y sistémico, aunque también se corre el riesgo de que se animen a escalar precipitadamente y que descarten el trabajo diario incremental y transaccional del liderazgo. El mundo actual necesita adaptaciones a todos los niveles, desde la forma en que las familias crían a sus hijos hasta la forma en que los vecinos, los consumidores y los ciudadanos interactúan, pasando por la forma en que operamos a través de las fronteras nacionales y entre los estados o naciones. Los retos del siglo xxi no necesitan un único salvador, sino el liderazgo cotidiano de personas que movilicen la creatividad colectiva en torno a problemas difíciles que estén a su alcance desde cualquier lugar donde vivan.[1]

Un cambio sostenible es adaptativo

Creemos que nuestra sociedad exige un cambio profundo y generalizado que transforme la capacidad de las personas para afrontar los retos actuales y prosperar de nuevas maneras. También creemos que el cambio sostenible y transformador es más evolutivo que revolucionario, conservando mucho más ADN cultural del que se desecha. Por ejemplo, el motor de búsqueda de Google dependía y conservaba una infraestructura económica y tecnológica ya evolucionada: el sistema económico de Estados Unidos y el creciente mercado de productos basados en la web, una rica red de industrias tecnológicas, el ecosistema de Silicon Valley y muchas soluciones de ingeniería anteriores, incluidas las lecciones de los motores de búsqueda que lo precedieron. La tecnología de Google transformó nuestras capacidades humanas de forma sostenible porque esos profundos cambios arraigaron en competencias, instituciones y valores tecnológicos, económicos y culturales ya establecidos, construyéndose a partir de ahí. Y aunque el modelo de negocio de Google, basado en los ingresos por publicidad y las nuevas técnicas de recopilación de datos, transformó el mercado online, gran parte de él se basó en enseñanzas esenciales y conservó capacidades imprescindibles que ya habían evolucionado a lo largo de generaciones en la publicidad y el marketing. Por poner un ejemplo histórico, la Revolución americana conservó la mayor parte del ADN cultural de Gran Bretaña: su lengua, sus artes, su ciencia, su teoría política y el naciente sistema de libre mercado. Una nación construida sobre valores, y no sobre identidades, que permite una arquitectura para la diversidad, no solo fue transformadora, sino también adaptativa. Sus fundadores conservaron más de lo que cambiaron.

Para que un cambio transformador sea sostenible, no solo tiene que arraigar en su propia cultura, sino que también tiene que comprometerse con éxito con su entorno cambiante. Debe adaptarse a las realidades internas y externas. Por lo tanto, el liderazgo tiene que empezar por escuchar y aprender, por averiguar dónde está la gente, por distinguir sus mejores saberes, por valorar y desarrollar, para construir a partir de ese punto. Es peligroso liderar solo con una idea de cambio en mente. Es necesario respetar los valores, las competencias y la historia de las personas —así como el entorno cambiante— para crear la capacidad de responder a los nuevos retos y aprovechar las nuevas oportunidades.

Adaptación sistémica: el ejemplo colombiano

Incluso los grandes cambios dirigidos desde la cúpula de un gobierno son la acumulación de innumerables incrementos y transacciones diarias. A lo largo de las últimas décadas, Ron ha tenido el privilegio de educar y asesorar a varios presidentes y primeros ministros de todo el mundo; todos ellos tenían grandes aspiraciones de lograr cambios significativos en sus sociedades, y todos ellos triunfaron o fracasaron —depende del tema— basándose en parte de su capacidad para pensar en términos evolutivos y adaptativos sobre las exigencias de liderar un cambio social profundo y preparar a sus ciudadanos en consecuencia.

El presidente de Colombia, Juan Manuel Santos, empezó dando pequeños pasos, pero progresivos, hacia un acuerdo de paz con las FARC incluso antes de su toma de posesión en agosto de 2020. Conocía perfectamente la guerra, ya que acababa de ser ministro de Defensa. Comenzó construyendo un ecosistema, un entorno de contención, para las negociaciones de paz. Nombró como ministro de Asuntos Exteriores al anterior embajador de Venezuela para poder establecer una relación de trabajo con el presidente venezolano Hugo Chávez, que había dado refugio a la guerrilla colombiana. Santos tenía que persuadir a Chávez para que cambiara de rumbo y presionara a la guerrilla para que pusiera fin a la violencia y se sentara a la mesa de negociaciones. Santos también se acercó con éxito a Cuba, histórica defensora de la guerrilla. Raúl Castro también cambió de rumbo, no solo presionando a las FARC para que negociaran, sino también ofreciéndose como anfitrión de las negociaciones. Y Santos trajo a los noruegos —que habían acogido las negociaciones entre israelíes y palestinos y los Acuerdos de Oslo— para que actuaran como anfitriones neutrales junto con los cubanos. Fueron grandes movimientos, pero también fueron pasos graduales.

El proceso de negociación en sí duró más de cinco años. El presidente Santos contaba con un equipo de primer nivel, y también estableció múltiples líneas de comunicación con las FARC para aumentar sus opciones y mantener el control del proceso. Diariamente, prestaba atención al trabajo de su equipo negociador, a los retos, a la oposición de sus colegas políticos y a los difíciles ajustes para los distintos colectivos, ya que cada uno de ellos debía enfrentarse a la gran cantidad de cuestiones difíciles que se ponían sobre la mesa de negociación, y ante el país en general. Hubo un sinfín de grandes y difíciles cuestiones, tan peliagudas como los mecanismos para la confiscación de armas y tan amplias como las políticas para abordar la desigualdad que había dado lugar a las guerras de guerrillas en un primer momento, cincuenta años antes. Cada una de ellas requería un análisis y una creatividad específicos y detallados, así como cambios significativos en el corazón y en la mente de todos, desde los negociadores hasta el ciudadano medio.

El hecho de que el presidente Santos lograra una reelección en 2014 y concluyera el acuerdo de paz en 2016 es un testimonio del trabajo minucioso, pormenorizado, transaccional y peligroso que supuso propiciar un cambio social profundo. Por supuesto, aún no se ha llegado a una resolución definitiva. Santos perdió el referéndum sobre el acuerdo de paz en octubre de 2016, pero se adaptó rápidamente: revisó el acuerdo y obtuvo pronto la aprobación del Congreso. Para garantizar esos logros en su último año de mandato, el presidente Santos centró su atención en la labor de restablecimiento de la población. Durante la mayor parte de su mandato se centró en la negociación y dedicó menos tiempo a comprometerse y establecer lazos de confianza con las comunidades relevantes en todo el país. Todo el mundo dentro del proceso de negociación pasó por una experiencia de cambio profundamente emocional durante años de intenso esfuerzo. Santos supo contenerlos bien en cada paso. Pero el presidente estaba menos disponible para contener a quienes tendrían que soportar el peso de la reconciliación —las familias de las víctimas secuestradas y asesinadas— y a quienes tendrían que arriesgar su posición política, económica o cultural en el nuevo orden político. Una paz sostenible no se logra firmando un acuerdo. Solo se logra con cambios adaptativos en la vida de las personas a medida que dejan atrás su traumático pasado, obtienen una nueva política social y económica y construyen nuevas relaciones políticas que funcionan. La paz seguirá siendo un trabajo en progreso durante una generación, con avances y retrocesos que requerirán un liderazgo altamente adaptable no solo de Santos y sus sucesores, sino también de personas que lideran, con autoridad y sin ella, en el conjunto de la sociedad. El presidente Santos ganó el Premio Nobel de la Paz 2016 porque con valor, resistencia y arte político, y con una mentalidad evolutiva y un enfoque adaptativo, hizo algo extraordinario: dio una oportunidad a la paz y reforzó las probabilidades de su sostenibilidad.

Adaptación a nivel personal: las etapas de la vida

El trabajo de adaptación a nivel sistémico es igual de duro que el individual. Estamos seguros de que en algún momento has tenido que enfrentarte a nuevas realidades imprevistas e inoportunas en tu vida personal o profesional: la muerte repentina de un ser querido, un divorcio inesperado, una derrota electoral, la pérdida de un trabajo, una crisis de salud, un fracaso empresarial, la ruptura repentina de un romance en el que tenías depositadas muchas esperanzas o un amigo de confianza te ha traicionado. Añade tus propios ejemplos a esta lista.

Los desafíos de la adaptación en cualquiera de esas situaciones son paralelos a los que afrontaron el presidente Santos y la sociedad colombiana. ¿Qué hay que conservar de cara al futuro? ¿Qué hay que dejar atrás? ¿Cómo te mantienes a través de la pérdida? ¿Qué nuevos comportamientos, valores y creencias adoptas y experimentas?

Para Marty, esto ha tenido una resonancia especial desde la publicación de este libro. Más concretamente, en los últimos años Marty ha tenido que enfrentarse al reto de adaptarse al inexorable proceso de envejecimiento. Los avances de la atención sanitaria, las pautas dietéticas y la práctica de estilos de vida saludables han hecho que todo el mundo tenga la posibilidad de vivir más tiempo y con más salud que la generación anterior. Hay dos opciones fáciles y apacibles: (1) jubilarse como lo hizo la generación anterior, mudarse a un clima más cálido, jugar al golf y al *bridge*, leer, viajar, pasar el rato con los hijos y los nietos y hacer voluntariado, devolver lo recibido; (2) o bien seguir haciendo lo que siempre has estado haciendo. Hay mucha presión por parte del sistema para que optes por la segunda alternativa. ¿Por qué no mantener el rumbo, hacer lo que siempre has estado haciendo, por lo que te valoran, lo que haces bien? El mundo lo aprecia —y te pagan por ello—, y a ti te hace sentir competente y útil. No está mal. Muchos amigos están haciendo eso precisamente.

Sin embargo, el reto de la adaptación es la oportunidad de ver este periodo como un nuevo capítulo, no como lo mismo de siempre o como si se desvaneciera gloriosamente en la igualmente gloriosa puesta de sol, sino como un periodo completamente nuevo del viaje, que necesita ser inventado; lo que Mary Catherine Bateson ha llamado «sabiduría activa» en su reciente libro *Composing a Further Life*: el reto de averiguar cómo tomar lo que crees que has aprendido y ponerlo a disposición de un público más amplio y diferente, o cómo enfocarlo de una forma distinta a la que has expuesto hasta ahora.

Sin embargo, Marty dice que nada de lo que ha aprendido, observado, contado o experimentado le ha preparado para esta fase de la vida. A medida que su cuerpo se deteriora —y, por desgracia, la memoria comienza a desvanecerse— se enfrenta constantemente a decisiones difíciles: ceder a ello, luchar, seguir adelante o intentar arreglarlo. Arreglarlo fue siempre su opción preferida. Ahora no lo es necesariamente. ¿Intentar evitar una operación de espalda dejando de correr —un elemento central de su identidad—, ir a fisioterapia y hacer cuarenta minutos de ejercicios cada día? ¿Audífonos? ¿Operaciones de cataratas? ¿No más vuelos largos frecuentes? ¿No más noches sucesivas con menos de siete horas de sueño? ¿Siestas? ¡Caramba!

¿A qué renunciar? ¿A qué aferrarse? Y, por supuesto, ¿cómo aprovechar al máximo el tiempo que nos queda? Procesos de priorización emocionalmente dolorosos. A diferencia de la humanidad, en su conjunto, Marty conoce el final de la historia. El cómo, el cuándo y el qué hacer desde ahora hasta que llegue ese momento no están completamente bajo su control, sin duda, pero conservar su sensación de control tomando una serie de decisiones, una a una, cada día, *y* haciéndolo a través de la lente de lo que es esencial y lo que es prescindible, se ha convertido en su nuevo trabajo, casi a tiempo completo.

Nuestra propia evolución

Como profesores y consultores, hemos visto que las respuestas a los patrones y herramientas que exponemos en este libro giran drásticamente después de la Gran Recesión. Antes de eso, a mucha gente le parecía que los desafíos de la adaptación eran algo «bueno de tener» no «necesario de tener». A partir de 2009, las perspectivas de las personas cambiaron. La capacidad de adaptación pasó a considerarse una necesidad inmediata y, para muchas personas y organizaciones, un reto difícil y traumático. Esta constatación llevó a los editores de Harvard Business Review Press a tomar la decisión de volver a publicar este libro y a redactar este nuevo prefacio. HBRP nos animó a no hacer cambios sustanciales en esta edición. «El libro se sustenta bien tal y como está», nos dijeron. Sin embargo, también querían que reflexionáramos sobre lo que hemos aprendido y que sugiriéramos en este prefacio algunas reconceptualizaciones que tal vez quieras tener en cuenta al navegar por estas páginas.

Nuestras ideas sobre el pensamiento y la actuación política (capítulo 4) se han ido transformando a medida que los lectores, los estudiantes y los clientes nos han empujado a ser más flexibles sobre cómo aplicar las ideas sobre el terreno. Parte de este vacío lo empezamos a abordar en nuestro siguiente libro: *The Practice of Adaptive Leadership*. Actuar políticamente implica mucho más que tener aliados, que es la idea de ese capítulo. Actuar políticamente significa personalizar las intervenciones, adaptar lo que se dice y lo que se hace para involucrar a cada colectivo objetivo específico de su iniciativa. Significa saber que todas las personas, en sus funciones profesionales y personales, se identifican profundamente con otras personas y, por lo tanto, se entiende que representan a otros. Las personas representan a las personas. Respetar esas lealtades profesionales y personales se convierte en la clave para encontrar opciones de cooperación. Actuar políticamente requiere una profunda compasión, entender la historia que la gente se cuenta a sí misma, y a ti, incluso si crees que esa historia es una tontería, para poder

encontrarte con ellos donde están ellos, en lugar de donde estás tú. Proceder de este modo requiere saber lo que está en juego para las personas a las que representas, para tus «electores», y estar abierto a alianzas con personas y facciones cuyas motivaciones, intereses, valores y planes pueden ser muy muy diferentes e incluso, en cierto modo, contrarios a los tuyos.

Y hemos aprendido de nuestro trabajo a lo largo de estos años que orquestar un conflicto (capítulo 5) es, realmente, un subconjunto de la idea más amplia de crear un entorno de contención. Para liderar un conflicto se necesita un vínculo que mantenga a las personas unidas frente a las fuerzas divisorias que las separan. Esos vínculos son tanto horizontales como verticales: vínculos de confianza en la autoridad, y vínculos laterales de confianza llamados «capital social». Nuestros colegas de la política y la sociología, la negociación y la diplomacia han realizado un magnífico trabajo sobre el análisis minucioso y detallado de las estructuras y los procesos que construyen estos entornos de contención. El liderazgo no solo requiere marcar el ritmo y la secuencia de los propios temas para contener la división, sino también cuidar el propio entorno de celebración para fortalecer los lazos de confianza y el interés compartido que hacen que merezca la pena sostener las pérdidas del compromiso y la innovación. No se puede cocinar sin una olla en la que poner los ingredientes, y el liderazgo consiste tanto en cuidar esa olla y controlar la temperatura como en saber qué ingredientes añadir y cuándo. Muchas personas nos dicen que les resulta difícil, y que personalmente es algo que se halla bastante fuera de su zona de confort, subir y bajar la «temperatura» —especialmente subir el nivel de tensión—, aunque se dan cuenta de que hacerlo puede ser esencial para conseguir que la gente aborde cuestiones difíciles. Hay muchas herramientas, algunas más difíciles de usar que otras para caldear el ambiente, pero el fortalecimiento del entorno de contención proporciona una fuerza crucial.

Del mismo modo, las intervenciones hábiles (capítulo 6) implican recuperar el trabajo no solo tácticamente, sino también estratégicamente. Intervenir para avanzar en el trabajo de adaptación requiere experimentar, preguntar y personalizar. Este es un negocio al por menor, no una operación al por mayor. También hay que pensar a nivel estratégico en la capacidad y el contexto, tanto para establecer y enmarcar las prioridades como para programar, marcar el ritmo y secuenciar las intervenciones en un arco de cambio a lo largo del tiempo.

Por último, decimos en estas páginas (capítulos 7, 8 y 9) que el «autoconocimiento y la autodisciplina son la base para mantenerse con vida». No es de extrañar que, teniendo en cuenta los riesgos que conlleva, hayamos comprobado que las personas que intentan ejercer el liderazgo están muy interesadas en recibir consejos de supervivencia. Pero también descubrimos que las personas, a menudo, se debilitan a sí mismas cuando se toman las críticas y los ataques como algo personal. La autoconciencia y la disciplina son relevantes para generar en ti la libertad de responder con una defensa no defensiva cuando el ataque es personal, y con un conjunto más amplio de opciones cuando no lo es. Para distinguir eficazmente entre tu rol y tu yo, gestionar tus necesidades y anclarte, querrás saber cómo identificar los parámetros predeterminados dentro de ti que están condicionados por las lealtades que has interiorizado de tu vida profesional y personal, y a veces de tus antepasados; y entonces querrás aprender a reestructurar esas lealtades relevantes que cohíben tu libertad para ver y responder de forma más creativa a lo que realmente tienes delante.

Releer este libro con atención, escribir este nuevo prefacio y hacer pequeños cambios de palabras aquí y allá ha sido una labor de amor hacia nosotros, una oportunidad para reflexionar sobre nuestra propia experiencia y sobre los drásticos cambios en el mundo desde que se publicó por primera vez hace quince años. Nos sentimos honrados ante el testimonio de tantas personas que afirman que para ellos *El liderazgo sin límites* sigue siendo una luz útil a la hora de realizar el valioso, aunque difícil, trabajo de liderar un cambio adaptativo.

Para nosotros, esta experiencia también ha sido una oportunidad para reconectar y revitalizar nuestra colaboración profesional y nuestra amistad personal, que han pasado por algunos baches en el camino a lo largo de los años. Los retos de adaptación nos acompañan cada día. Leer, escribir, dar conferencias, enseñar y consultar sobre el cambio adaptativo con tanta gente no nos ha convertido necesariamente en expertos para hacerlo con nosotros mismos. Al igual que los cambios en el mundo, la necesidad de aprender nunca se detiene.

Ron Heifetz
Marty Linsky
1 de diciembre de 2016

Agradecimientos

Juntos sumamos más de medio siglo trabajando como docentes y consultores, y este libro es el fruto de dicho esfuerzo. Es el resultado de las experiencias y los conocimientos de estudiantes, clientes, amigos y colegas profesionales, a quienes estamos infinitamente agradecidos por haber compartido sus historias y sus lecciones, aunque en absoluto sean responsables del uso que les hemos dado.

Hemos tenido la suerte de contar con un equipo de gente muy preparada y hábil de la Harvard Business School Press. Individual y colectivamente, ellos día a día desmienten la idea de que las relaciones entre autores y editores ya están pasadas de moda. Linda Doyle y Carol Franco fueron las primeras personas que nos animaron a escribir este libro. La total confianza de Marjorie Williams, nuestra primera editora, en el proyecto fue un factor decisivo para nuestra labor posterior. La corrección que hizo Sarah Weaver del manuscrito original aclaró lo que pretendíamos decir al pulir la prosa y eliminar lo superfluo. Amanda Elkin, la editora de nuestro manuscrito, ha sido una colaboradora fiable y útil. Pero jamás habríamos llegado al punto final sin el generoso estímulo y las grandes ideas de Jeff Kehoe, nuestro editor. Como un padre primerizo, Jeff nos guio con una sutil habilidad y supo cuándo debía marcarnos límites y cuándo dejarnos ir. También quisiéramos agradecer —aunque desafortunadamente no podemos hacerlo por su nombre—

a los lectores anónimos seleccionados por la editorial, cuya incesante crítica fue una contribución crucial para nosotros y un factor decisivo en el proceso.

Otras siete personas desempeñaron un papel especial en la realización de este libro. Muchas de las ideas que aparecen aquí antes habían sido expuestas por un viejo colaborador de Ronald, Riley Sinder, que fue el primero en intuir las diferencias entre liderazgo y autoridad, quien construyó el marco teórico del manuscrito y lo revisó minuciosamente aportando comentarios detallados y reescrituras en cada etapa de la redacción del texto. Si bien las contribuciones de Sousan Abadian, la esposa de Ronald, son demasiado numerosas, variadas y personales para citarlas aquí, debemos reconocer su especial colaboración en la confección del penúltimo manuscrito, línea por línea, y en animarnos durante todo el proyecto. La esposa de Marty, Lynn Staley, nos ofreció su visión de diseñadora y su juicio de editora para resolver los puntos conflictivos; además, soportó resignadamente las ausencias de su marido y su falta de atención a medida que el proyecto se materializaba. Contratamos a dos redactores a lo largo del proceso: Kelly Rappuchi aportó la claridad esencial a nuestros propósitos básicos y nos ayudó a hacer un mejor uso de las experiencias e historias de Ronald; y Kent Lineback llegó a formar parte de nuestro equipo principal, mantuvo reuniones interminables y nos obligó a aclarar y mejorar la historia, corrigiendo nuestros borradores y alentándonos a mejorarlos —en ningún momento dejó de animarnos para que consiguiéramos alcanzar nuestra meta—. También tuvimos la suerte de contar con dos maravillosas secretarias en la Escuela Kennedy: Sheila Blake y Kathleen Kaminski, que nos brindaron un gran apoyo de investigación, nos protegieron de las intrusiones que podían perturbar nuestra labor conjunta e hicieron todo lo posible para evitar que perdiéramos el control del resto de nuestras vidas cuando este proyecto consumía todo nuestro tiempo.

Pedimos descaradamente a muchos de nuestros amigos y colegas que leyeran una parte del manuscrito, o todo, en las diversas etapas de su creación. Y recibimos una información extremadamente detallada y constructiva de Tom Bennett, Charles Buki, Robyn Champion, Katherine Fulton, Milton Heifetz y Steven Rothstein. Además, contamos con los consejos útiles y muy generosos de David Abadian-Heifetz, Steve Boyd, Ben Cheever, Brent Coffin, Phil Heymann, John Hubner, Barbara Kellerman, John Kotter, Steve Lakis, Larry Moses, Hugh O'Doherty, Sharon Parks, Richard Pascale, Bernie Steinberg, Bill Ury y Dean Williams.

Por último, hay que destacar que este esfuerzo comenzó hace más de una década, en los primeros años del Leadership Education Proyect de la Escuela Kennedy. Derek Bok sugirió que escribiéramos un tratado práctico de liderazgo, siguiendo las pautas de *Obtenga el sí* de Fisher y Ury, que Marty había editado. Theresa Monroe, una colega y educadora experimentada, contribuyó a dar vida a este libro y consagró su mente, su corazón y su alma. Y Jenny Gelber, una hábil consultora del proyecto, reunió ingeniosamente a un pequeño grupo de estudiantes graduados que intercambiaron ideas con nosotros y nos alentaron a escribir esta obra. No nos hemos desviado de nuestros propósitos iniciales.

Ron Heifetz
Marty Linsky
Cambridge, Massachusetts

Liderazgo
sin límites

Introducción

Cada día surge una oportunidad de liderazgo:

- Un padre apela al mismo viejo argumento destructivo a la hora de la cena, pero un día cambia de actitud y pide consejos a su familia.

- La directora de un banco de inversión debe realizar una adquisición de 100.000 millones de dólares, pero todos se quedan confusos, y la firma del acuerdo se tambalea cuando lanza esta pregunta: «¿Pueden estas compañías crear sinergias con suficiente rapidez para satisfacer a los inversores, dado el talento actual y las diferentes culturas que hay en cada una de las empresas?».

- Un político desafía al electorado cuando acepta la responsabilidad de que se instale una prisión en su comunidad, en lugar de pronunciar el viejo eslogan de siempre: «¡No en nuestro patio interior!».

- Un vecino observa cómo aquel simpático niño de la calle vecina se va descarriando en su adolescencia, mucho después de que falleciera su madre, y organiza un café semanal con otros padres del barrio para brindar apoyo a padre del chico y a su familia.

- En una reunión te das cuenta de que los asistentes evitan abordar los problemas reales y decides ponerlos sobre la mesa.

Cada día nos ofrece la oportunidad de plantearnos cuestiones importantes, de hablar sobre los más altos valores y de sacar a la luz esos conflictos no resueltos. Cada día tú puedes producir cambios en las vidas de las personas que te rodean. Y cada día debes decidir si vas a aportar tu granito de arena o te lo vas a guardar para no molestar a nadie y dejar que pase otro día. Haces bien en ser precavido. La prudencia es una virtud. Puede que molestes a algunas personas cuando emprendes iniciativas impopulares en tu comunidad, cuando a tus colegas les cuestionas la brecha que existe entre sus valores y sus conductas, o cuando pides a tus amigos y familiares que se enfrenten a duras realidades. Corres el riesgo de molestarles y hacerte vulnerable. Ejercer el liderazgo puede causarte bastantes dolores de cabeza.

Liderar es vivir peligrosamente porque cuando ejerces el liderazgo, cuando diriges a las personas en un cambio difícil, se pone en tela de juicio aquello que más aprecian —sus hábitos cotidianos, sus herramientas, sus creencias y su manera de pensar— quizá sin poder ofrecer nada más que una posibilidad. Además, liderar a menudo significa sobrepasar la autoridad que te han otorgado para afrontar el reto que se te presenta. La gente se echa atrás cuando alteras ese equilibrio personal e institucional que conocen. Y activan todo tipo de artimañas creativas e inesperadas que pueden situarte fuera de escena: excluirte, debilitarte o eliminarte.

Por lo tanto, no es de extrañar que vaciles cuando se te presentan oportunidades de ejercer el liderazgo. Cualquiera que se arriesgue a liderar una parte de —o toda— una organización, una comunidad o una familia conoce los puntos flacos personales y profesionales de cada miembro. A pesar de lo amable que sea tu estilo, de lo cuidadosa que sea tu estrategia, de lo seguro que puedas estar de haber elegido el camino correcto, liderar es una labor arriesgada.

Este libro trata sobre cómo aprovechar las oportunidades de liderar, y cómo sobrevivir. Nos hacemos estas preguntas fundamentales: ¿Por qué es peligroso el liderazgo? ¿Cómo podemos responder a esos peligros? ¿Y cómo podemos conservar el ánimo cuando las cosas se tornan muy complicadas? Somos prácticos en cuanto a los riesgos del liderazgo e idealistas acerca de la importancia de asumir esos riesgos. Muchos libros de liderazgo hacen hincapié en la determinación, pero descuidan el esfuerzo. Sabemos lo difícil que es esa tarea. Conocemos a demasiadas personas que muestran las cicatrices de sus esfuerzos. Nosotros mismos tenemos algunas cicatrices y no nos hacemos ilusiones.

Pero creemos que el liderazgo, aunque peligroso, es una iniciativa que vale la pena. Nuestras comunidades, organizaciones y sociedades necesitan a personas que, dondequiera que trabajen y vivan, acepten los desafíos, en lugar de quejarse por la falta de liderazgo. No pueden mantenerse al margen hasta que reciben una «llamada» a la acción, ni aguardar pacientemente su turno en la jerarquía superior. Esto ha sido siempre así, pero ahora, en el mundo de incertidumbre y vulnerabilidad posterior al 11 de septiembre de 2001, lo es mucho más.

Responder a esos desafíos no implica rebajarse ni apartarse personal o profesionalmente. Usando una frase de Johnny Cash, creemos que tú puedes «arriesgarte», dar un paso adelante, esforzarse y sobrevivir para poder saborear los frutos de tu trabajo.

El liderazgo vale la pena porque las metas van más allá de la ganancia material o del progreso personal. Cuando las vidas de las personas que te rodean mejoran, el liderazgo da un sentido a tu vida. Crea un propósito. Creemos que todo ser humano tiene algo único para ofrecer, y que un mayor sentido de ofrecer proviene de utilizar ese don para ayudar a que su empresa, su familia o su comunidad progresen. El don podría ser tu conocimiento, tu experiencia, tus valores, tu saber estar, tu sensibilidad o tu sabiduría. Quizá sea simplemente tu curiosidad básica y tu disposición a plantear cuestiones inquietantes.

Sobre todo, este libro trata sobre ti, sobre cómo sobrevivir y prosperar ante los peligros del liderazgo. También enseña cómo sacarle el mayor partido a la vida invirtiendo más en ella. Está escrito para aquellos lectores que apuestan por lo seguro porque no pueden imaginarse dar un paso al frente o hablar sin quemarse, también para quienes se arriesgan y saben lo que significa ser derribados cuando desafían a las personas para que cambien. Este libro te propone que asumas el riesgo y pongas tus ideas en juego, que respondas eficazmente a los peligros y que puedas celebrar el resultado de tus esfuerzos.

También trata sobre nuestra época. Vivimos en un período de la historia en el que asumir los riesgos del liderazgo en tu mundo individual es más importante y más complicado que nunca. La globalización de la economía, la interacción necesaria de las culturas y el acceso directo a la información y la comunicación a través de internet hacen palpable la interdependencia. Las estructuras jerárquicas con roles claramente definidos están cediendo paso a las organizaciones más horizontales, con una mayor flexibilidad y espacio para la iniciativa y la incertidumbre. La democratización se está extendiendo a través de las organizaciones, así como a través de las naciones. Todos estos cambios crean nuevas oportunidades de liderazgo.

Este libro también trata sobre nosotros, Ron y Marty. Hemos sido compañeros y amigos durante casi veinte años, trabajando y enseñando juntos; hemos compartido nuestra investigación y nuestra experiencia; y hemos explorado, probado y perfeccionado nuestras ideas acerca de los requerimientos del liderazgo en la vida moderna. Cuanto más conversamos y trabajamos juntos, más coincidencias encontramos en nuestras experiencias y discernimientos. Ron hace deducciones acerca de cómo operan el mundo de la música y el de la psiquiatría; Marty, acerca de los medios de comunicación y de la política. ¿Tienen algo que ver con el liderazgo estos cuatro campos diferentes? La música conmueve a las personas, con el sonido de las cuerdas o los metales repercute profundamente en los corazones de los oyentes. Proporciona un lenguaje de cualidades espinosas, pero básicas, como la armonía, la resolución, la improvisación, la creatividad y la inspiración. La política enseña que nadie puede lograr nada importante solo; cuanto más desafiante es el problema, más compartida debe ser la responsabilidad para resolverlo. La psiquiatría ofrece una mayor comprensión sobre cómo los humanos afrontamos los desafíos, individual y colectivamente. Los medios nos hacen tener conciencia de cómo se emite el mensaje, y a menudo la identidad del mensajero puede parecer tan importante para progresar como el mensaje mismo. Esperamos que las perspectivas y las lecciones de estas y otras disciplinas agreguen profundidad y matices a esta obra. Como consultores, trabajamos con clientes de los sectores público, privado y filantrópico. Como profesores, trabajamos en el aula, y fuera de ella, con cientos de estudiantes de la John F. Kennedy School of Government de la Universidad de Harvard, donde cada uno de nosotros ha desempeñado funciones docentes durante dos décadas. De estas experiencias hemos aprendido que muchas personas operan en las fronteras del liderazgo en su vida personal, cívica y profesional. Muchas veces son aquellos que asumen la responsabilidad de movilizar a las personas para aprovechar las nuevas oportunidades y resolver los conflictos difíciles quienes nos han inspirado. Hemos reunido y seleccionado las historias y las lecciones de nuestros estudiantes y clientes de todo el mundo que ahora ofrecemos, no como ideas originales, sino como guías para ayudarte a organizarte y dar un sentido a tu experiencia.

Muchas de las ideas que se exponen en este libro aparecieron por primera vez en la obra anterior de Ron, *Liderazgo sin respuestas fáciles*; y, en efecto, este libro surgió de la última parte titulada «Seguir vivo». Nuestros alumnos y clientes pensaron que esa era una cuestión apremiante y que requería una consideración mucho más profunda. *Liderazgo sin respuestas fáciles* pretendía ser un marco teórico para comprender el liderazgo y la autoridad en el contexto del cambio adaptativo, pero *Liderazgo sin límites* está escrito desde una perspectiva y un estilo muy diferentes. Queríamos que este segundo libro fuera más específico, más práctico y más personal. Esperamos pues que sea accesible, útil e inspirador en tu vida diaria y en tu trabajo.

Liderazgo sin límites se basa en nuestros años de trabajo con personas de nacionalidades y estilos de vida muy diversos: desde trabajadores, gerentes y activistas hasta presidentes de naciones y de corporaciones multinacionales; desde amas de casa y padres que trabajan fuera del hogar hasta generales y almirantes, así como tenientes y soldados rasos; ejecutivos sénior y júnior dentro de las empresas y gobiernos; maestros y directores; fideicomisarios y clérigos.

Ninguna de esas personas se conformó con permanecer al margen día tras día. Se enorgullecen de sus éxitos, pero la mayoría han tenido que soportar agravios por defender el punto de vista opuesto al de sus compañeros. Todas ellas querían que su vida y su trabajo fueran importantes.

En la primera parte de este libro, analizamos por qué el liderazgo resulta tan peligroso y cómo las personas se apartan de ese juego.

En la segunda parte, presentamos una serie de ideas para actuar diseñadas para reducir el riesgo de ser rechazados.

En la tercera parte, analizamos cómo las personas contribuyen a acelerar su propio final. Desgranamos ideas acerca aspectos críticos, aunque a menudo olvidados, del ejercicio del liderazgo: cómo manejar tus puntos débiles, cómo protegerte y cómo conservar el ánimo.

Las oportunidades de liderazgo surgen diariamente. Esperamos que estas lecciones te ayuden a aceptar los riesgos y a sobrevivir; no solamente en tu empleo, sino también con tu familia y tu comunidad; a alimentar tu corazón y tu espíritu.

PRIMERA PARTE

El desafío

1

En medio del peligro

Maggie Brooke se crió en una pequeña reserva indígena norteamericana en la que casi todos los mayores de doce años bebían alcohol. Tras dejar la bebida a los veinte años, pasó más de una década conduciendo a su pueblo hacia la salud y la sobriedad. Ahora, ya abuela a sus cuarenta años, como veterana de la tribu Maggie recibe en su hogar un flujo incesante de visitantes durante todo el día. Una tarde contó a uno de ellos la historia de Lois, la mujer que la inspiró para intentar hacer algo sobre la dependencia del alcohol entre su gente.

«Hace veinte años solía trabajar de niñera para Lois, que vivía en una zona vecina dentro de nuestra tribu. Una vez por semana caminaba unos cuantos kilómetros hasta su comunidad y cuidaba de sus hijos. Pero después de dos meses empecé a preguntarme qué podría estar haciendo Lois cada martes por la noche. Entonces, en aquellas aldeas no había mucho que hacer. De modo que una tarde, después de que Lois se fuese a la choza de reuniones, vestí a los niños y fuimos allí para averiguarlo. Miramos en la tienda a través de una ventana y vimos un gran círculo de sillas, todo perfectamente organizado, y Lois estaba sentada en una silla completamente sola. Las otras sillas del círculo estaban vacías.

»Sentí una gran curiosidad, ¿me explico? Por eso, cuando Lois volvió al hogar aquella noche, le pregunté: "Lois, ¿qué haces cada martes por la noche?". Y ella me respondió: "Creía que te lo había dicho hace semanas… He asistido a varias reuniones de

AA (Alcohólicos Anónimos)". Volví a preguntarle: "¿Qué significa que has asistido a reuniones? Esta noche pasé por allí con los niños y miré a través de la ventana. Te vi sentada en ese círculo de sillas, y estabas completamente sola".

»Lois parecía tranquila. "No estaba sola", dijo. "Estaba allí con los espíritus y nuestros ancestros; y un día nuestra gente vendrá"».

Lois nunca renunció. «Cada semana colocaba esas sillas en círculo y durante dos horas simplemente se sentaba allí», recordó Maggie. «Durante mucho tiempo nadie acudió a esas reuniones, e incluso después de tres años solo iban unas cuantas personas a la tienda. Pero, diez años más tarde, aquella sala se llenaba de gente. La comunidad comenzó a cambiar. Las personas iban librándose del alcohol. Me sentí tan inspirada por Lois que ya no podía quedarme sentada viendo cómo nos envenenábamos».

Primero Lois y después Maggie trataron de dejar la bebida, y luego retaron a sus amigos, sus familiares y sus vecinos a cambiar y renovar sus vidas. Liderar esas comunidades requería un extraordinario examen de conciencia, perseverancia y coraje. En la historia de su comunidad abundaban los líderes, y algunos de ellos, con buena fe, habían obligado a las tribus a renunciar a sus costumbres familiares y honestas, y ahora a esas comunidades se les pedía que volvieran a cambiar, sin ninguna razón aparente para pensar que las cosas llegarían a ser mucho mejores. Lois y Maggie estaban pidiendo a la gente que afrontaran el cambio que discurre desde el entumecedor consuelo del alcohol y el gran esfuerzo de renovar sus vidas diariamente. No habría ningún progreso hasta que hubieran dejado atrás su dependencia del alcohol. Pero a la gente les resultaba extremadamente difícil renunciar a su estilo de vida, especialmente por una idea intangible acerca de su futuro. Ya antes habían luchado cuando otros les habían obligado a cambiar sus costumbres, y también lucharon contra Lois y Maggie.

Las dos mujeres fueron ridiculizadas y marginadas. Pasaron años sintiéndose forasteras en sus propias comunidades, mal recibidas en las reuniones y los encuentros donde fluía el alcohol, tan condenadas al ostracismo que incluso las vacaciones llegaron a ser acontecimientos tristes y solitarios. De hecho, durante mucho tiempo pasaron los fines de semana fuera de la reserva para encontrarse con personas con quienes pudieran hablar. Se habían arriesgado y también habían puesto en juego las relaciones con sus vecinos, sus amigos y sus familiares. Finalmente, tuvieron éxito y sobrevivieron. Pero pasaron mucho tiempo sin saber que lo conseguirían. Podrían haberlo perdido todo.[1]

El liderazgo es peligroso

A comienzos de los años noventa, Yitzhak Rabin, entonces primer ministro de Israel, condujo a su país a una reconciliación con los palestinos. A paso lento pero seguro, Rabin fue obteniendo el apoyo de una mayoría de israelíes. Pero también constituía una profunda molestia para la derecha de Israel —en particular, para la derecha religiosa— por haber conseguido que la comunidad afrontara la difícil y penosa opción entre el territorio o la paz a largo plazo. Los derechistas se negaban a afrontar la situación de que, a cambio de la paz, tendrían que ceder unas tierras que consideraban sagradas. Intentaron debatir el tema, pero estaban perdiendo apoyo en el debate. Por eso empezaron a convertir al propio Rabin en el problema, en lugar de que lo fuese la política que seguían. El resultado fue el asesinato del político: una tragedia, así como un terrible obstáculo a sus iniciativas. Su sucesor, Benjamin Netanyahu, retrocedió; no estaba dispuesto a dejar que el pueblo israelí afrontara los costes de la paz. En realidad, el período previo a la muerte de Rabin se caracterizó por una clara disposición del pueblo israelí a decidir cuáles eran los valores más importantes y cuáles se podían dejar atrás.

Los asesinatos son ejemplos extremos de lo que los pueblos pueden hacer para silenciar las voces que exponen unas realidades frustrantes. Pedir a toda una comunidad que cambie su estilo de vida —como hicieron con éxito Lois y Maggie mientras que Yitzhak Rabin se sacrificó en el intento— es peligroso. Si el liderazgo consistiera en dar buenas noticias a la gente, la tarea sería fácil. Si Lois hubiera reunido a varias personas cada semana para distribuir dinero o cantar sus alabanzas, las sillas no habrían estado vacías durante tanto tiempo. Si Rabin hubiera prometido la paz sin ninguna pérdida de territorio, podría haber sobrevivido. Las personas no se resisten al cambio en sí mismo, se resisten a las pérdidas.

La gente nos considera peligrosos cuando cuestionamos sus valores, sus creencias o sus hábitos de toda una vida. Nos ponemos en peligro cuando les decimos lo que necesitan oír, en lugar de lo que desean oír. Aunque tú veas con claridad y pasión un prometedor futuro de progreso, las personas verán con igual pasión las pérdidas que les estás pidiendo que acepten.

Piensa en esos momentos en los que has tenido algo importante que decir y te callaste, en cuando lo intentaste y fracasaste o en cuando tuviste éxito pero te sentías herido durante el proceso. O en cuando viste los intentos y los éxitos de otras personas. El potencial del liderazgo reside en la capacidad de dar noticias inquietantes y plantear cuestiones difíciles de tal forma que las personas puedan asimilarlas, alentándolas a recibir el mensaje, en lugar de ignorarlo y matar al mensajero.

Como médico, Ron afronta este desafío cada día. Todo paciente acude al médico con la esperanza de conseguir un remedio indoloro; y cada día los médicos tienen que decir a los pacientes que su salud depende de su tolerancia a los dolores del cambio: renunciar a sus comidas favoritas, concederse un tiempo todos los días para hacer ejercicio, tomar medicamentos con efectos secundarios, o renunciar al tabaco, el alcohol o el trabajo. Ron conoció a algunos médicos que eran artistas en su profesión, además de técnicos expertos. Habían aprendido cómo comprometer a los pacientes y a sus familias en el replanteamiento de sus valores, sus actitudes y sus hábitos arraigados. Pero eso es algo demasiado exigente y arriesgado. Si los médicos se muestran insensibles o bruscos suelen estallar las discusiones, y los irritados pacientes pueden encontrar varias maneras de dañar su reputación. Ron vio que muchos otros médicos solo hablaban de boquilla de este aspecto de su trabajo, pero siempre se quejaban del *incumplimiento del paciente* —un término que los médicos usan para describir la resistencia de las personas a seguir los tratamientos prescritos y sus consejos—. En su frustración, ellos se preguntan: «¿Por qué las personas evitan afrontar la realidad y se resisten a seguir mis instrucciones?». Pero luego escogen el camino fácil: satisfacen el deseo de una solución técnica y evitan las conversaciones difíciles, en lugar de comprometer a las personas en un intento de cambiar su estilo de vida.

Lois, Maggie y Rabin tuvieron que incitar a la gente para que se enfrentaran a una dura realidad. Así como los pacientes esperan recibir del médico una cura rápida e indolora, algunos indígenas norteamericanos podrían depositar sus esperanzas en un nuevo casino o en una explicación técnica de sus padecimientos —una predisposición genética al alcoholismo—. Y casi todos los israelíes preferirían obtener la paz sin renunciar ni a un palmo de su tierra ancestral. En cada caso —el paciente, la comunidad de indígenas norteamericanos y el pueblo israelí— las personas deben afrontar el desafío de adaptarse a una dura realidad, y esa adaptación requiere renunciar a un valor importante o a un estilo de vida vigente. El liderazgo puede ser peligroso entonces, cuando debe enfrentar a la gente con la pérdida. Rabin, Lois, Maggie y los mejores médicos promueven ese cambio al desafiar a las personas a que respondan a una pregunta esencial pero dolorosa: de todo lo que valoramos, ¿qué es lo más más preciado y qué es lo prescindible?

Algunos peligros del cambio adaptativo

El liderazgo sería una empresa segura si nuestras organizaciones y nuestras comunidades solamente afrontaran problemas para los cuales ya se conocen las soluciones. Cada día, las personas se encuentran con problemas para los que, en realidad, poseen los conocimientos y los procedimientos necesarios. Son los llamados «problemas técnicos». Pero hay una gran cantidad de problemas que no dependen de la destreza de la autoridad ni de los procedimientos operativos. No los puede resolver alguien que da las respuestas desde arriba. A esos desafíos los llamamos «adaptativos» porque requieren experimentos, nuevos descubrimientos y adaptaciones desde numerosos ángulos en la organización o la comunidad. Sin el aprendizaje de nuevas pautas —cambio de actitudes, valores y conductas—, las personas no pueden dar el salto de adaptación necesario para prosperar en el nuevo medio. La sostenibilidad del cambio depende del hecho de que los individuos que tienen un problema interioricen el cambio propiamente dicho.

Al comienzo de un proceso de adaptación, las personas no pueden ver que la nueva situación será de algún modo mejor que la actual. Lo que sí ven claramente es la posibilidad de una pérdida. Muy a menudo evitan los cambios dolorosos en sus vidas si pueden posponerlos, depositan la responsabilidad sobre otro o piden ayuda a alguien. Cuando el miedo y la irritación crecen, las personas pueden llegar a desesperarse y pedir respuestas a las autoridades. Esa dinámica hace que los contextos adaptativos sean intrínsecamente peligrosos.

Cuando los ciudadanos recurren a las autoridades en busca de respuestas fáciles para los desafíos de adaptación, se produce la disfunción. Esperan que las autoridades responsables sepan qué hacer; y, bajo el peso de esa responsabilidad, las autoridades frecuentemente terminan defraudándoles o decepcionándoles, o se apartan del sistema creyendo que un nuevo «líder» resolverá el problema. En realidad, existe una relación directamente proporcional entre el riesgo y el cambio adaptativo: cuanto más profundo es el cambio y mayor es la cantidad de aprendizaje requerido, más resistencia habrá y, por lo tanto, mayor será el peligro para aquellos que lideran. Por esta razón, las personas a menudo tratan de evitar los peligros, ya sea consciente o subconscientemente, considerando el cambio adaptativo como si fuera un cambio técnico. Por eso, en nuestra sociedad vemos mucha más dirección rutinaria que liderazgo.

Desafíos técnicos versus desafíos adaptativos

	¿Cuál es la tarea?	¿Quién hace la tarea?
Técnicos	Aplicar el conocimiento vigente	Las autoridades
Adaptativos	Aprender nuevos métodos	Las personas que tienen el problema

La tabla de «Desafíos técnicos *versus* desafíos adaptativos» muestra la diferencia entre la labor técnica de la dirección rutinaria y la labor adaptativa del liderazgo.

En realidad, la causa más común de fracaso en el liderazgo que podemos identificar —en la política, la vida comunitaria, la empresa o el sector no comercial— es que las personas, especialmente aquellas que ocupan cargos de responsabilidad, tratan los desafíos de adaptación como si fuesen problemas técnicos.

Este es un error de diagnóstico fácil de cometer en momentos de estrés, cuando todo el mundo recurre a las autoridades en busca de dirección, protección y orden. Ante las presiones adaptativas, la gente no quiere preguntas, quiere respuestas. No quieren que nadie les diga que tendrán que soportar pérdidas, prefieren saber cómo vas a protegerlos de los sinsabores del cambio. Y, por supuesto, tú deseas satisfacer sus necesidades y expectativas, no soportar el peso de su frustración y su rabia por las malas noticias que les estás dando.

En el esfuerzo de adaptación tendrás que inducir a la gente a que descarte sus expectativas poco realistas, en lugar de que intenten satisfacerlas como si la situación se pudiera corregir con un remedio técnico. Tendrás que contrarrestar su dependencia exagerada y fomentar su ingenio. Esto requiere un nivel extraordinario de presencia, tiempo y comunicación ingeniosa, pero es posible que también requiera más tiempo y confianza de los que tienes.

Ante una situación de este tipo se encontró Jamil Mahuad, presidente de Ecuador, en enero del año 2000, cuando tuvo que afrontar la perspectiva de manifestaciones masivas con miles de nativos ecuatorianos movilizados para derrocarlo. En menos de un año, su popularidad había caído del 70 % al 15 %. Con la nación en medio de una crisis económica catastrófica, en vísperas de esas manifestaciones, Mahuad dijo que se sentía atrapado. «He perdido mi conexión con el pueblo». Un año antes había sido un héroe, un pacificador. En sus primeros meses de gobierno puso fin a una guerra con Perú que había durado más de doscientos años, firmando un tratado de paz que provocó un gran entusiasmo popular. Pero, en menos de cuatro meses, sus heroicos logros se iban a esfumar por los efectos de numerosos desastres económicos y naturales: los temporales de El Niño, que devastaron el 16 % de la producción nacional bruta, la crisis financiera que se extendió al Este asiático y luego a América Latina, la alta inflación, la abrumadora deuda externa, las quiebras de los bancos, la caída de los precios del petróleo —Ecuador había comenzado a exportar petróleo— y una cultura política que había derrocado a cuatro presidentes en ocho años. El 21 de enero de aquel año, una coalición de militares y manifestantes indígenas obligó a Mahuad a abandonar su cargo: otra víctima de la crisis que atravesaba el país.

Mahuad describió la gran diferencia entre ser alcalde de Quito y presidente de toda la nación. Como alcalde, el pueblo le aclamaba abiertamente cuando a diario se paseaba por la ciudad. Durante sus paseos, a menudo conseguía que la gente cooperara para resolver sus propios problemas, o podía aplicar un poco de presión y recursos para ayudarles. Como alcalde, tenía la ventaja de que las personas buscaban soluciones locales para los problemas locales, y trabajaban con él. Estaba en contacto con ellos, y ellos con él.

Pero, cuando asumió la presidencia y tuvo la responsabilidad de resolver la crisis económica nacional, los ciudadanos esperaban que encontrara soluciones para que otras regiones y localidades pagaran los costes. No querían que él les dijera que tenían que cambiar. Hizo varios viajes al extranjero para pedir ayuda al Fondo Monetario Internacional, al Banco Mundial y al gobierno de Estados Unidos. Consultó con muchos economistas de prestigio en la nación, en América Latina, en Estados Unidos y en Europa. Y llegó a la conclusión de que cualquier solución práctica requeriría un sacrificio considerable de cada región y cada sector de su sociedad, al menos a corto plazo.

Más tarde Mahuad declaró: «Me sentía como un médico en el servicio de urgencias durante un sábado por la noche, cuando llega un paciente con una pierna gravemente herida y gangrenosa. Mi experiencia médica me aconsejaba amputar la pierna para salvar la vida del paciente. Pero la familia decía: "Usted no tiene que amputarla". Yo insistía con la amputación para salvar la vida del paciente, pero había perdido la confianza de su familia. Y esta me hacía responsable del problema del paciente».

Como presidente, Mahuad se distanció cada vez más de sus diferentes interlocutores, mientras se enfrentaba a una creciente hostilidad y concentraba casi toda su atención en encontrar una política económica adecuada para revertir la recesión. Pero sus viajes a Washington no lograron la asistencia deseada. Sus incontables conversaciones con expertos en política le inspiraron una serie de prescripciones, pero ninguna manera clara de salir del atolladero. Mientras tanto, los trabajadores rurales veían subir los precios de los alimentos más allá de sus posibilidades. Muchos se emplazaron en las ciudades para vender sus mercancías en las calles. A medida que crecía la inflación, los sindicatos se sublevaban ante la pérdida del valor de sus salarios. El sector empresarial perdió confianza, envió su dinero al norte, a Estados Unidos, y ello aceleró la insolvencia de los bancos.

Mahuad emprendió medidas audaces en respuesta a la crisis. Ecuador bajó los salarios del gobierno y redujo el servicio militar, canceló los pedidos de compra de equipos militares, dejó de pagar sus préstamos, congeló los depósitos bancarios para frenar la falta de liquidez y el drenaje de divisas y, finalmente, convirtió su moneda al dólar.

Sin embargo, ello suponía un enorme desafío adaptativo. Incluso en las situaciones más favorables habría mayores pérdidas de empleo, más aumento de precios y una creciente incertidumbre antes de que el pueblo pudiera percibir los beneficios de una transformación económica. La solución política más brillante, unida a un aumento en el precio del petróleo, no habría frenado los continuos desórdenes causados por la apertura de la economía a un mundo más competitivo.

Aunque Mahuad trabajó incansablemente para detener el declive de la economía, contradictoriamente, la opinión pública consideró que él se había desligado del problema. Y, en cierto modo, tenían razón: Mahuad se había desligado de ellos. Si usamos su propia metáfora, había realizado la amputación porque era la mejor de las opciones disponibles, pero no había concienciado a la familia de lo que tendrían que soportar. Muchos cirujanos podrían haber hecho esa amputación, pero solamente Mahuad, como presidente, podría haber ayudado a la familia a afrontar su situación. Al pasar casi todo su tiempo tratando de resolver los problemas y las opciones con expertos técnicos e intentando persuadir a los acreedores extranjeros para que lo ayudaran, Mahuad prestaba menos atención a sus colegas políticos y a la gente de la calle. Desde una mirada retrospectiva, pudo haber dejado que sus expertos en los ministerios hicieran todo el trabajo técnico para así poder concentrarse en la tarea política y adaptativa. Pero, cuando analizó su calendario semanal, Mahuad se percató de que había pasado más del 65 % de su tiempo tratando de resolver los problemas técnicos, y menos del 35 % trabajando con los políticos y grupos públicos con intereses directos en la situación. En lugar de usar cada día como una oportunidad para ser un héroe visible para su pueblo —dar esperanzas y explicar el proceso y los sinsabores de la modernización en una economía globalizada—, Mahuad había pasado casi todo su tiempo buscando la solución política correcta e intentando conseguir que el pueblo fuera razonable y aceptara los cambios técnicos necesarios. Si bien reconoció los desafíos adaptativos, esperaba encontrar un remedio a corto plazo que le diera tiempo lidiar con ellos.[2]

Claro está que las condiciones eran muy desfavorables para Mahuad. Pero, cuando concentras toda tu energía principalmente en los aspectos técnicos de los desafíos complejos, optas por las recompensas a corto plazo. A veces, al hacerlo, puedes ganar estratégicamente algo de tiempo para considerar los elementos adaptativos. Pero es muy probable que consumas un tiempo precioso y te encuentres, como Mahuad, en un callejón sin salida. En una crisis mucho menos grave, puedes hacer feliz a la gente durante un tiempo, pero a la larga arriesgas tu credibilidad, y quizá tu puesto. Te enfrentarás con la realidad cuando las personas descubran que no están preparadas para adaptarse al mundo en el cual les toca vivir. Y, aunque deberían culparse a sí mismos por ignorar esa realidad y presionarte para que sanciones su conducta, es mucho más probable que te culpen a ti.

Cuando estás en una posición de autoridad, también hay fuertes presiones internas que hacen que te concentres en los aspectos técnicos de los problemas. Casi todos nos enorgullecemos de nuestra habilidad para responder a las situaciones difíciles que surgen en nuestro camino. Nos premian por compartir la inseguridad de las personas, y nos complace que se nos vea como héroes, competentes. Nos gusta la sensación de subir al escenario y que el público nos aclame. Pero poner en tela de juicio los hábitos fundamentales de las personas no tiene recompensas, al menos durante un tiempo. Te abuchearán, en lugar de aplaudirte. En realidad, puede que pase mucho tiempo antes de que oigas un aplauso —si lo oyes—. Es mucho más probable que te arrojen tomates. O que te disparen. El liderazgo requiere la capacidad de soportar la hostilidad para poder permanecer conectado con la gente, no vaya a ser que te desvincules y agraves el peligro.

Sin embargo, no hay nada trivial en la resolución de los problemas técnicos. Los médicos, a través de su destreza, salvan vidas todos los días en la sala de urgencias porque usan los procedimientos apropiados, las normas apropiadas y el conocimiento apropiado. A través de nuestros conocimientos de gerencia, producimos una economía llena de productos y servicios, muchos de los cuales son cruciales para nuestra vida cotidiana. Lo que hace que un problema sea técnico no es su trivialidad, sino simplemente que su solución ya está dentro del repertorio de la organización. En cambio, las presiones adaptativas obligan a la organización a cambiar, para que no decaiga.

En el siglo xxi, las personas y las organizaciones afrontan presiones adaptativas cada día, en sus vidas individuales y en todos los niveles de la sociedad; y cada oportunidad de liderazgo para responder a esos desafíos también implica riesgos concomitantes. Por ejemplo, cuando el motor de tu automóvil deja de funcionar, acudes al mecánico. La mayoría de las veces, el mecánico puede repararlo. Sin embargo, si el automóvil falla debido a la mala conducción de los miembros de tu familia, probablemente la avería se repetirá. Quizá el mecánico pueda volver a arreglarlo. Pero, si el asunto se sigue tratando como un problema puramente técnico que un mecánico puede resolver, la familia tal vez eludirá los problemas subyacentes que exigen un trabajo adaptativo; como persuadir a la madre para que no coja el coche si ha bebido, o al abuelo para que renuncie a su carnet o a los hijos adolescentes para que sean más cautelosos. No cabe la menor duda de que a ningún miembro de la familia le resultará fácil tomar la iniciativa y mantener conversaciones irritantes con la madre, el abuelo o el conductor adolescente.

El acto terrorista del 11 de septiembre de 2001 introdujo en Estados Unidos un desafío adaptativo que ha estado incubándose durante largo tiempo. Con la inesperada destrucción del World Trade Center, los norteamericanos percibieron una nueva vulnerabilidad. En respuesta, la tendencia inicial del gobierno de Estados Unidos fue reducir el terrorismo a un problema técnico de los sistemas de seguridad, de las operaciones militares y policiales y de la justicia criminal. Pero el terrorismo representa un desafío adaptativo a nuestras libertades civiles, a nuestra idea de la invulnerabilidad y a nuestra capacidad de percepción de la división entre el Occidente cristiano y el Oriente musulmán que comenzó hace mil años con las Cruzadas. En interés de nuestra seguridad colectiva, ¿deberíamos confiar a los funcionarios del gobierno información que consideramos privada? ¿Podemos aceptar la innegable realidad de que vivimos en un mundo interdependiente, en el que la seguridad se debería encontrar principalmente en la fluidez de nuestras relaciones con las diferentes culturas? ¿Podemos reformar la arrogancia religiosa que conduce a los individuos a equiparar su fe en Dios con la creencia singular de que ellos conocen la verdad de Dios mejor que nadie y que, por tanto, su misión es dominar el mercado de las almas?

En Estados Unidos casi todos los ciudadanos tienen la oportunidad de ejercer el liderazgo en este contexto adaptativo, pero siempre habrá peligros personales al plantear las cuestiones más difíciles; algunas de las cuales, como el triunfalismo religioso, se remontan a los orígenes de la lealtad y el dogma religioso.

Sobrepasar tu autoridad

Las personas raramente eligen o contratan a alguien para que transforme o altere su trabajo o su vida. Esperan que los políticos y los altos directivos usen su autoridad para proporcionarles las respuestas correctas, no para plantearles cuestiones inquietantes y opciones difíciles. Por esa razón, el desafío inicial —y el riesgo— de ejercer el liderazgo es ir más allá de tu autoridad, aunque ello ponga en peligro tu credibilidad y tu posición, para que las personas resuelvan los problemas inmediatos. Si no intentas desafiar las expectativas que la gente ha depositado en ti, no podrás evitar que el sistema social y sus límites inherentes te dominen.

Generalmente, las personas no autorizan a nadie a que les haga enfrentarse a algo que no quieren. Antes contratan a alguien para que les dé protección y les garantice estabilidad, que les plantee soluciones que requieran los mínimos cambios estructurales. Pero la labor adaptativa crea riesgos, conflictos e inestabilidad, porque el hecho de afrontar los problemas adaptativos subyacentes puede conllevar el dejar de lado algunas normas profundas y arraigadas. Por eso, el liderazgo implica incomodar a las personas, pero se ha de hacer a un ritmo que puedan aceptar.

Por lo común, una compañía afronta presiones adaptativas cuando las condiciones de un nuevo mercado representan una amenaza para sus negocios. Por ejemplo, en la última década del siglo xx, los innovadores de IBM intentaron que la compañía respondiera a las amenazas reales de los pequeños ordenadores lanzando lo que pronto se llamaría «internet». Y aquellas personas innovadoras se encontraron en la misma posición que Lois cuando procuraba que su gente afrontara el problema del alcoholismo. Sus esfuerzos ilustran la perseverancia que ha de tener un líder hasta lograr una adaptación exitosa.

En 1994, IBM, un gigante empresarial bien asentado, era una empresa puntera en la resolución de problemas técnicos. Esa corporación era un paradigma de eficiencia técnica y fue patrocinadora tecnológica oficial de los Juegos Olímpicos de Invierno de 1994. IBM seguía con atención a muchos de los competidores de los deportes de invierno, que se desarrollaron en una amplia zona de Noruega.[3]

Es comprensible que IBM quisiera proteger su posición en las áreas técnicas en las cuales sobresalían los directivos de la compañía. Cuando se transmitían los eventos deportivos por la televisión, los espectadores veían el logotipo de IBM en sus pantallas. Se trataba de una solución inteligente del problema dentro de las áreas de negocio que los gerentes de IBM conocían bien: los deportes, la televisión y el marketing. Probablemente, los compradores empresariales de los sistemas mainframe de IBM que vieron los Juegos Olímpicos por televisión apreciaron la aparición del logotipo de esa empresa.

Pero los mercados estaban cambiando y las empresas emigraban a internet. Las compañías que no se adaptaban con suficiente rapidez fracasaban. Algunas nubes negras oscurecían los éxitos tecnológicos de IBM en los Juegos Olímpicos. La corporación había experimentado una pérdida de 15.000 millones de dólares durante los tres años anteriores, lo cual reflejaba problemas en muchas de sus líneas de productos. Los reveses financieros hacían que los empleados de IBM fueran vulnerables e incluso más reacios a aceptar riesgos de lo habitual. Además, no estaban cultural ni emocionalmente preparados para dar el gran salto al mundo de internet.[4] La estructura de valores fundamentales de la organización se caracterizaba por su estrecho localismo y su resistencia a entrar en los nuevos mercados. Para tener éxito en el mundo de internet era necesario, nada más y nada menos, que se modificaran la cultura y los valores empresariales de la compañía.

Un joven ingeniero de IBM llamado David Grossman, mientras contemplaba los Juegos Olímpicos en su hogar cerca de su oficina en el Theory Center de la Universidad de Cornell, descubrió que un sitio de la web había interceptado la conexión de IBM con los canales de televisión y desviado la información a internet, y que estaba mostrando las tabulaciones de IBM bajo el logotipo de Sun Microsystems, Inc. Grossman se quedó pasmado. «IBM no tenía la menor idea de ello...», recordó.

Como enseguida pudo comprobar, el problema —como muchos problemas difíciles— contenía elementos técnicos y adaptativos. Tras conseguir que los gerentes comprendieran los aspectos técnicos de dicho problema, los abogados de IBM enviaron una carta a Sun Microsystems exigiéndole que dejara de mostrar la información de IBM en la web. Ese esfuerzo para proteger la propiedad intelectual de IBM se resolvió a través de la experiencia técnica y legal de la compañía.

Al mismo tiempo, mientras Grossman impulsaba a los gerentes de la compañía para que resolvieran el problema del material que internet seguiría arrebatando a IBM, descubrió algunos hábitos y valores poco realistas y disfuncionales en la era de internet. Las creencias acerca de cómo operaba el mundo empresarial impedían a IBM afrontar la realidad de los desafíos del nuevo mercado. Internet proporcionaba un canal completamente nuevo para vender productos y era un vehículo para una gran cantidad de nuevos productos y servicios potenciales, como el asesoramiento a los clientes sobre un nuevo *software* de internet y sus aplicaciones. Aquel cambio se estaba produciendo a una velocidad más rápida de lo que cualquiera de los altos directivos había presenciado en sus largas carreras.

Era como si IBM dependiera de las ventas de carruajes, cuando el automóvil ya estaba a la vuelta de la esquina. La compañía se había quedado tan rezagada que Grossman ni siquiera pudo encontrar la manera de usar el sistema primitivo de correo electrónico de IBM para enviar al personal de marketing de Noruega las capturas de pantalla del sitio web de Sun que él había visto durante los Juegos de Invierno.

Afortunadamente, algunos gerentes de IBM comprendieron lo suficiente el alcance del problema y prestaron su ayuda a Grossman cuando planteó sus argumentos. En particular, John Patrick —que había dirigido el departamento de marketing del portátil IBM ThinkPad— prestó a Grossman y a los otros innovadores la atención que necesitaban para cambiar los valores y hábitos obsoletos en su cultura empresarial.

Grossman y Patrick sostuvieron una lucha dentro de la compañía que duró cinco años. Poco antes del nuevo milenio, los gerentes de IBM surgieron como un equipo con unos valores renovados, unas creencias más flexibles y unas nuevas pautas de conducta destinadas a hacer de IBM una fuerza competitiva en el mundo de internet.

El cambio fue intenso y profundo. IBM tenía la reputación de ser un dinosaurio burocrático. Pero en 1999, a los cinco años de la reestructuración empresarial, Lou Gerstner, el director ejecutivo de la compañía, pudo anunciar grandes dividendos a los inversores de Wall Street. Podía demostrar que IBM era una compañía de internet altamente rentable; con operaciones internas, procesos empresariales y respuestas del cliente que se podían comparar favorablemente incluso con las empresas más innovadoras de internet. Casi una cuarta parte de sus 82.000 millones de dólares de ingreso estaba relacionada con la red.[5] La demostración del cambio cultural en IBM era tan convincente que las acciones de la compañía subieron veinte puntos.[6]

En lugar de considerar a internet como un desafío técnico para los expertos de IBM, Grossman y Patrick lo presentaron como un problema cultural y de valores que IBM había descuidado cuando se había dividido en departamentos más pequeños y manejables.

Gerstner describió la tarea de esta manera: «Nosotros descubrimos lo que toda gran empresa tiene. Cuando usted incorpora a su compañía en la web, se expone a toda la ineficiencia que proviene de las organizaciones descentralizadas».[7]

Como gerentes de nivel medio, Grossman y Patrick solo tenían autoridad para dirigir a unas cuantas personas que dependían de ellos. Y, aun así, no podían ordenar a sus empleados que actuaran en contra de las políticas de la compañía. Ellos también dependían de un jefe. Pero tanto Grossman como Patrick fueron más allá de su autoridad cuando el progreso lo requirió. Respecto a ello, Patrick dijo: «Si algunas veces no vamos más allá de nuestra autoridad formal, no estamos contribuyendo a que el proceso avance».[8]

Como un modesto ingeniero, Grossman se saltó la cadena de mando, asumiendo el riesgo de parecer odioso y poniéndose en peligro de hacer el ridículo. En una ocasión se presentó en la sede corporativa de IBM en Armonk, Nueva York, con un ordenador UNIX bajo el brazo para acercar internet a Abby Kohnstamm, la alta ejecutiva de marketing. Con el mismo espíritu, en una de las primeras ferias de internet, Patrick vio lo importante que era tener una gran presencia en la exposición. De modo que consiguió para IBM el mayor espacio de exhibición para la feria del año siguiente, aunque a él no le correspondía tomar esa decisión por su cuenta. Si hubiera esperado a que la burocracia de la compañía reuniera el dinero y le diera la autorización, la adjudicación de espacios se habría cerrado y la compañía habría perdido una oportunidad.

Cuando es necesario para progresar, hay que actuar fuera de los estrechos límites de nuestras funciones y asumir el liderazgo y sus peligros. La iniciativa de sobrepasar las fronteras de nuestra autoridad podría ser beneficiosa para nuestra organización o nuestra comunidad. Retrospectivamente, incluso podría ser considerada como crucial para el éxito. Sin embargo, durante ese proceso tendrás que afrontar la resistencia —y posiblemente las medidas disciplinarias u otros reproches— de la autoridad superior por haber violado las reglas. Te acusarán de actuar fuera de lugar, de saltarte el turno o de excederte en tus funciones.

Los problemas más difíciles a los que se enfrentan los grupos y comunidades son duros precisamente porque el grupo o la comunidad no autorizan a nadie a que los presione para que aborden esos problemas. Por el contrario, las reglas, las normas, la cultura organizacional, los procedimientos operativos y los incentivos económicos desalientan regularmente a las personas que no se atreven a afrontar los problemas más complejos y a tomar las decisiones más difíciles.

En los años noventa, cuando el alcalde de Nueva York, Rudolph Giuliani, y su jefe de policía, William Bratton, afrontaron el problema del delito en esa ciudad, estaban haciendo exactamente lo que muchos en la comunidad querían que hicieran, y lo que ellos estaban implícitamente autorizados a hacer. Se esperaba que acabaran implacablemente con el delito sin obligar a la comunidad a aceptar ningún cambio que la policía pudiera dictar en términos represivos y de libertades civiles. Como muchas comunidades, la mayoría de los habitantes de Nueva York pretendían que el problema del delito se resolviera sin comprometer otros valores. Siguiendo las expectativas del público —su autorización informal— Giuliani y Bratton lograron reducir la tasa de criminalidad. Y Giuliani fue premiado por unos electores satisfechos que en 1997 le reeligieron por una aplastante mayoría.

Sin embargo, poco antes de su reelección, en la noche del 9 de abril de 1997, algunos oficiales de policía reprimieron brutalmente a Abner Louima golpeándole con un desatascador. El incidente se difundió muy rápidamente, y la controversia hizo que la comunidad se centrara en las concesiones difíciles que hasta entonces se había negado a hacer. El problema de la discriminación racial por la policía ya se había filtrado como una señal de que reducir algunas libertades civiles era el precio que debían pagar por la reducción de la delincuencia. Un año y medio más tarde, un joven inmigrante africano desarmado, Amadou Diallo, recibió cuarenta y un disparos de cuatro oficiales de policía blancos que buscaban a un supuesto violador: fue un terrible error. Aunque los cuatro oficiales del incidente de Diallo fueron absueltos, el incidente planteó más dudas sobre cuál había sido el coste humano y social de las exitosas medidas contra la delincuencia.

Liderazgo no es lo mismo que autoridad. Habría sido un ejercicio de liderazgo, y no solo de autoridad, el que Giuliani hubiera preguntado a la población: «¿La policía debería actuar con más celo a expensas de la libertad individual y de una mayor brutalidad?». Si la población y el Departamento de Policía de Bratton hubieran aceptado tales condiciones, seguramente Giuliani habría sido atacado por la prensa, por los ciudadanos y por el Departamento de Policía. Sin embargo, eso también podría haber inducido a las personas a asumir la responsabilidad de sus decisiones como ciudadanos. Además, podría haber conducido a un pensamiento creativo y a nuevas opciones, soluciones que otros departamentos de policía de Estados Unidos estaban encontrando durante aquellos años, y que produjeron una reducción sustancial del delito sin costes tan altos.[9] Giuliani y Bratton no estaban autorizados para hacer que sus electores se hicieran cargo de ese asunto y resolvieran las discrepancias.

Desde luego, sobrepasar tu autoridad no significa, por sí mismo, liderar. Puedes ser valiente y tener una clara visión de futuro, pero esas cualidades quizá no tengan nada que ver con inducir a las personas a afrontar la realidad. Por ejemplo, el coronel Oliver North se extralimitó en sus funciones en el escándalo Irán-Contra. El hecho de transferir dinero de las ventas de armamento a Irán para comprar armas destinadas a la Contra nicaragüense puede o no haber tenido la aprobación de la Casa Blanca, pero indudablemente North fue más allá de la autoridad que le había asignado el Congreso. Sin embargo, en lugar de pedir a los políticos estadounidenses que resolvieran los problemas planteados por Irán y Nicaragua, trató de diseñar soluciones secretas a sus espaldas. No logró liderar porque tomó decisiones impopulares e impidió que el Congreso y la Casa Blanca resolvieran los conflictos.

Rosa Parks, una anciana de raza negra, también fue más allá de su autoridad cuando se negó a viajar en la parte posterior de un autobús en Montgomery, Alabama, en 1955. Sin embargo, lo que la distingue de North y hace que su conducta sea un acto de liderazgo, fue que ella y otros líderes de los derechos civiles usaron el incidente para *concentrar* la atención y la responsabilidad pública en la cuestión de los derechos civiles, no para desviarla. Su acción provocó un grito de protesta que aprovechó el movimiento de los derechos civiles de los años sesenta. Ello indujo al Congreso, a la Casa Blanca y al pueblo estadounidense a comprometerse en el problema, a hacer frente a esas costumbres tan arraigadas y a buscar nuevas opciones.

En medio del peligro está la pérdida

Con frecuencia, las personas que tratan de ejercer el liderazgo se sorprenden ante la resistencia que despliegan sus organizaciones y sus comunidades. ¿Qué motivos pueden tener las personas para oponerse a ti cuando les estás ayudando a cambiar hábitos, actitudes y valores que les impiden crecer, cuando estás haciendo algo bueno por ellas?

Ron recuerda cuando trabajaba como médico internista en una sala de urgencias del hospital del condado de King en Brooklyn, Nueva York, donde atendió a mujeres que habían sido golpeadas por sus compañeros o esposos. Él les hacía diferentes tipos de preguntas: «¿Por qué no deja a ese hombre? Seguramente la vida sería mejor para usted». Y con ligeras variantes ellas respondían: «Bueno, mi novio a veces actúa de esta manera cuando está bebido, pero cuando está sobrio me ama tanto... Nunca conocí a nadie que me amara más tiernamente, excepto cuando se vuelve loco. ¿Qué haría yo sin él?».

Persuadir a las personas para que renuncien a ese amor que conocen por un amor que jamás han experimentado significa convencerlas para que tengan fe en sí mismas y en la vida. Deben experimentar la pérdida de una relación que, a pesar de sus problemas, les proporciona satisfacción y familiaridad, para sufrir la incertidumbre acerca de quién reemplazará ese amor. Al romper con el pasado, también habrá pérdidas históricas a las que enfrentarse, particularmente a los sentimientos de deslealtad con los valores iniciales que mantuvieron abierta esa relación. Por ejemplo, reconocer el daño causado por unos padres abusivos en una etapa inicial de la vida también significa ser desleal con ellos. Es difícil cribar para rescatar lo valioso de esas relaciones primarias y dejar atrás la paja. Aunque eso se consiga con éxito, de algún modo se experimentará como una deslealtad hacia esas relaciones. Además, el cambio pone a prueba el sentido de competencia de una persona. Una mujer golpeada experimenta cierta competencia al afrontar su situación familiar; empezar de nuevo significa atravesar un período en que siente una pérdida de esa competencia mientras reorganiza su vida.

Los hábitos, valores y actitudes, incluso los disfuncionales, forman parte de la propia identidad. Pretender que las personas cambien sus actitudes y sus maneras de ver el mundo es enfrentarse a la forma en que se definen a sí mismas.

Marty experimentó eso cuando se divorció. Tenía dos hijos pequeños. Siempre se había dicho a sí mismo que estaba profundamente comprometido con el bienestar de ellos y con su propia realización personal. Pero entonces tenía que elegir entre ambas cosas: ya no podía decir con sinceridad que estaba igualmente comprometido con ambos valores. Su propia identidad había cambiado.

La manera en que las personas se definen a sí mismas a menudo incluye roles y prioridades que otros podrían percibir como autodestructivas o como barreras para poder avanzar. Para algunos jóvenes, ser mujer es ser madre adolescente. Ser un hombre estupendo es tomar drogas o engendrar un hijo. Para otros, honrar a su familia es ser un terrorista. Para algunos millonarios, ser alguien significa pertenecer a un club exclusivo. Para algunos políticos, la satisfacción proviene de hacer felices a sus votantes, aun cuando lo que ellos necesiten esté fuera de su alcance. Renunciar a esos conceptos de uno mismo puede provocar considerables sentimientos de pérdida.

Es difícil renunciar a nuestros hábitos, porque nos dan estabilidad. Los hábitos son predecibles. Después de soportar los sufrimientos del cambio adaptativo no hay garantía alguna de que el resultado sea una mejora. Los fumadores saben cómo funciona esto. Saben que las probabilidades de contraer cáncer son inciertas, pero están seguros de que al dejar de fumar perderán una gran fuente de relajación y satisfacción.

Quizá el hecho más importante sea que los hábitos, valores y actitudes provienen de alguna parte, y abandonarlos significa ser desleal con su origen. En realidad, nuestras lealtades más profundamente arraigadas sirven como una piedra angular en la estructura de nuestras identidades. La lealtad es un arma de doble filo. Por un lado, representa un lazo afectivo —con la familia, el grupo, la comunidad, la organización, la religión— y mantener esa adhesión es una gran virtud. Por otro lado, nuestras lealtades y adhesiones también representan nuestra esclavitud y nuestras limitaciones. Intuitivamente, las personas prefieren actuar en un medio familiar y seguro, en lugar de arriesgar el amor, la estima y la aprobación de las personas o instituciones que les importan. La experiencia de deslealtad con nuestros afectos más cercanos es, a menudo, tan dolorosamente inaceptable que evitamos vivirla. Un ejemplo es la confusión de los adolescentes, que intentan crecer y decidir qué conservar del hogar y qué dejar atrás.

Replantearnos nuestras lealtades es una de las tareas más difíciles en la vida. Uno de los desafíos más arduos a los que tuvo que hacer frente el movimiento de los derechos civiles en los años sesenta fue que el progreso requería que muchas personas decentes abandonaran los hábitos, actitudes y valores que habían heredado de sus padres y sus abuelos. Abandonar esos valores significaba renegar de su familia.

Las personas se aferran a las ideas como una manera de aferrarse a la persona que se las inculcó. Una mujer que conocemos, afronorteamericana, nos habló una vez de su persistente dificultad para respetar a sus amigas que se consideraban relegadas a un papel inferior porque vivían en una sociedad donde los valores culturales dominantes eran ser blanco y varón. Nos dijo que su padre, ya fallecido, siempre le había dicho que ella no estaba subordinada a nadie, que jamás debía pensar de esa manera. Y, si lo hiciera ahora, agregó, profanaría la memoria de su amado padre.

Otra amiga nos comentó que su madre siempre le había dicho: «Se puede hacer más con azúcar que con vinagre». Ahora piensa que durante casi toda su vida profesional mantuvo esa actitud —en su perjuicio y a pesar de muchas evidencias en contra— por lealtad a su madre.

Algunos de nuestros valores e ideas más profundamente arraigados provienen de las personas que amamos: un pariente, un maestro o un consejero. Descartar una parte de su enseñanza puede parecer como si estuviéramos despreciando esa relación. Pero, si la primera de nuestras dos amigas quisiera cuestionar la sabiduría de su padre, podría descubrir que él solo veía y alentaba dos opciones: el sacrificar de su dignidad y su autoestima; es decir, no depender nunca de nadie. Desde una mayor reflexión, y si ella estuviera dispuesta a recibir alguna ayuda, podría ver una tercera opción: uno puede mantener la dignidad y la autoestima cuando asume roles subordinados en las relaciones de autoridad; además, puede haber muchas maneras de desafiar respetuosamente a las autoridades y de perseguir objetivos desde abajo.

Ahora nuestra exalumna Sylvia comprende muy bien esta cuestión de la deslealtad. Ella formaba parte del grupo de personas que pusieron los primeros anuncios de servicio público en la televisión promoviendo el uso de preservativos como protección contra el sida y las enfermedades venéreas. Los avisos produjeron un aluvión de protestas de las personas que pensaban que con eso se promovía el sexo libre e irresponsable, particularmente entre los jóvenes. Sylvia recibió amenazas de muerte. Pero la ira de los manifestantes también provocó algo en ella. En esa época, sus hijos eran adolescentes. Los valores de los manifestantes eran los valores que le habían sido transmitidos y que ella, a su vez, inculcaba a sus propios hijos. Había sido educada para creer en el sexo responsable, en la pureza de las relaciones sexuales y en que las personas se respetaban mutuamente con su fidelidad. Y sabía que distribuir condones era, en cierta manera, una solución técnica a corto plazo para un problema adaptativo mucho más importante acerca de las relaciones entre hombres y mujeres, acerca de las costumbres sexuales y acerca de la responsabilidad individual. Mientras Sylvia continuaba con la campaña de los preservativos, los manifestantes le obligaron a experimentar su propia deslealtad con sus viejos valores. Después de ver los anuncios de la televisión, la madre de Sylvia se sintió mal, y sus hijos confundidos. Sylvia tuvo que comprometerse en una serie de conversaciones incómodas y apasionadas mientras aclaraba sus prioridades y reconstruía algunas de las expectativas en sus relaciones con su madre y sus hijos. Había tomado algunas decisiones respecto a cuáles eran los valores más importantes para ella, pero superar ese sentimiento de deslealtad con sus seres queridos fue un proceso lento y doloroso hasta que logró una integración deliberada de sí misma.

. . .

Los peligros de ejercer el liderazgo derivan de la naturaleza de los problemas para los que es necesario liderar. El cambio adaptativo estimula la resistencia porque desafía los hábitos, creencias y valores de los individuos: se les pide que acepten una pérdida, que experimenten unas incertidumbres e incluso que sean desleales con sus seres queridos y sus culturas. El cambio adaptativo no solo obliga a las personas a cuestionarse —y quizá redefinir— aspectos de su identidad, sino que también desafía su sentido de la competencia. Pérdida, deslealtad y sensación de incompetencia: ¡es mucho pedir! No es raro que la gente se resista.

Reconocer las formas de resistencia no es fácil, pues nos hace retroceder. Quizá no descubramos la trampa hasta que sea demasiado tarde. Así, reconocer esos peligros es de suma importancia.

Algunas facetas del peligro

Los peligros del liderazgo adoptan muchas formas. Si bien cada organización y cada cultura tiene sus propias maneras de restablecer el equilibrio cuando alguien lo rompe, nosotros hemos identificado cuatro formas básicas, con incontables variaciones ingeniosas. Cuando ejerzas el liderazgo, te arriesgarás a ser marginado, apartado, atacado o seducido. Sin embargo, más allá de la forma que se adopte, el motivo es el mismo. Cuando las personas se resisten al trabajo adaptativo, su meta es acallar a quienes ejercen el liderazgo, para así preservar lo que tienen.

Las organizaciones son astutas para ello. Cada una de estas facetas tiene sus sutilezas. Lo que las hace eficaces es que no son obvias. Por eso, a menudo, las personas que están intentando ejercer el liderazgo son atacadas por sorpresa. Por ejemplo, la traición suele llegar desde lugares o personas inesperados. Incluso algunos individuos no se dan cuenta de que los están utilizando para traicionarlos. Sabemos de primera mano que cuando estás enfrascado en una actuación, defendiendo una causa en la que crees, te puede resultar difícil distinguir esas conductas. Una y otra vez hemos oído historias de líderes que jamás vieron llegar el peligro hasta que ya era demasiado tarde para responder.

Exclusión

A veces, la exclusión se lleva a cabo literalmente. En los años setenta, en el antiguo Departamento de Salud, Educación y Bienestar de Estados Unidos, Marty conoció a un veterano empleado muy respetado y formado llamado Seth, quien empezó a cuestionar duramente un nuevo plan destinado a cambiar desde la base el *modus operandi* que empleaba aquel organismo para prestar sus servicios sociales. Esa reforma era la idea, e iniciativa, más importante del jefe de Seth, el nuevo secretario. Seth discutía reiteradamente, de una manera sincera pero provocativa, planteando dudas acerca del valor de algo que era fundamental para su jefe. Nadie quería escuchar sus objeciones.

Un día, Seth llegó al trabajo y encontró su escritorio trasladado a un pasillo. Sus colegas más veteranos habían adjudicado sus responsabilidades a otros. Él creía en sus iniciativas y sus objeciones, y al principio aquel martirio le afectó mucho, pero no durante demasiado tiempo. Pronto abandonó la agencia, y sus perturbadoras preguntas no se oyeron más.

Generalmente, las organizaciones marginan a las personas de forma menos directa. Un hombre afronorteamericano contó su frustración cuando formaba parte de un equipo gerencial y veía que su contribución estaba limitada en cualquier tema que no fuera la raza. Una mujer, promovida a través del escalafón civil a un rol gerencial superior en una organización dominada por personal militar, notaba que sus compañeros solo la escuchaban cuando el tema de debate concernía a la tecnología de la información, su área concreta de especialización. A diferencia de lo que sucedía con el resto de los gerentes superiores —todos hombres—, sus puntos de vista no se tomaban en serio cuando ella se apartaba de su estricto ámbito de competencia.

Muchas mujeres nos han dicho que, en las organizaciones dominadas por hombres, ellas han sido desalentadas, e incluso despedidas, para reafirmar la supremacía masculina en toda la organización. Aprendieron dolorosamente que la «admisión de minorías» para cumplir con la ley es un recurso demasiado engañoso para que sea eficaz, y nos cuesta muy caro. Cuando una persona, o un pequeño grupo de personas, representa un problema y dentro de la organización lo ponen de manifiesto como un símbolo del cambio, entonces la organización en su conjunto jamás tiene que asumir ese tema. Se puede fingir la virtud de la diversidad, pero se evita el desafío que la diversidad de opiniones supone para su forma de negociar. Por eso, las mujeres eran incapaces de discutir el asunto en el seno de la organización. Además, cuando planteaban una perspectiva diferente sobre cualquier tarea, los demás ponían los ojos en blanco y se decían: «Ya empiezan de nuevo». Plantear la cuestión del género con tanta regularidad daba, a los otros miembros del grupo, una excusa para no escuchar ninguna otra sugerencia.

Un buen ejemplo de ello se puede encontrar en la iniciativa de diversidad que tuvo el New England Aquarium a mediados de los años noventa.[1] El Aquarium se inauguró en 1969, poco antes de la revitalización de los terrenos ribereños de Boston. Fue un éxito inmediato que rápidamente atrajo a cerca de un millón de visitantes anuales —mucho más de 600.000 personas, la capacidad prevista por sus planificadores—. Pero, a mediados de los años ochenta, la junta directiva y el equipo superior comenzaron a pensar que los miembros de las comunidades minoritarias de Boston casi no estaban representados entre los visitantes de la institución, los empleados y los voluntarios. Durante la década siguiente se emprendieron varias iniciativas dirigidas a las personas negras, pero eso no supuso una diferencia notable. En 1992, una comisión de diversidad cultural desarrolló una estrategia para atraer a los jóvenes de las minorías como voluntarios en verano, quienes después se quedaban como reserva de contratación para los nuevos empleos remunerados. La declaración de la misión de la empresa se amplió en 1992, reflejando una nueva prioridad sobre la mayor diversidad de su equipo y sus visitantes.

El esfuerzo más visible hacia esa nueva prioridad fue el establecimiento de un programa interno del departamento de educación del Aquarium destinado a los empleados minoritarios. A diferencia de los voluntarios, aquellos empleados eran remunerados. Los fondos provenían principalmente de fuentes externas que financiaban empleos de verano para los estudiantes cuyas familias respondían a la calificación federal de pobreza.

Como ocurre a menudo, este problema tenía un aspecto técnico («¿Cómo podemos conseguir que más personas de raza negra entren en el Aquarium?») y un aspecto adaptativo («¿Qué valores nuestros alejan a los individuos de color de nuestra puerta?, ¿estaríamos dispuestos a cambiarlos?»). La naturaleza, el plan y la ubicación del programa fueron unas señales claras de que los miembros de la junta directiva solo deseaban abordar el aspecto técnico de la cuestión.

Apenas se hizo una planificación previa para los siete estudiantes de secundaria que se presentaron al nuevo programa de prácticas en el verano de 1992. Considerado ese modesto éxito, el verano siguiente el programa del Aquarium se amplió a treinta voluntarios. Pero al año siguiente el resultado no fue tan bueno. La escasez de espacio resultante creó tensiones con los otros voluntarios, a quienes les molestó que los internos minoritarios fueran remunerados por hacer el mismo trabajo que ellos estaban haciendo gratis. Los internos minoritarios habían sido seleccionados por agencias, y no habían manifestado ningún interés particular por el Aquarium ni por su tarea. El equipo tuvo problemas con su conducta, su asistencia, su actitud e incluso con su vestimenta. Aunque esos problemas no eran exclusivos de los nuevos voluntarios, porque el grupo tenía características diferentes, sí que eran más visibles.

A finales del verano de 1993, el Aquarium contrató en el departamento de educación a Glenn Williams, un afronorteamericano, para que asumiera la responsabilidad de dirigir los programas dirigidos a jóvenes de los barrios pobres. Williams era mayor que los otros educadores del departamento, el único afronorteamericano y, a diferencia de la mayoría de sus colegas, no tenía formación académica en las áreas pertinentes. A finales de

1994, Williams había reunido suficiente dinero de fuentes externas para desarrollar dos programas adicionales para los jóvenes internos a fin de complementar el programa de las becas de verano. A medida que el programa de Williams se ampliaba, también crecían las tensiones con el resto del equipo del Aquarium, en su departamento de educación y en otros lugares, cuya cooperación necesitaba para que los programas se integraran en la institución. Todo marcharía bien, siempre y cuando el programa se mantuviera reducido y no interfiriera con nada más.

Las paredes de ladrillo no podrían haber cumplido una mejor función para marginar el problema de la diversidad en el Aquarium. Los internos minoritarios jamás se adaptaron, y el programa fracasó. A pesar de que los miembros de la junta querían exhibir su imagen de gran empresa en la que participaban personas de color, no estaban particularmente interesados en cambiar a la propia empresa —sus operaciones, su cultura y su manera de hacer negocios— para atraer a visitantes de las minorías. Williams, frustrado, finalmente renunció. Desde su puesto en el más bajo nivel de la estructura jerárquica, no podía reformular todo el programa de diversidad de la institución. Lo intentó, pero sus quejas no fueron escuchadas. La institución, desde el eslabón más alto hasta el más bajo, realmente no deseaba afrontar las consecuencias de los cambios profundos que era necesario efectuar en todo el Aquarium para hacerlo accesible al público de más bajos recursos y a las comunidades negras. Williams no había visto los problemas a tiempo, porque creía en la meta de la diversidad, confiaba en las bienintencionadas palabras de sus superiores y estaba totalmente implicado en el programa de los becarios. Los programas en sí mismos eran excelentes, pero el papel que desempeñaban en toda la organización servía para evitar el problema, no para resolverlo.

A veces, inconscientemente colaboramos con quienes nos quieren marginar. Una sinagoga bien asentada, a los treinta y cinco años de su fundación, designó como rabino a un joven. El rabino anterior había liderado la congregación durante treinta y dos años.

Al principio parecía que todo iba a favor del joven rabino. Su predecesor habló muy bien de él, tanto en público como en privado, y prometió irse. Dijo que apoyaba muchos de los cambios de modernización que el nuevo rabino había propuesto durante sus múltiples entrevistas para el cargo. Pero el nuevo rabino empezó a detectar ciertas conductas inquietantes. Siempre que iba a cenar a casa de los miembros de la congregación, su predecesor estaba presente, sentado a su lado. Muy a menudo, las personas que celebraban bodas, *bar* y *bat mitzvahs*, y funerales pedían al antiguo rabino que colaborara en las pautas para ejecutar las ceremonias. Y lo más importante, cuando el joven pidió consejo a su predecesor sobre los cambios específicos que deseaba hacer en la liturgia o el ritual, recibió una respuesta más cortés que entusiasta, similar a la que había oído de los miembros más destacados de la congregación. Por lo tanto, él tenía que mantenerse al margen.

Continuó respondiendo al anterior rabino con un gran respeto, siempre a la espera, aceptando hacer las actividades conjuntas, posponiendo los cambios y generalmente, desde su punto de vista, demostrando su disposición a esperar hasta que la situación se aclarara. Continuó atribuyendo aquella prolongada transición a una comprensible sensibilidad del anterior rabino.

Sin embargo, pasado un tiempo, el joven rabino comprendió que involuntariamente había hecho un gran esfuerzo para eludir un futuro incierto y conservar el pasado más familiar y confortable, representado por el rabino que había conducido a la congregación durante tanto tiempo. Tanto el rabino mayor como la congregación querían evitar en la medida de lo posible el duro trabajo de afrontar los cambios y retos que inevitablemente llegarían tras su jubilación y con la designación de un nuevo líder espiritual para la sinagoga. El rabino más joven se había confabulado con el resto de la comunidad al postergar el dolor de la transición.

Finalmente, el nuevo rabino pudo reconocer cuál era su papel en ese asunto y la dinámica que estaba en juego. Pero en ese momento la congregación ya había debilitado su autoridad y su credibilidad, y no fue capaz de encontrar la manera de abordar tal situación. Las personas que habían propiciado su nombramiento estaban desilusionadas con su lento progreso. Y aquellas que habían sido más resistentes al cambio se sentían alentadas por su éxito al conservar lo que tenían. Desesperado, el joven rabino dimitió.

En algunas ocasiones, la marginación adquiere formas más seductoras. Por ejemplo, se puede presentar bajo el disfraz de la adulación *sui generis*. Alguien puede decirte que eres un ser especial, que representas alguna idea muy importante y valiosa, con la intención de manteneros, a ti y a tu idea, en un pequeño cofre sellado. En primer lugar, el rol de «ser especial» te impide representar un papel significativo en otros asuntos. No te deja desempeñar tus aptitudes y tus conocimientos generales. En segundo lugar, después de un tiempo, pierdes valor incluso en tu propia especialidad, porque es de lo único que es capaz de hablar. En tercer lugar, como en otras formas de marginación, la organización puede cantar sus propias alabanzas por acoger a personas extrañas, sin investigar la relevancia y el efecto de su contribución a la misión central de la empresa. Si tu aportación se limita a una especialidad concreta, entonces la organización no tiene que desarrollar e institucionalizar tu innovación.

En la mayoría de ejemplos expuestos, las personas que ejercían el liderazgo y eran marginadas no ocupaban posiciones de autoridad en sus organizaciones. Sin embargo, la marginación puede ocurrirle a cualquiera, incluso a los más altos cargos. Las figuras que representan a la autoridad también pueden ser excluidas, particularmente cuando llegan a identificarse tanto con un problema que se convierten en el propio problema.

El presidente Lyndon Johnson asumió personalmente la guerra de Vietnam. Desde luego, él no pretendía ser el primer presidente de Estados Unidos que lideraba una derrota. Tampoco su secretario de Defensa, Robert McNamara quería asumir la responsabilidad de la guerra, pero en 1966 los pacifistas la llamaban «la guerra de McNamara». Por eso, Johnson asumió la responsabilidad y pronto los activistas comenzaron a entonar

Hey, ho, LBJ must go. Este fue quizá el eslogan más cortés que le dedicaron. Ingenuamente, los activistas sustituyeron al derrotado Johnson por un problema mucho más difícil; es decir, hacer que el Congreso y el pueblo eligieran entre sacar al país de Vietnam y aceptar la derrota, o hacer el sacrificio humano y financiero que podría haber permitido al país ganar la guerra. Al principio, Johnson no se dio cuenta del peligro que entrañaba asumir él mismo tanta responsabilidad por la guerra y evitar que el Congreso y el pueblo tuvieran que contraer esa difícil opción. De hecho, comenzó a asumir la guerra tan personalmente como los activistas que lo acusaban. Sin embargo, con el tiempo comprendió que la personalización de la guerra había impedido el debate acerca del conflicto y no le había permitido avanzar en su programa de gobierno interno. Al entrar en la orquesta, había renunciado a su batuta. Cabe reconocer que decidió dejar la presidencia, en lugar de presentarse a la reelección en 1968.[2]

La personalización suele conducir a la marginación. Identificarse con un problema puede ser una estrategia necesaria, aunque sumamente arriesgada; en particular, para las personas que lideran sin autoridad. Sin embargo, para las autoridades o los gobernantes que personifican un problema aún puede ser más peligroso. Los gobernantes suelen tener que representar a una gran variedad de electores. En contadas ocasiones se pueden permitir el personificar un problema. Es necesario que tengan las manos libres para poder orquestar los conflictos, en vez de ser ellos mismos el objeto del conflicto. Y, como veremos más adelante, personificar un problema en tu rol de autoridad compromete tu supervivencia, no solo tu éxito.

Desviación

Otra manera eficaz de apartar a las personas es desviarlas de su objetivo.

Consciente o subconscientemente, las comunidades y las organizaciones tienen muchas maneras de hacer que pierdas tu objetivo. A veces, lo hacen ampliando tu agenda; otras veces, sobrecargándola, pero siempre con una razón aparentemente lógica para interrumpir tu plan.

Los opositores a la guerra de Vietnam convencieron a Martin Luther King para que ampliara su agenda de los derechos civiles a la guerra. Desde luego, ellos tenían un motivo para hacer eso. Al ampliar su agenda apelaban no solamente a las convicciones morales de King, sino también quizá a su propia valentía y orgullo, alimentados legítimamente por el enorme progreso alcanzado en cuanto a derechos civiles. Pero, a pesar de lo difícil que había sido la lucha por los derechos civiles en el Sur, aún no se habían abordado algunos de uno de los problemas más complejos: acabar con la intolerancia racial en el Norte. El hecho de desviar la atención de King hacia la guerra de Vietnam tenía el doble efecto de generar una mayor solidaridad con los liberales del Norte que soportaban la afrenta moral pacifista, sin desafiarlos personalmente. Podría haber tensado esas relaciones si hubiera introducido el movimiento de los derechos civiles en sus comunidades, escuelas, instituciones jurídicas y corporaciones. Sus vidas se habrían trastocado, sus valores se habrían cuestionado y sus conductas y prácticas se habrían replanteado. Habrían aparecido en la televisión defendiendo su estilo de vida o denunciándolo frente a sus amigos y sus vecinos.

King desvió su atención para oponerse a la guerra de Vietnam con resultados terribles. Sus principales seguidores, los negros del Sur, no estaban con él. Sabían que todavía quedaba demasiado por hacer en el Sur, así como en el Norte. King no solo tuvo un escaso éxito en la cuestión de la guerra de Vietnam, sino que —al perder su objetivo— estaba menos disponible para liderar el movimiento más allá de los principios de igualdad, como el del derecho al voto. Frente a los problemas complejos en las ciudades y los guetos del Norte, el movimiento se estancó.

A algunas personas se les asciende o se les asignan responsabilidades sugestivas como una manera de desviar su agenda.

En cuanto te llegue un ascenso inesperado o agreguen tareas importantes o divertidas a tu función actual, haz una pausa y pregúntate: «¿Represento algún problema inquietante y, para esquivarlo, la organización nos está desviando, a mí y a sí misma?». Conocemos a una polémica periodista que fue repentinamente ascendida a un puesto de jefa de redacción tanto para silenciar su opinión desafiante como para usar sus habilidades de editora. También conocemos a una directora de escuela primaria, en el barrio más pobre del distrito escolar de Missouri, cuyo extraordinario éxito con los alumnos y los padres generó suficiente malestar entre algunos maestros —con los que había trabajado duramente— como para que el inspector la promoviera a las oficinas centrales del distrito donde ahora trabaja como asesora. Así, el inspector aplicó su ingenio para encontrar una manera de quitársela de en medio y volver a restaurar «orden y tranquilidad» en el sistema. A veces, la gerencia empresarial calma las aguas cuando asciende a los sindicalistas agitadores a altos puestos sin responsabilidades, con la esperanza de que la nueva generación de líderes sindicales sea más cooperativa.

Los individuos que ocupan puestos superiores pueden ser fácilmente desviados comprometiéndolos con demandas de otras personas y detalles programáticos. Nuestra amiga Elizabeth estaba a punto de conseguir el deseado puesto de jefa de una agencia estatal de recursos humanos con un presupuesto multimillonario, miles de empleados y el bienestar de cientos de miles de personas a su cargo. Deseaba vivamente ese cargo porque, después de haber estudiado la gestión de la agencia durante años, tenía una larga lista de iniciativas y reformas que pensaba que cambiarían las cosas. Sabía que algunas personas comprometidas con el sistema vigente se irritarían, pero confiaba en que con fuerza y coraje podría efectuar el cambio. Sin embargo, no evaluó dos dinámicas importantes.

En primer lugar, sabía que muchas personas —tanto de dentro como de fuera de la agencia— estaban profundamente en desacuerdo sobre la dimensión, los alcances y los sistemas de distribución de diferentes programas de salud y bienestar. Pero no había entendido que todos coincidían en un aspecto: que ella debería concentrarse en su conjunto de problemas colectivos, cualesquiera que fuesen, en lugar de en los suyos propios o en los de cualquier otra persona. En segundo lugar, no se había percatado de que ellos podían desmontar su agenda más fácilmente abrumándola con exigencias y detalles que combatiéndola de frente.

Cuando estaba a punto de asumir el cargo, Marty le propuso que almorzaran juntos seis meses más tarde para ver cómo iba progresando en la lista de cosas que deseaba hacer. Entonces ella emprendió la lucha. Y luego llegó la fecha del almuerzo. Elizabeth parecía frustrada.

«¿Qué ha ocurrido?», preguntó Marty. «Es asombroso», respondió ella. «Jamás he estado tan ocupada. Mi calendario de citas está lleno y cada reunión es importante. Muchas son conflictivas. Estoy trabajando más horas que nunca. Llego agotada al final del día. Me llevo trabajo a casa los fines de semana. Pero apenas he comenzado a trabajar sobre mi agenda. Por fin he comprendido que, desde que ocupo este cargo, solo he visto a unas cien personas. Es como si se unieran todos, a pesar de sus diferencias, y se pusieran de acuerdo para mantenerme ocupada con sus proyectos. ¡Así jamás lograré nada con mis proyectos!».

Conocida como una adicta al trabajo, Elizabeth es sumamente escrupulosa. Se jacta de atender ella misma las llamadas telefónicas y de mantenerse en contacto con sus colaboradores, incluso con aquellos que están en desacuerdo con ella. Disfruta de los debates políticos. Y los encargados de recursos humanos lo sabían.

Elizabeth tenía razón. Ellos *se habían unido*, aunque no en un sentido literal. Warren Bennis llama a esto la «conspiración inconsciente» que nos desvía de nuestro plan.[3] Esta desviación desvió la mirada de Elizabeth del objetivo. La mantuvo inmersa en las perspectivas, los problemas y la lucha interna que habían confundido a otros durante años. Esa técnica había surtido efecto; había sido mucho más eficaz que si los otros hubieran intentado oponerse directamente a sus propios planes.

Ataque

Atacarte personalmente es otro método ensayado y comprobado para neutralizar tu mensaje. Cualquiera que sea la forma del ataque, si los atacantes consiguen desviar el tema de conversación del problema que estás tratando hacia tu carácter o tu estilo, o incluso hacia el propio ataque, habrán logrado sepultar el asunto. De este modo, la atención, el recurso esencial del liderazgo, se agota. Si no puedes captar la atención de la gente sobre los temas que importan, entonces, ¿cómo podrás conducirlas en la dirección correcta o lograr algún progreso?

Es probable que, de una u otra forma, ya te hayan atacado. Quizá te hayan criticado por tu estilo de comunicación: demasiado seco o demasiado amable, demasiado agresivo o demasiado tranquilo, demasiado conflictivo o demasiado conciliatorio, demasiado frío o demasiado cariñoso. En todo caso, es improbable que alguien critique tu carácter o tu estilo cuando les das buenas noticias o importantes concesiones. Por lo general, las personas nos critican cuando no les agrada nuestro mensaje. En lugar de concentrarse en el contenido del mismo, considerando el problema con objetividad, creen que resulta más eficaz desacreditarnos. Es posible que tú les hayas dado oportunidades para hacerlo; está claro que todos podemos mejorar nuestro estilo y nuestra autodisciplina. Lo importante no es que tú estés libre de culpa, sino desplazar la culpa para desviar la atención respecto al mensaje en concreto.

La forma más obvia de desviar el problema es el ataque físico. Quizá recuerdes las protestas que hubo en el otoño de 1999 durante la reunión de la World Trade Organization (WTO) que tuvo lugar en Seattle, Washington. Los manifestantes estaban interesados en cuestionar las políticas de la WTO y sus impactos sobre las clases desfavorecidas, los empleos en Estados Unidos y el medioambiente. A los funcionarios del poder ejecutivo local les interesaba proteger la seguridad de los delegados y de la reunión. A los delegados en la WTO les interesaba mantener el debate concentrado en sus objetivos y no en la agenda de los manifestantes. El enfrentamiento físico, intencionado o no, entre la policía y los manifestantes tuvo el efecto de hacer que el foco de atención de los ciudadanos se fijara en la lucha, y no en los problemas que se dirimían. Las reyertas entre los manifestantes y la policía sacaron la agenda de los manifestantes de las noticias.

La gente se deja llevar fácilmente por el ataque físico. Es algo que conmueve. Algunas personas sienten repulsión por la violencia; a otras les atrae de forma casi macabra. Sea cual sea la reacción, el espectáculo de la violencia es eficaz para desviar a la gente de cualquier problema subyacente y profundamente perturbador. Por ejemplo, en una familia una explosión de ira que se manifiesta de forma física reemplaza de inmediato los problemas originales por el problema de la violencia en sí. La persona violenta pierde la legitimidad de su perspectiva y, sin saberlo, se confabula con las partes en conflicto para sabotear la discusión de sus puntos de vista.

En las elecciones presidenciales del año 2000, un ataque personal imprevisto distrajo la atención de los medios y de la ciudadanía estadounidense. George W. Bush, en un aparte con su compañero de grupo Dick Cheney, usó una expresión vulgar para describir a Adam Clymer, un experimentado reportero político del *New York Times*. Bush no se dio cuenta de que los micrófonos estaban conectados, y se sintió avergonzado cuando constató que su observación se había oído. La prensa atacó a Bush, usando el incidente para plantear problemas acerca de su carácter. A nadie le preocupó analizar si Bush era capaz de algo, si los artículos de Clymer habían sido justos y responsables, o si estaban sesgados a favor del candidato demócrata. Y Bush, al convertir el incidente en un asunto personal, sin darse cuenta estaba propiciando la distracción y disminuyó su capacidad para plantear la cuestión de la imparcialidad periodística.

Los asesinatos, como los de Itzhak Rabin y Anwar Sadat, son ejemplos extremos de ataques para silenciar las voces de quienes quieren exponer realidades comprometedoras. Ambos asesinatos hicieron retroceder la causa de la paz en el Oriente

Próximo, postergando el día en que los pueblos tuvieran que experimentar la pérdida de tierras y la deslealtad con sus ancestros, a fin de prosperar en el mundo interdependiente actual.

Por suerte, es mucho más probable que tus oponentes —aquellos a quien más les afecte tu mensaje— sean más propensos a usar el ataque verbal que el físico. Sus reproches pueden dirigirse a tu carácter, tus habilidades o tu familia, o simplemente pueden tergiversar o interpretar mal tus puntos de vista. Te llegarán en la manera que los oponentes consideren más eficaz. Ellos encontrarán tu talón de Aquiles a través del método de tanteo. Te atacarán en tu punto débil.

En política, los ataques muy a menudo se dirigen hacia una persona en concreto para desviar la atención de los problemas. Durante los ocho años en que Bill Clinton estuvo en la Casa Blanca, sus adversarios ideológicos le persiguieron no por los problemas, sino por su personalidad. Encontraron una vulnerabilidad obvia en Clinton. Como es sabido, él les dio motivos. Los ataques personales contra Clinton fueron exitosos y sirvieron para desviarlo considerablemente de su agenda política. Curiosamente, los conservadores no se sintieron amenazados por esa agenda, quizá porque el programa de Clinton era, en parte, el mismo que el de ellos. Clinton había hecho suyos algunos puntos de ese programa, como la reforma del bienestar social y el equilibrio del presupuesto. De modo que, si tenía éxito, su influencia para promover los aspectos detestados de su programa aumentaría sustancialmente.

Con el mismo propósito y del mismo modo atacaron a Clarence Thomas por su carácter durante sus audiencias de confirmación en el Tribunal Supremo de Estados Unidos. Los adversarios le atacaron personalmente porque tenían grandes dificultades para impedir su nominación. Thomas no se ajustaba al perfil de un candidato judicial conservador fácil de vencer. Era un afronorteamericano sin muchos escritos que documentaran su filosofía judicial o su ideología política. No era un objetivo tan fácil como G. Harrold Carswell, un conservador sureño sin prestigio judicial, intelectual ni profesional, a quien Richard Nixon designó en el Tribunal Supremo en 1970. Tampoco era tan vulnerable como Robert Bork, el candidato de Ronald Reagan nominado en 1987, un autor prolífico cuyos escritos publicados eran un anatema para muchos miembros del Senado de Estados Unidos. Pero, al igual que Bill Clinton, Thomas se había hecho algo vulnerable a los ataques a su persona, particularmente por los cargos de acoso sexual presentados por Anita Hill y otros.

Los ataques pueden asumir la forma de una tergiversación. El presidente Bill Clinton, al comienzo de su gestión, designó a Lani Guinier como procuradora general asistente de los derechos civiles. Guinier gozaba de gran prestigio como brillante catedrática de leyes, amiga fiel de Bill y Hillary Clinton y pensadora creativa. Creía firmemente en la acción de gobierno para garantizar los derechos civiles, y es probable que habría hecho de la División de Derechos Civiles una agencia activista agresiva y visible. Sin embargo, una investigación de sus escritos sacó a relucir un artículo de una revista de leyes en la que ella analizaba la cuestión de la representación política.[4] En realidad, su idea de la representación proporcional no era un concepto nuevo ni desatinado. En la teoría política, su argumento tenía respetabilidad y una larga historia, similar a los argumentos acerca de los principios sobre los cuales se basaban los distritos electorales. Además, el argumento que provocó el ataque representaba solo un pensamiento en un artículo lleno de ideas, y aparecía en un escrito de una mujer que era autora de muchos informes. Pero a sus oponentes les ofrecía una oportunidad para calificarla de «reina de la cuota».

Esa tergiversación puso a Clinton en una difícil situación. Podría haber asumido la ardua tarea de intentar explicar que la etiqueta memorable, ingeniosa y políticamente inaceptable de «reina de la cuota» era una tergiversación y luego volver al problema real: los difíciles desafíos que ella representaba como una activista de los derechos civiles. O podría haber reconocido esa tergiversación y luego defenderla o despedirla. Escogió el camino más fácil, y se deshizo de ella. Sus adversarios tenían razones de peso para pensar que actuaría así, porque ya había retrocedido con otros candidatos y otros problemas cuando las cosas se complicaban. Pero, al hacer eso de nuevo, dio a sus oponentes más motivos para que creyeran que las tergiversaciones continuadas y los ataques personales iban a resultarles útiles para lograr sus objetivos.

Es difícil no responder a la tergiversación y al ataque personal. No pretendemos minimizar lo complejo que resulta mantener la compostura cuando la gente dice cosas horribles sobre ti. Eso duele. Hace daño. Cualquiera que haya estado en una situación similar conoce ese dolor. A menudo, ejercer el liderazgo significa tener que soportar esas ofensas.

Más adelante, en la segunda parte de este libro, analizamos diferentes maneras de tergiversar y de atacar. Pero primero hay que reconocer ese esfuerzo como lo que suele ser: una forma de desviar la atención de un asunto que es más preocupante para los otros. Fundamentalmente, la dinámica del ataque en una familia no difiere mucho de la ofensa en el ámbito nacional. Cuando tu hijo adolescente, en una explosión de ira, te insulta, en tus mejores momentos sabes cómo detenerlo y le preguntas: «¿Qué está pasando realmente?». Quizá tu hijo no sepa qué contestar, teniendo en cuenta que depende de ti. O puede que te esté tanteando para ver si en verdad te importa lo suficiente para cumplir con el toque de queda que le has impuesto. Sin embargo, negociar con él sobre las cuestiones de responsabilidad y dependencia podría ser mucho más productivo —aunque desafiante— que entablar otra lucha personal. Pero esto no es fácil de hacer.

Cuando el *Union Leader* de Manchester, New Hampshire, atacó a la mujer del senador Edmund Muskie durante la campaña presidencial de 1972, describiéndola en un lenguaje degradante y negativo, Muskie lo asumió personalmente y respondió de la misma forma: vertió lo que parecían ser lágrimas en su defensa, y cometió el mismo error de diagnóstico. Sus oponentes estaban intentando desviar su campaña y socavar sus posiciones sobre los problemas. A ellos no les importaba en lo más mínimo su esposa. Una vez que Muskie se retiró de la campaña, ella dejó de ser el blanco de los ataques. Al responder personalmente a las tergiversaciones, Muskie se confabuló con el atacante para distraer al público del objetivo real.

Seducción

Muchas formas de ataque tienen una dimensión seductora. Usamos el término *seducción*, una palabra de connotación política, como una manera de designar el proceso mediante el cual te desvías al cien por cien de tu propósito. De ese modo, quedas fuera de juego por una iniciativa que es probable que tenga éxito, ya que tiene un atractivo especial para ti. En general, es posible seducir a las personas cuando «bajan la guardia», cuando la naturaleza del acercamiento debilita sus mecanismos de defensa.

No estamos hablando únicamente de necesidades neuróticas. La gente se desvía por iniciativas que responden a intereses normales y humanos. Por ejemplo, una de las formas cotidianas de seducción nace del deseo de obtener aprobación por parte de tu propia facción, de tus propios seguidores.

Un viejo aforismo atribuido al expresidente de la Cámara de Representantes de Estados Unidos, Tip O'Neill, dice: «Baila siempre con la nueva que te trajo». Se trata de ser leal a tu propia gente. Pero ese consejo, aun cuando sea atractivo, entraña un riesgo significativo.

Cuando estás tratando de crear un cambio importante dentro de una comunidad, las personas de tu propia facción en ese entorno tendrán que comprometerse en el proceso. A menudo, la parte más difícil de tu tarea es manejar *sus* expectativas frustradas. Esas personas pueden apoyar el cambio, pero también necesitan que les asegures que el cambio llegará con un sacrificio mínimo de su parte. Tácita, o quizá explícitamente, pretenderán que hagas el trabajo de tal manera que la parte más difícil quede en manos de los individuos de las otras facciones.

Si frustras a tus propios seguidores —tus aliados más inmediatos en el problema—, sufres tú y los haces sufrir a ellos. Sin embargo, te haces vulnerable cuando cedes al comprensible deseo de disfrutar de su continua aprobación, en lugar de decepcionarlos. En más de una ocasión hemos visto a personas que han afrontado problemas difíciles solamente para ser alentadas por su propia facción hasta el punto de perder credibilidad en toda la comunidad.

Varios años antes de firmarse el tratado de paz del Viernes Santo en Irlanda, Marty convocó una reunión de representantes de casi todos los partidos políticos y facciones más militantes en Irlanda del Norte. En la sala se percibía una atmósfera de tensión e incertidumbre. Muchos de los asistentes jamás habían estado en el mismo lugar con sus adversarios más odiados. Algunos participantes ni siquiera se dirigían la palabra con los otros. Y se negaron a posar para una foto de grupo.

Comenzaron a discutir sobre la resolución de un conflicto en horas y lugares diferentes. Hablaban lentamente, con cuidado y precaución. Analizaron de qué manera el protagonista del conflicto había manejado a sus propios colaboradores y la dificultad que tenía para unirlos. De repente, la conversación se intensificó en la sala. Los antagonistas de Irlanda del Norte comenzaron a hablar entre sí, sin la intervención de Marty. Y entonces encontraron un tema de interés mutuo en la dificultad que todos tenían para manejar a su propia gente.

Comprendieron que afrontaban un dilema compartido. Entendieron que el camino hacia la paz significaba renunciar a algo, pero cada una de sus facciones pretendían que los representara alguien dispuesto a no renunciar a nada. Si los representantes hubieran intentado educar a su propia gente sobre la necesidad de compartir algunas pérdidas, habrían sido desafiados por el sucesor potencial que prometía mantener la línea dura. Más allá de ese desafío táctico a su autoridad, ellos buscaban y deseaban la aprobación y el apoyo de su propia gente mientras mantenían difíciles conversaciones con sus oponentes. El aplauso de sus propias facciones les infundía coraje. Les hacía sentirse importantes y valiosos, y les convencía de que los riesgos que habían asumido valían la pena. Sin embargo, la necesidad de ese aplauso y el deseo de que siguiera resonando en sus oídos comprometieron su capacidad para pensar deliberadamente acerca del cambio más amplio.

Los negociadores describen una dinámica semejante llamada «problema del electorado». Muchos representantes sindicales han vivido esa experiencia: los trabajadores que no han pasado por el mismo proceso de aprendizaje y compromiso —que a menudo dura mucho tiempo— que han experimentado ellos son quienes los arrastran a la postura anterior. Renuentes a ceder en alguna de sus metas, aquellos abuchean y silban al «negociador transigente» acusándolo de ser desleal a la causa.

El propio Marty experimentó eso en 1992, cuando se incorporó a la administración del gobernador de Massachusetts William Weld como primer secretario jefe, responsable de personal y política. Allí se ganó la fama de ser más liberal que la mayoría del equipo superior del gobernador. Y en absoluto se avergonzaba de ello. Muy al contrario, se sentía muy cómodo con sus ideas e incluso suponía que Weld lo había nombrado, en parte, para que abriera el abanico de puntos de vista que al gobernador le interesaba oír regularmente. La mayor parte de los amigos de Marty fuera del gobierno sostenían puntos de vista más liberales; estaban contentos de que hubiera conseguido un buen empleo, pero no les agradaba que hubiera aceptado un puesto en un gobierno republicano que en su primer año había hecho tantos recortes presupuestarios.

Los grupos de intereses liberales, como los defensores de los derechos de la mujer y de los homosexuales, aplaudieron su nombramiento. Lo veían como su mediador en las conversaciones con el gobernador. Y Marty disfrutaba de ese rol y de su aprobación, quizá demasiado. Sus defensores admitían —y se lo decían constantemente— que, si él no estuviera allí, no sabrían qué hacer ni cómo ser escuchados en la oficina del gobernador.

Marty comenzó a depender de sus elogios, a pensar que era indispensable para ellos, hasta tal punto que jamás notó lo que poco a poco estaba ocurriendo. Sus defensores le impulsaban a ir cada vez más lejos, y eso le parecía el precio que debía pagar para mantener su constante aprobación. En lugar de retroceder para depender menos de ellos y ampliar su base de apoyo e influencia, Marty optó por mantener ese estatus especial que necesitaba para sentir que su rol era importante.

Como resultado, comenzó a perder influencia en las reuniones con el gobernador, y su tono sonaba más estridente cuando planteaba los problemas más urgentes. Su eficacia se iba desvaneciendo día a día. Se había dejado seducir por su propio deseo de «hacer lo correcto» y, aún más, por tener el apoyo de las personas cuyos valores compartía. Pero por ello estaba pagando un precio muy alto. Cada vez más limitado a ser el portavoz de causas impopulares, lenta pero inexorablemente perdió su eficacia para promoverlas, y se quedó excluido de las conversaciones sobre otros temas.

Si bien sus defensores seguramente no intentaban perjudicarle, al condicionar su aprobación a la defensa cada vez más estridente de sus intereses, le obligaron a elegir entre su intocable lealtad y su decreciente éxito dentro de la sociedad.

· · ·

La seducción, la marginación, la desviación y el ataque cumplen una función: mitigan el desequilibrio que generan las personas que abordan esos problemas que no se quieren afrontar. Sirven para mantener el orden, restablecerlo y proteger a la gente de los sufrimientos que produce un cambio adaptativo. Sería maravilloso que el esfuerzo de adaptación no incluyera transiciones, correcciones difíciles y pérdidas en las vidas de las personas, ya que eso suele provocar resistencia. Hay que ser consciente de la probabilidad de afrontar alguna forma de oposición para poder manejarla exitosamente. Por consiguiente, el liderazgo no solo requiere que asumas los perjuicios del cambio y que reconozcas las alarmas de peligro, sino también que desarrolles la habilidad necesaria para poder responder con eficacia.

SEGUNDA PARTE

La respuesta

3

Subirse al balcón

Pocas ideas prácticas son más obvias o cruciales que la necesidad de adquirir perspectiva en medio de la acción. Por ejemplo, cualquier oficial del ejército reconoce la importancia de mantener la capacidad de reflexión, incluso en el «fragor de la batalla». Los grandes deportistas pueden jugar el partido y, al mismo tiempo, observarlo en su conjunto; como lo describió Walt Whitman, «estar dentro y fuera del juego». Los jesuitas llaman a esto la «contemplación en la acción». Los hindúes y budistas lo llaman «karma yoga», o estado de atención. Nosotros llamamos a esta habilidad «salir de la pista de baile y asomarse al balcón», una imagen que expresa la actividad mental de dar un paso atrás en medio de la acción y preguntarse: «¿Qué está pasando realmente aquí?».[1]

¿Por qué tantas formas de vida espiritual y organizativa recomiendan este ejercicio mental? Porque pocas tareas desarrollan tanto nuestras habilidades como este ejercicio. Todos nos dejamos llevar por la acción, particularmente cuando se vuelve intensa o personal y necesitamos hacer una pausa. Pero la introspección no llega de forma natural. Es mucho más fácil adoptar una creencia establecida que crear la propia. La mayoría de las personas sigue instintivamente una tendencia dominante en una organización o una comunidad, sin hacer una evaluación crítica de sus méritos. El instinto de manada es fuerte. Y una estampida no solo arrolla a quienes no siguen el ritmo, sino que también dificulta ver otros caminos... hasta que la nube de polvo se ha disipado.

Por ejemplo, hace poco estuvimos en una reunión empresarial en la cual una mujer llamada Amanda hizo un comentario provocador: preguntó a todos los que nos reuníamos en la sala si haríamos valer nuestra influencia durante una reestructuración de la empresa que significase un reto. Su comentario no parecía conducir a ninguna parte. Algo más tarde Brian, un hombre con un cargo superior al de ella en la organización, hizo el mismo comentario. De pronto, el grupo aceptó la idea y la conversación avanzó —o al menos se desvió— en la dirección que Amanda había esperado desde el principio. Brian se marchó sintiéndose influyente, y Amanda se sintió invisible y frustrada.

Los grupos a menudo menosprecian a alguien haciéndole el vacío o logrando que se sienta invisible: es una forma de marginación. Es muy probable que eso te haya pasado en más de una ocasión. Las mujeres nos comentan que eso les ocurre a menudo.

A Amanda le habría costado mucho observar las cosas desde otra perspectiva. Se preguntaba por qué no la habían escuchado, pero principalmente se sentía humillada y enfadada; lo cual disminuía su capacidad para distanciarse de la situación. Estaba totalmente comprometida en la pista de baile: preocupada por el temor de ser ineficaz, reaccionó al ser excluida y no fue capaz de tener una visión de conjunto y ver lo que realmente estaba ocurriendo.

Por lo general, hay pocas personas que ven estas dinámicas cuando se producen. Arrastradas por la acción, la mayoría jamás las perciben. Se limitan a desempeñar sus roles. El desafío de la observación consiste en detectar las sutilezas que normalmente pasamos por alto. Ver el cuadro general significa retroceder y observar, aun cuando estés participando en la acción que observas. Pero no es fácil asomarte al balcón cuando estás actuando en la pista de baile, condicionado y movilizado por el flujo de acontecimientos y también condicionado por ti mismo.

La parte más difícil de percibir es cómo te comportas tú, si desempeñas el papel de Amanda o el de Brian. Podrías imaginarte mirando la pista desde una cámara situada en un ángulo superior y verte simplemente como otro participante en el juego.

La metáfora del balcón expresa muy bien esta idea. Imaginemos que estás bailando en un gran salón que tiene un balcón arriba. Una orquesta está tocando y la gente se arremolina a tu alrededor al ritmo de la música, cubriendo completamente tu visión. Casi toda tu atención se centra en tu pareja de baile y reservas el resto para asegurarte de no chocar con los demás bailarines. Te dejas llevar por la música, por tu pareja y por el momento. Cuando más tarde alguien te pregunta sobre el baile, exclamas: «¡La orquesta tocó maravillosamente, y el lugar estaba lleno de gente bailando!».

Pero, si te hubieras asomado al balcón y mirado hacia abajo, hacia la pista de baile, podrías haber visto un panorama muy diferente. Habrías observado otro tipo de conductas. Por ejemplo, que cuando la orquesta tocaba una música lenta, solo bailaban algunas personas; que, cuando el ritmo era más rápido, otros salían a bailar; y que había algunas personas que nunca bailaban. En realidad, todas las parejas se congregaban en un extremo del salón, tan alejadas de la orquesta como era posible. Al volver a tu casa, podrías haber comentado que la participación era esporádica, que la orquesta tocaba demasiado fuerte y que tú solamente bailabas cuando la música era más rápida.

Adquirir una perspectiva desde el balcón significa apartarse mentalmente del baile, aun cuando solo sea por un instante. La única manera de obtener una visión más clara y una perspectiva global de la situación es distanciarse del conflicto. De lo contrario, es probable que percibas mal la situación y cometas errores de diagnóstico que te conducirán a tomar decisiones equivocadas acerca de cómo y cuándo debes intervenir.

Pero, si pretendes influir en lo que está sucediendo, debes volver a la pista. El mero hecho de asomarte al balcón adoptando el rol de un observador prudente es tan ineficaz como no adquirir nunca esa perspectiva. El proceso debe ser iterativo, no estático. El reto es ir de un lado al otro entre la pista y el balcón, intervenir a menudo, observar tu impacto en tiempo real y luego volver a la acción. La meta es aproximarte tanto como puedas para estar en ambos lugares simultáneamente, como si tuvieras un ojo mirando desde la pista de baile y el otro desde el balcón, vigilando la acción, incluso la tuya propia. Este es el punto crítico: cuando observes desde el balcón tendrás que verte a ti mismo y a los otros participantes. Quizá la tarea más difícil sea esta: verte a ti mismo de forma objetiva.

Para verte a ti mismo desde afuera, como uno más entre muchos participantes, tienes que observar el sistema y las diferentes conductas, considerarte como una parte de la conducta general. Debes separar tu conocimiento especial de tus intenciones y tus sentimientos más profundos, y descubrir esa parte de ti mismo que *otros* verían si estuvieran mirando desde el balcón.

Pasar de participante a observador, y viceversa, es una habilidad que se puede aprender. Cuando estés sentado en una reunión, practica ese cambio de roles, observando qué está sucediendo en ese momento, aunque formes parte de la acción. Cuando intervengas, resístete al instinto de quedarte en tu silla para tratar de defender o explicar lo que has dicho. Ciertas técnicas simples, como desplazar tu silla algunos centímetros de la mesa de reunión después de hablar, pueden proporcionarte una distancia literal y también metafórica que te ayude a adquirir suficiente perspectiva para convertirte en un observador. No te precipites en sacar la conclusión más fácil. Ábrete a otras posibilidades. Observa quién dice qué; observa el lenguaje gestual. Observa las relaciones y fíjate en cómo varía la atención recíproca de las personas: el apoyo, la objeción, la aprobación…

Desde luego, la posición del observador se puede utilizar para analizar no solo a los pequeños grupos, sino también los grandes procesos organizacionales y políticos. Por ejemplo, a comienzos de los años sesenta, el fundador del moderno

Singapur, Lee Kuan Yew, estaba intrigado por las perspectivas de sus camaradas anticolonialistas —como el líder de la India Jawaharlal Nehru— que consideraban que el imperialismo y el capitalismo occidental eran una sola cosa. Lee Kuan salió de su país y viajó mucho para ver en primera persona el progreso que habían hecho estos dos fundadores mientras gobernaban sus nuevas naciones. Pero no le gustó aquello que vio. Al relacionar su anticolonialismo con el anticapitalismo, muchos líderes estaban dificultando el progreso económico de sus naciones e impidiendo un nivel de vida decente para su pueblo. Al dar un paso atrás y poner a prueba el conocimiento convencional de sus contemporáneos en otras naciones emergentes, Lee Kuan no solo se desembarazó de esos puntos de vista, sino que también obtuvo un panorama de la realidad más completo y preciso, que luego llegó a ser la base de su liderazgo. A diferencia de la mayoría de los líderes de la independencia, Lee Kuan optó por el libre mercado. Entre 1965 y 2000, Singapur pasó de ser una ciudad pobre y racialmente dividida a ser una comunidad integrada con una de las economías más competitivas del mundo. Ninguno de sus contemporáneos, que estaban aferrados a ideologías basadas en reacciones al trauma colonial y repudiaban las economías exportadoras y de libre mercado, logró algo similar.[2]

Lee Kuan se asomó al balcón para tener otra perspectiva de su país y del mundo. Cambió su perspectiva de la pista de baile por la del balcón internacional y regional.

Algunas preguntas te ayudarán a ver más allá de tu entorno. Y, para empezar, qué mejor que formularse la pregunta más básica: «¿Qué está pasando aquí?». Más allá de esta pregunta, te sugerimos cuatro tareas de diagnóstico para protegerte de las trampas más comunes en las que suele caer la gente:

1. Distingue entre desafíos técnicos y desafíos adaptativos.

2. Averigua en qué están las personas.

3. Escucha el mensaje de la canción, más allá de la letra.

4. Para encontrar pistas observa a las figuras de autoridad.

Distingue entre desafíos técnicos y desafíos adaptativos

Hay muchas posibles interpretaciones para el incidente de Amanda y Brian. ¿Por qué Amanda se sintió ignorada?

Estilo. Quizá Amanda habló de una manera diferente al estilo preferido por el grupo. Por ejemplo, tal vez lo hizo con una certeza y una convicción tan inesperadas que todos la rechazaron. El hecho de haberse mostrado demasiado segura de sí misma con las personas que tienen un gran respeto por la humildad podría haber reducido su credibilidad.

Antecedentes. Tanto los cargos que ocupan como la reputación de Amanda y de Brian podrían haber influido en la manera en que se les escuchó. Es posible que Brian haya demostrado un conocimiento y una competencia más sólidos a través del tiempo, o que tenga más experiencia sobre el tema.

Madurez. Es probable que el problema aún no había «madurado» lo suficiente cuando Amanda lo planteó. A lo mejor, Amanda había pensado más rápido que el resto del grupo; de modo que, cuando habló, el grupo no podía abordar el problema porque aún no se había familiarizado con ello. Es necesario dar tiempo a las otras personas para que acepten y comprendan una idea nueva. Cuando Brian hizo prácticamente el mismo comentario, la idea de Amanda ya estaba «madura» y la gente estaba preparada para aceptarla.

Estatus. Brian tenía un poco más de autoridad formal que Amanda. Tal vez también era alguien más importante en la comunidad, alguien a quien las personas solían escuchar hablar sobre múltiples temas. En la mayoría de las culturas, las personas prestan más atención a aquellos individuos que están en la cúspide de la jerarquía. El impacto de las jerarquías formales e informales es extremadamente poderoso.

Prejuicio. Algunas interpretaciones del incidente entre Amanda y Brian se relacionan directamente con las normas y los valores más profundamente arraigados en el grupo: quizá no tomen tan en serio el punto de vista de las mujeres como el de los hombres. Si ese prejuicio es un fenómeno del grupo, solo lo sabrás mirando desde el balcón —con perspectiva— y no observándolo en un individuo. Del mismo modo, si Amanda fuera un poco más joven que Brian, el grupo podría tener prejuicios, quizá inconscientes, sobre la juventud o la inexperiencia. O sus tendencias políticas podrían hacer sentir incómodos a los otros mientras Brian comparte los puntos de vista políticos del grupo. Amanda podría recordarles un problema social, y de forma inconsciente el grupo pasaría por alto sus sugerencias como parte de una cuestión social más amplia que ella evoca. Estas explicaciones conciernen a la tolerancia del grupo hacia el «otro»; es decir, hacia cualquier aspecto de la cultura no mayoritaria que Amanda pudiera encarnar.

Algunas de estas interpretaciones —estilo, antecedentes y madurez— sugieren problemas que Amanda podría corregir. Una simple corrección en su estilo de intervención, una mayor sutileza para elegir cuándo debe hablar o un mejor fundamento para su perspectiva sería suficiente para evitar que esos hechos se repitan. Con estas interpretaciones, su «invisibilidad» representa un problema técnico sobre el cual debe tomar una medida correctiva sin molestar a nadie.

Pero las dos últimas interpretaciones —estatus y prejuicio— conciernen a la manera en que el grupo y los individuos que lo componen se ven a sí mismos. Hablar de estos problemas amenazará la estabilidad y las buenas relaciones del grupo, y desbaratará su plan. Es probable que el grupo se resista si Amanda sugiere que desestiman los puntos de vista de las personas con menor grado de estatus o que su conducta es racista o parcial en algún aspecto.

Generalmente, el grupo preferirá una interpretación técnica, particularmente aquella en la que el «problema» reside en un individuo, en lugar de en el grupo. Ello permite una solución directa y simple, que no requiere ningún esfuerzo de adaptación por parte del grupo.

Amanda podría haber comprobado cuál era la interpretación más exacta al observar las reacciones ante los comentarios de quienes tenían menos estatus o representaban una opinión minoritaria. Podría haber observado si esa negatividad respecto a sus contribuciones continuaba aun después de efectuar las correcciones técnicas en su estilo, su madurez y sus antecedentes. Si Amanda se hubiera «asomado al balcón», si hubiera reunido información y escuchado con atención, podría haber constatado que su «invisibilidad» proporcionaba una pista, no de un problema individual, sino de un problema del grupo. Podría haber descubierto que ella se «estaba haciendo cargo» del problema de su equipo en ese desafío adaptativo.[3]

Desde luego, hacerse invisible no es lo mismo que ser rechazado con el beneplácito de los seguidores. Al contrario, te sientes marginado, disminuido y, peor aún, estúpido. ¡Ese es el quid de la cuestión! Después de investigar las razones personales y técnicas por las que has sido neutralizado y tras corregirlas, puedes descubrir que continúan ignorándote precisamente porque tienes mucho que decir. En el caso de Amanda, ella se hizo cargo del desafío adaptativo de evaluar las diferentes perspectivas para todo su equipo, *sin que nadie se lo pidiera o autorizara*. Pero, al soslayar ese desafío, el equipo perdió una contribución que podía resultar crucial para su futuro éxito en situaciones donde sea necesaria esa perspectiva en particular.

La mayoría de los problemas abarcan aspectos técnicos y adaptativos. Antes de hacer una intervención, es necesario que los distingas a fin de decidir cuál debes abordar primero y con qué estrategia.

A nuestro amigo Ken, cuando trabajaba para AT&T, le preocupaba el impacto de un plan de reorganización departamental. Al venir de una formación en ingeniería, vio rápidamente algunos defectos técnicos de ese plan. Pensaba que no lograba poner en contacto a las personas adecuadas, y que reemplazaba una serie de feudos por otros. Pero Ken sabía que los feudos representaban un problema adaptativo: el personal de la corporación solía fortalecer sus propios feudos y se resistía a asumir responsabilidades sobre una base más amplia.

Después de abrirse paso en del sistema, finalmente obtuvo quince minutos de la agenda del vicepresidente, un acontecimiento inusual para alguien de su nivel: dos categorías por debajo de la alta dirección. Había trabajado muy duro para conseguir ese empleo, y sabía que se estaría excediendo en su autoridad si planteaba un problema sistémico más profundo. Le preocupaba que el vicepresidente reaccionara mal. De modo que tenía que elegir: podía plantear el problema técnico o el problema adaptativo, o ambos; pero, si planteaba los dos, ¿en qué orden debía hacerlo? Cuando finalmente fue recibido, Ken empezó por comentar los aspectos técnicos del problema. El vicepresidente lo escuchaba atentamente, sin hacer comentario alguno. Él siguió hablando hasta que pasaron los quince minutos. Ken enseguida, pero tarde, comprendió su error. El vicepresidente quería que esos problemas técnicos se resolvieran en un nivel inferior. Ken se sentía tan presionado que frenó sus explicaciones y ofreció al vicepresidente la más fácil de las dos interpretaciones.

Cuando Ken ya había detectado los aspectos técnicos y adaptativos del problema, comenzó a sentir las presiones internas y externas que lo obligaban a limitarse a los problemas técnicos y a evitar las cuestiones adaptativas más complejas. La organización prefería una interpretación más fácil e inocua. A menudo, las organizaciones procuran tratar las cuestiones adaptativas como problemas técnicos para restarles importancia. Ken conocía muy bien el aspecto técnico del problema y entraba dentro de sus competencias.

Esas presiones son beneficiosas si conducen a un desafío sin arrogancia. Por otro lado, el propio silencio es un indicio. Si Ken se hubiera asomado al balcón antes de la reunión, podría haber percibido su propia indecisión como un indicio de que, en realidad, estaba abordando un gran reto. Entonces podría haber emprendido acciones para sentar las bases de ese desafío mientras ascendía en la cadena de mando (más adelante, veremos cómo podemos conseguir eso). Después de todo, ¿qué objeto tiene lograr una cita con el vicepresidente si no sabrás identificar qué problemas merecen su atención?

Las crisis presupuestarias son un buen ejemplo general de las presiones hacia las interpretaciones técnicas. Generalmente, una crisis presupuestaria en el sector público o privado estimula un esfuerzo para conseguir más dinero. Quienes ocupan puestos de autoridad pueden reducir gastos aquí, aplazar algunos allí o solicitar préstamos a corto plazo. Esas soluciones abordan el problema como una cuestión técnica. Pero muy a menudo el origen de la crisis es un conflicto de valores, una diferencia de las prioridades. Encontrar más dinero mitiga temporalmente el conflicto, pero no lo resuelve. Para resolver el problema subyacente, las partes con prioridades diferentes tienen que reconocer las brechas que existen entre ellas y resolver tales conflictos. Se requieren compensaciones estratégicas y pérdidas. El resultado podría frustrar profundamente a algunas personas, quizá a muchas. Pero «equilibrar el presupuesto» podría significar una modificación en la agenda de la organización y un cambio en la manera de conducir los negocios. Por consiguiente, la tarea del liderazgo es movilizar a las personas para que se adapten a un mundo con limitaciones y oportunidades diferentes a las que se habían imaginado.

¿Cómo podemos saber si el desafío es principalmente técnico o adaptativo? Jamás se puede estar seguro, pero hay algunos indicios de diagnóstico útiles. En primer lugar, sabrás que estás tratando con algo más que un problema técnico cuando sea necesario cambiar los corazones y las mentes de las personas, y no solo sus preferencias o sus costumbres. En un desafío adaptativo, la gente tiene que aprender nuevas conductas y elegir entre valores aparentemente contradictorios. Las culturas deben distinguir lo esencial de lo prescindible en su lucha por avanzar.

En los años noventa, Marty fue testigo de la lucha de los docentes en Sudáfrica frente a la evidente realidad de que los corazones y las mentes de sus alumnos debían sufrir una enorme transformación. Durante varios años, dentro de la transición a un gobierno democrático, Marty trabajó con los profesores en muy diversas universidades sudafricanas para desarrollar nuevos cursos, programas y métodos de enseñanza. Todos los profesores sabían que tenían que adaptarse, independientemente del grupo de la antigua Sudáfrica del que procedieran. Pero había que empujarles para que se enfrentaran a la difícil tarea de cambiar sus creencias, a fin de seguir siendo relevantes para sus alumnos en la nueva nación. Acostumbrados a enseñar al frente de las aulas con grupos homogéneos de estudiantes que tenían una estrecha gama de opciones profesionales claramente definidas, ahora los profesores tenían que vérselas con grupos heterogéneos de alumnos con futuros abiertos, que traían al aula valores, experiencias y perspectivas variadas y conflictivas de los días del *apartheid* y de la larga lucha que se había mantenido para ponerle fin. Las cualidades personales requeridas para el progreso en la nueva Sudáfrica serían diferentes de las requeridas en el pasado. Los roles jerárquicamente determinados darían paso a la fluidez y la flexibilidad. Las disertaciones técnicas y frías y el enfoque autoritario para debatir la resolución de problemas ya no eran válidos para a aquellos estudiantes cuyos futuros caminos ya no estaban tan claramente determinados por su raza, su clase social o su etnia. Todo ello planteaba un desafío adaptativo para Sudáfrica y sus docentes.

En segundo lugar, se pueden distinguir los problemas técnicos de los desafíos adaptativos mediante un proceso de exclusión. El que se apliquen todas las soluciones técnicas posibles para paliar un problema y este persista es una clara señal de que todavía queda por abordar un desafío adaptativo subyacente.

En tercer lugar, la persistencia del conflicto suele indicar que las personas aún no han hecho las correcciones ni han aceptado las pérdidas que conlleva el cambio adaptativo.

En cuarto lugar, la crisis es un buen indicio de que los problemas adaptativos se han agravado. Las crisis representan un peligro porque hay mucho en juego, el tiempo se abrevia y las incertidumbres se incrementan. Pero también representan oportunidades si se usan para focalizar la atención en las cuestiones no resueltas.

Como todos los problemas, las crisis repentinas suelen incluir aspectos técnicos y adaptativos. Pero, en una crisis, el nivel de desequilibrio es muy alto. Por consiguiente, tendrás que soportar una gran presión, tanto externa como interna, para considerar la crisis como un problema técnico, con soluciones directas que puedan restablecer rápidamente el equilibrio. De hecho, la mayor parte de las personas que ocupan puestos de autoridad desaprovechan la oportunidad de una crisis porque se empeñan en restaurar el orden, aun cuando ello signifique ignorar los problemas adaptativos y concentrarse solamente en las soluciones técnicas. Por ejemplo, muchas organizaciones cuando hacen frente a una crisis presupuestaria optan por usar el «cortafiambres» para reducir los gastos —reducir un 10 % de cada departamento—, en lugar de dar la cara a cuestiones estratégicas más complejas.

En 1991, cuando Saddam Hussein invadió Kuwait, el expresidente George Bush fue capaz de reunir una amplia y variada coalición en torno al problema técnico de hacer retroceder a las tropas iraquíes hacia su territorio. Pero, cuando se planteó la necesidad de eliminar a Hussein, a su ejército y a su capacidad para crear alarma en todo el mundo, Bush se detuvo. Aniquilar a Hussein en lugar de confinarlo en su área geográfica representaba un desafío que habría puesto en peligro su alianza. Terminar la batalla habría significado la humillación y, probablemente, la muerte de miles de tropas iraquíes, que cada noche aparecían en los televisores de los hogares musulmanes de todas las naciones de la coalición árabe. Los gobernantes de esas naciones habrían tenido que hacer frente al terrible desafío de ayudar a sus propios pueblos a adaptarse a una nueva realidad incómoda: debían, por su propio interés, tolerar e incluso soportar la aniquilación de miles de soldados árabes en manos de los occidentales. Mantener unida a la coalición a través de una invasión a Irak también habría requerido que los socios occidentales buscaran una mayor adaptación. Para ellos, el precio de una alianza permanente con Oriente habría sido un serio examen de conciencia y el reconocimiento de que los viejos temores frente al dominio occidental que tenía el mundo musulmán estaban justificados, dada la historia de la actividad misionera y colonial que se remonta a las Cruzadas. Aceptar la responsabilidad de esa vieja pauta de conducta y sus consecuencias habría sido su propio desafío, especialmente para los socios europeos de la coalición.

A corto plazo, quizá desees abordar primero los aspectos técnicos, como hizo Bush al entablar la guerra. Sin embargo, muchas crisis manifiestan problemas que se han estado gestando durante un largo periodo de tiempo. Saddam Hussein no solo representaba una amenaza individual, sino también el conflicto fundamental y no resuelto entre el Occidente cristiano y el Oriente islámico. Para afrontar ese problema, el presidente Bush arriesgó a su frágil coalición y desencadenó fuerzas que escaparon a su control. A corto plazo, quizá la única alternativa que vio fue la de aferrarse al problema técnico y hablar de un «nuevo orden mundial», principalmente como una abstracción. Pero una cuestión no resuelta no desaparece solo porque no esté a la vista, como nos lo han ido recordando desde entonces los disturbios en distintos países y el terrorismo en ciudades de todo el mundo.

Averigua en qué están las personas

Conseguir que los miembros de una comunidad u organización afronten un problema profundamente arraigado es difícil y arriesgado. Cuando las personas han evitado un problema durante mucho tiempo, no debería sorprenderte que traten de silenciarlo si las incitas a buscar soluciones. Tanto tu supervivencia como tu éxito dependen de tu habilidad para poder entender a fondo las diferentes perspectivas que existen entre todas las facciones. Aprende de ellos qué está en el límite y detecta sus temores.

Como dicen los asistentes sociales, «empieza por saber en qué están las personas ». Más allá de la capacidad de escuchar, para ello es necesario tener curiosidad; y en especial cuando piensas que ya conoces el problema ajeno y cómo se puede solucionar. Es probable que tu punto de vista sea diferente al del otro y, si como punto de partida no adoptas su perspectiva, es probable que seas tachado de impertinente, insensible o presuntuoso.

Eso es particularmente difícil en una crisis, como le sucedió a Jamil Mahuad en Ecuador. Se concentró tanto en encontrar un remedio a corto plazo que no pudo conectar con la población general, mayoritariamente pobre y vulnerable. Los ecuatorianos estaban alarmados por el declive de su economía y cansados de unas desigualdades interminables. Al no averiguar dónde residían los problemas de la población, Mahuad se arriesgó, más allá de lo eficaces que hubiesen sido sus gestiones políticas anteriores.

Un amigo nuestro que es jesuita mantuvo una serie de debates con un grupo de funcionarios del gobierno acerca de la espiritualidad en el ámbito laboral. Se suponía que hablaban de religión en la formulación de las políticas públicas, así como en las cuestiones más personales: cómo manejar su propia espiritualidad en sus roles profesionales y dirigir una organización cuyos trabajadores tenían puntos de vista muy diferentes acerca de la religión y de su relación con el trabajo. Muchos se sintieron profundamente amenazados por ciertos aspectos del problema, pero nunca habían tenido la oportunidad de plantear sus inquietudes en una conversación pública con otros colegas. Esperaban esas sesiones con una mezcla de anhelo y ansiedad.

Nuestro amigo empezó con su estilo habitual. Planteó una serie de ideas y planes sobre la relación entre la religión y el estado. Luego respondió a las preguntas que le hicieron. Actuó con serenidad, pero en el salón se percibía un malestar palpable. La relación entre Iglesia y Estado les interesaba, pero el problema que realmente les preocupaba era qué hacer con su propia espiritualidad en el trabajo y cómo manejar sus diversos sentimientos en lo que respecta al lugar que ocupaba la religión en la oficina. Aunque nuestro amigo era muy sensible, no había logrado percibir el motivo de sus preocupaciones.

Un mes más tarde le plantearon que liderase la misma serie de conversaciones con un grupo similar. Esa vez dejó de lado su elaborada y solemne presentación. Simplemente, comenzó por preguntarles de qué deseaban hablar. Se plantearon los problemas y se estableció la agenda. Nuestro amigo expuso sus ideas y los comprometió en una conversación intensa que duró varias horas. Aquellas sesiones tuvieron un enorme impacto. Hizo que las personas reflexionaran sobre sus puntos de vista más arraigados. Las conversaciones dieron a algunos de ellos el coraje para cambiar su propia conducta con los colegas que tenían orientaciones espirituales muy diferentes. Nuestro amigo logró un éxito donde antes había fracasado, porque había retrocedido y comenzado desde donde *ellos* estaban, en lugar de hacerlo desde donde él estaba.

Cuando Lee Kuan Yew llegó a ser primer ministro de Singapur, invirtió un tiempo precioso de su agenda diaria en aprender laboriosamente el mandarín, el dialecto local, y en mejorar su malayo. Después de más de tres años de esfuerzo, se llegó a una encrucijada clave para Singapur en la que los comunistas tenían una gran posibilidad de victoria electoral. La capacidad de Lee Kuan para escuchar y hablar con el pueblo en su propia lengua resultó decisiva. Ello le dio la credibilidad necesaria para desafiar exitosamente la ideología poscolonial y pedir al pueblo que adoptara las políticas económicas del libre mercado aplicadas por los exgobernantes británicos.[4] Lee Kuan pudo aprender en pocos años las lenguas de sus votantes: es indudable que se necesita menos tiempo para aprender a escuchar antes de intervenir.

Escucha el mensaje de la canción, más allá de la letra

Observar desde el balcón es el primer paso fundamental para ejercer —y salvaguardar— el liderazgo. Sin embargo, a pesar de tener una perspectiva distanciada, la propia observación debe ser cercana y respetuosa. En cuanto hayas averiguado de dónde vienen las personas, podrás conectar con ellas y comprometerlas en el cambio. Pero escuchar sus historias no es lo mismo que tomar al pie de la letra todo lo que dicen. Natural, e incluso inconscientemente, las personas se aferran a sus costumbres y sus maneras de pensar e intentan evitar las decisiones difíciles. Por lo tanto, después de escuchar sus historias, tendrás que dar el sugestivo paso de sacar a la superficie el trasfondo de su mensaje. Tendrás que «escuchar la canción detrás de las palabras». Hacemos esto cada día con pequeños detalles. Por ejemplo, si le preguntas a alguien cómo está y esa persona responde: «Bien», puedes apreciar una gran diferencia entre un acento entusiasta sobre la «e» y un tono poco convincente y melancólico.

Los líderes rara vez son neutralizados por razones personales, aunque un ataque pueda enmarcarse en términos personales. El papel que desempeñes o el problema que plantees generan esa reacción. Cuando en un partido de fútbol los jugadores te acosan, no lo hacen por una cuestión personal. Te acosan porque tienes el control del balón. Un jugador diestro jamás se tomaría ese acoso como algo personal, aunque los otros le griten y le impidan el paso. Al adoptar una perspectiva desde el «balcón», verás el juego en el campo como un todo e inmediatamente ajustarás tu actuación teniendo en cuenta los patrones que veas. Los grandes jugadores de todos los deportes siguen esta pauta.

Cuando el juego está sumamente estructurado y la meta ha quedado clara, la interpretación de los hechos sobre el campo de deporte es una cuestión de destreza técnica. Pero, en la vida organizacional, cada jugador compite bajo unas reglas diferentes y tiene diferentes opiniones de lo que significa marcar un tanto. En las comunidades y los grupos, los jugadores exitosos necesitan comprender una realidad mucho más compleja que la de sus homólogos en el campo de fútbol. Esa interpretación, entonces, es al menos tan desafiante como asomarse al balcón para echar un vistazo. En la vida política y organizacional, a nadie le resulta fácil retroceder en medio de la acción e indagar en la realidad. Algunas personas pueden hacerlo con más facilidad que otras, pero nadie tiene el dominio absoluto del juego.

Volvamos a Amanda. Si tú hubieras asistido a esa reunión y observado la dinámica por la que Amanda se hacía «invisible» y Brian se llevaba el mérito, habrías tenido que decidir cómo y cuándo intervenir. Determinarías el curso de la acción en función de cómo entendieras el significado de la marginación. Y una vez detectada, tendrías que interpretarla para decidir qué hacer.

Evita interpretar las intenciones de los otros de inmediato y en voz alta, pues eso puede provocar reacciones violentas. Haz esas interpretaciones mentalmente o mediante un confidente. Interpretar conductas significa observar más de lo que las personas muestran meramente. Por lo tanto, si propones explicaciones alternativas para la conducta de las personas —para los mensajes que desean que adoptes—, puedes ofenderlas. Hacer una interpretación es un paso necesario. Sin embargo, el hecho de exteriorizarla y cómo hacerlo depende de la cultura y la adaptabilidad de la audiencia.

Miles Mahoney, un especialista en desarrollo económico, asumió la tarea de dirigir en Massachusetts una gran agencia estatal que tenía fama de ineficaz. El gobernador designó a Mahoney porque le gustaba su pasión y compromiso con el fortalecimiento del rol del Estado en los proyectos de vivienda y desarrollo económico, si bien esas no eran las principales prioridades del gobernador.

La oficina de Mahoney tenía que aprobar los planes de desarrollo para su financiación. Y Mahoney, como primer proyecto, eligió uno de gran envergadura. El plan preveía un enorme desarrollo en el centro comercial de Boston, en un área que necesitaba una remodelación, pero que no estaba tan mal como para darle la categoría de «ruinosa». La ciudad de Boston y su alcalde habían apoyado los planes con gran entusiasmo; al igual que el periódico local, los sindicatos y la mayor parte del sector empresarial. La ciudad eligió a un equipo de promotores para el proyecto: una nueva asociación creada por dos jóvenes empresarios del ámbito inmobiliario que eran amigos del alcalde, pero que nunca antes habían abordado nada que tuviera tan grandes dimensiones y largo alcance.

La ley requería que Mahoney examinara la factibilidad del proyecto, del equipo y del plan. Podía ejercer un extenso análisis, y las conclusiones se basaban en juicios sobre los hechos. Pero Mahoney y su equipo creían que el proyecto no lograba satisfacer los requerimientos establecidos por la ley en varios aspectos, incluido el hecho de que gran parte del área propuesta no estaba en una situación ruinosa. Mahoney consideró que aquella era una oportunidad para demostrar la disposición del Estado a usar su poder para emprender acciones de interés público. En consecuencia, decidió rechazarlo.

Fue a ver a los consejeros del gobernador para explicarles su posición y buscar su apoyo. Ellos le escucharon y le dijeron: «Adelante, acaba con ello, Miles. Pero acaba rápido. Tú no puedes ni imaginarte la influencia que tienen las personas que se te van a tirar encima».

Mahoney escuchó lo que deseaba oír: el gobernador apoyaría que acabara con el proyecto. Pero no reparó en el mensaje de la canción que iba más allá de las palabras.

Las dos pistas más importantes en el consejo que había recibido eran las palabras «rápido» y «tú». Pero lo que los consejeros del gobernador le estaban diciendo realmente solo se podía entender escuchando más allá del mensaje explícito.

Mahoney no fue capaz de oír el otro mensaje, casi incongruente, comunicado con más sutileza. El gobernador apoyaría el rechazo de Mahoney, pero solo si se ejecutaba con la suficiente rapidez para que el problema no afectara a sus iniciativas políticas prioritarias. La agenda del gobernador era mucho más extensa y dinámica que las de los jefes de departamento. El gobernador podía prometer respaldo a Mahoney, pero solo durante un corto período de tiempo, porque sabía que su propia atención se desviaría a medida que surgieran nuevas crisis y se presentaran nuevas iniciativas. Si el problema persistía y causaba dificultades, la responsabilidad recaería directamente sobre Mahoney. El gobernador no invertiría indefinidamente su capital político para respaldar el rechazo de Mahoney.

Como Mahoney oyó solamente el mensaje literal, siguió adelante. Al creer que el gobernador estaba muy comprometido con el asunto, Mahoney rechazó el proyecto involucrando a sus defensores en una verdadera batalla. Seis meses más tarde, Mahoney perdió su puesto, y su sucesor aprobó el proyecto.

Para encontrar pistas observa a las figuras de autoridad

Miles Mahoney no fue capaz de «escuchar el mensaje de la canción más allá de la letra» del gobernador, pero aunque la hubiera escuchado, podría haberlo interpretado como el punto de vista personal del gobernador. Cuando trates de introducir un cambio significativo dentro de una organización o comunidad, debes concentrarte en las palabras y la conducta de la figura que tiene autoridad: estas te darán una pista crucial acerca del impacto de su acción sobre la organización en su conjunto.

La autoridad superior reflejará qué se está agitando en la comunidad. Considerará y reaccionará a las respuestas de las distintas facciones de la organización. Mira a la autoridad como si estuvieras observándola desde una ventana. El error es pensar que la autoridad actúa independientemente y expresa un punto de vista personal. En realidad, esa persona está tratando de controlar a las diferentes facciones, y lo que tú estás viendo es su respuesta a las presiones que experimenta.

Para entender a una autoridad, no solo debes cambiar tus puntos de vista sobre los asuntos relevantes, sino también evaluar cuál es la posición de ese jefe sobre el desequilibrio que has creado. En general, nadie en un sistema organizacional está más al tanto de los niveles de aflicción que la persona que está a cargo del sistema, porque un aspecto esencial de su tarea es controlar cualquier desequilibrio y restablecer el orden. En otras palabras, la autoridad se encuentra en los nodos de un sistema social que son sensibles a todas las perturbaciones. Estos no solo actúan como indicadores de la estabilidad social, sino como restauradores del equilibrio si los esfuerzos del cambio van demasiado lejos.

Paula, una brillante y ambiciosa abogada, tenía un gran interés en la política y la administración pública. Había tenido éxito como fiscal, y luego como gerente superior en una agencia gubernamental de su Estado de origen. Mientras finalizaba sus estudios para obtener su máster en Administración Pública, seguía cultivando sus contactos políticos, particularmente con el gobernador del Estado. Completó proyectos de investigación, organizó grupos de votantes y reunió dinero en su nombre.

Cuando Paula terminó sus estudios, el gobernador la designó para conducir una pequeña y convulsionada agencia estatal encargada de investigar las irregularidades que existían en el programa de bienestar del Estado. Esa unidad había sido criticada en la prensa escrita, que la describió como una organización plagada de ineficiencias, aunque no aparecía como culpable de una corrupción digna de juicio.

El gobernador alentó a Paula a «investigar y ordenar el lugar». En el momento de la cita, el gobernador también designó a otro colaborador para que actuara como su delegado. Juntos decidirían cómo llevar a cabo su mandato para reformar la agencia.

Paula se entregó con entusiasmo a esa tarea, sumergiéndose en el trabajo como siempre había hecho. No le importaba trabajar horas y horas, y estaba completamente comprometida con esa causa. También le complacía ser la jefa de la agencia y disfrutar de los privilegios del puesto, que incluían un automóvil oficial y un gran despacho. Pero, mientras accedía al cargo, comenzó a notar resistencias, tanto desde arriba como desde abajo. La agencia de Paula fue trasladada al Departamento de Seguridad Pública, junto con la Policía del Estado y otras agencias estatales. La cultura de la agencia reflejaba los valores del departamento: una burocracia jerárquica policial, casi paramilitar, basada en el principio de no perturbar la armonía. Paula era vista como un agente civil del cambio, que obligaba al personal a trabajar más de lo que estaban acostumbrados, y a adoptar nuevos procedimientos y condiciones laborales. Algunas personas dentro de la agencia y muchas de las que estaban bajo el paraguas protector del departamento comenzaron a rechazarla, especialmente cuando se publicaron sus éxitos en los medios.

Cuando percibió la resistencia de los burócratas —desde arriba y desde abajo— se alió con el dirigente del sindicato que representaba a algunos de sus empleados. Además, confiaba en su delegado, que compartía su agenda y había diseñado y gestionado creativamente algunos de sus primeros éxitos programáticos y mediáticos. Sin embargo, desconfiaba de otros miembros de la organización.

Lenta pero inexorablemente se convirtió en el blanco de los rumores y de las críticas internas. Su relación con el sindicalista se había convertido en una amistad personal. Y empezaron a circular rumores de que también mantenían una relación más íntima.

Si bien todavía contaba con el apoyo y la confianza de la oficina del gobernador, este estaba cada vez menos disponible. Ella sabía lo ocupado que estaba y por eso no se lo tomó como algo personal, e interpretó la confianza del equipo como una señal de que podía seguir adelante.

Continuó en esa situación inestable y estresante durante algún tiempo. Luego, la prensa publicó una historia acerca de las inexplicables ausencias laborales del dirigente sindical, con la insinuación de que ella estaba al tanto de la situación, y de que incluso la aprobaba. Al poco tiempo, desde la oficina del gobernador comenzaron a llegar sugerencias sobre la conveniencia de que considerara aceptar otro empleo. Renunció casi en el acto, aceptando un puesto de consultora general en una oscura agencia estatal. Poco después ya se retiró del gobierno.

Como todas las personas que tienen posiciones de autoridad, el gobernador respondía a un amplio abanico de intereses, tanto dentro como fuera del gobierno. Se había distanciado de ella como una reacción defensiva ante la inquietud que había creado en el sistema. El gobernador no quería oponerse a sus reformas, pero al mismo tiempo sentía la presión de tener que reducir aquel desorden en el departamento. Si ella hubiera prestado atención a la actitud del gobernador como una señal de los trastornos que había creado, en lugar de simplemente como una parte de su relación con él, podría haber sido capaz de retroceder, dejar que las aguas se calmaran, reagrupar al personal y proseguir nuevamente.

La política influye en la conducta ejecutiva, tanto en la empresa como en el gobierno. Por ejemplo, Daniel dirige el programa de formación de un consorcio financiero que domina el sector de los servicios de finanzas de los Estados centrales de la costa atlántica. En la compañía tenían la sensación de que, a pesar de su éxito, la empresa estaba al borde de ser absorbida por las grandes corporaciones y desplazada a un nicho por las pequeñas empresas que ofrecían una gama más restringida de productos pero una mayor personalización y un mejor servicio. La directora ejecutiva alentaba a Daniel para que desarrollara programas de formación que desafiaran al personal y prepararan a la alta dirección para los turbulentos cambios de paradigma que estaban por llegar.

Tomó la palabra de la directora ejecutiva y creó un programa de formación que alentaba a la gente a salir de su zona de confort. Les hizo examinar sus propias costumbres y cuestionarse las suposiciones simplistas sobre su capacidad para ejercer el liderazgo. Los puso a prueba, física, emocional e intelectualmente. Los desafió con la idea de que, si no cambiaban sus hábitos probados y seguros, podrían perder sus puestos en la organización cuando esta se expandiera de manera espectacular y alcanzara un nuevo nivel. Recibió algunas respuestas negativas, pero la directora seguía brindándole su apoyo.

Sin embargo, Daniel jamás notó que ella lo elogiaba con menos frecuencia en público y que en el informe anual no mencionaba su programa de formación. Al parecer, la directora no pudo evitar el reaccionar ante las críticas de algunos de los alumnos de la primera promoción. Finalmente, lo que Daniel no había advertido era que su presupuesto de formación se iba a reducir al año siguiente. Cuando discutió el asunto con la directora, ella le dijo que formaba parte de una reducción más amplia destinada a bajar los costes de las «actividades que no generaban ingresos». Una vez más, a nivel individual la directora todavía le ofrecía su apoyo. Pero, cuando al final Daniel empezó a observar su conducta como un reflejo de la angustia que su trabajo estaba ocasionando en toda la organización, comprendió que había ido demasiado rápido y demasiado lejos: había creado tanta tensión que la directora necesitaba recuperar la estabilidad.

Jamás pudo volver a poner en marcha el programa de formación. Su iniciativa había fracasado, en parte porque él —al igual que Paula— no había interpretado la conducta de la autoridad de una manera sensible y sistemática, a fin de evaluar su tolerancia respecto al nivel de confusión que estaba creando en la comunidad.

En momentos de tensión adaptativa, los grupos presionan a las personas con autoridad para que resuelvan los problemas que parecen causarla. Por eso, las conductas de los altos mandos proporcionan indicios clave del nivel de angustia de la organización y de sus métodos habituales para restaurar el equilibrio.

Por ejemplo, en una compañía de rápido crecimiento que conocemos bien, el nuevo director ejecutivo, Jerrold Petrey, empezó a concentrarse en el presupuesto como si fuese el problema central al que se enfrentaba la organización. Es cierto que ese era un problema muy real, pero reflejaba con más profundidad la renuncia o la incapacidad de la organización para resolver cuestiones y disputas fundamentales acerca de su identidad, su propósito y sus prioridades. Había dos facciones importantes en la compañía, y cada una de ellas creía representar los valores esenciales y el potencial del futuro éxito de la empresa. Una facción pretendía que la compañía profundizara en su compromiso con su principal línea de productos, que dominaba el mercado y era responsable del éxito original de la compañía. La otra quería diversificar y apoyarse en el éxito inicial para ofrecer nuevos productos a los clientes satisfechos. Pero, en lugar de resolver los problemas profundos y fundamentales, la compañía intentó hacerlo todo sin alentar a nadie, y de manera gradual su crecimiento comenzó a perder fuerza.

La insistencia de Petrey en el presupuesto como un problema técnico de reducción de los costes ilustra cómo la comunidad seguía evitando resolver sus contradicciones internas. La alta dirección quedó completamente intacta, mientras se redujeron los niveles más bajos del equipo administrativo, así como el número de empleados de primera línea.

Cuanta más energía invertía en tratar el presupuesto como un problema técnico, más evidentes resultaban algunos problemas subyacentes de otra índole. Observar las conductas de los individuos que ejercen la autoridad, como Petrey, puede darnos pistas sobre nivel de ansiedad y sobre las causas que la originan dentro del sistema.

Cuando la figura de autoridad en una organización o una sociedad, o incluso en una gran comunidad como es una nación, se comporta de una manera inusual, siempre es tentador personalizar la interpretación de su conducta. Por ejemplo, tú podrías pensar simplemente que tu jefe es una persona rígida, o podrías preguntarte si está sucediendo algo en su vida privada que motive esa conducta. Nosotros sugerimos que lo más probable es que esa conducta que observas sea una respuesta a las presiones que la autoridad está soportando respecto a sus subordinados clave —como la alta dirección en el caso de Petrey—. Cuando trates de ejercer el liderazgo dentro de una organización observa atentamente a la figura que ostenta la autoridad. ¿Qué pistas nos da su conducta sobre lo que está ocurriendo en el sistema social como respuesta a tu iniciativa y a otras presiones adaptativas?

Los altos cargos, como Petrey, el jefe de Daniel y el gobernador, necesitan creer que son los promotores de la innovación, líderes modernos que «capacitan» a sus subordinados, en lugar de criaturas políticas limitadas por la resistencia de las facciones aferradas al viejo orden. Por eso, a menudo siguen apoyando de boquilla a aquellos que, desde las trincheras, se enfrentan a los problemas más difíciles, cuando en realidad ya están respondiendo a las presiones que se ejercen sobre ellos para que frenen la acción.

Obsérvalos atentamente e interpreta su conducta como un reflejo de lo que está ocurriendo en el sistema. Podrías retirarte, comprometerte o intentar eludir a la oposición. En cualquier caso, una actitud indiferente por parte de tu figura de autoridad indica una resistencia de la organización a su iniciativa, y, por lo tanto, proporciona un indicio esencial para liderar y sobrevivir.

. . .

El liderazgo es un arte de la improvisación. Quizá tú tengas una visión extraordinaria, unos valores claros e incluso un plan estratégico, pero lo que realmente harás en cada momento no es previsible. Para ser eficaz, deberás responder a lo que está pasando. Volviendo a nuestra metáfora, tendrás que desplazarte de un lado a otro —desde el balcón hasta la pista de baile— una y otra vez durante el día, la semana, el mes y el año. Es necesario que emprendas la acción, que retrocedas y evalúes los resultados de esa acción, que reevalúes el plan y vuelvas a la pista de baile para dar el siguiente paso. Tienes que intentar diagnosticar esa realidad cambiante.

Como dijo el general Dwight D. Eisenhower después de dirigir la exitosa invasión del Día D sobre las playas de Normandía: «Lo primero que tuve que hacer cuando las tropas desembarcaron fue desechar el plan». Por otro lado, dijo que nunca habría desembarcado sin un plan. «Un plan no es más que la mejor conjetura de hoy. Mañana usted puede descubrir los efectos imprevistos de las acciones de hoy y adaptarse a esos acontecimientos inesperados».

Por consiguiente, para mantener tu liderazgo, ante todo es imprescindible que tengas la capacidad de ver qué está pasando contigo y con tu iniciativa, mientras está ocurriendo. Eso requiere disciplina y flexibilidad, algo nada fácil de lograr. Estás inmerso en la acción, respondiendo a lo que está pasando directamente allí, frente a ti. Y, cuando consigues cierta distancia, sigues con el reto de tener que interpretar con precisión lo que estás observando. Necesitas oír qué está diciendo la gente, pero sin tomar sus palabras al pie de la letra. Los grupos necesitan que escuches sus puntos de vista, que comprendas su motivación y la explicación de su conducta en sus propios términos. Crear interpretaciones alternativas y escuchar el mensaje de la canción, más allá de las palabras, siempre resulta desafiante, pero necesario si estás dispuesto a afrontar los temores y conflictos reales.

Presta mucha atención a las figuras que ostentan la autoridad. Lee sus palabras y sus comportamientos como señales de los efectos que estás creando en el conjunto del grupo. Observa a los grupos que tiran de ellas una serie de direcciones. No te limites a personalizar lo que ves. Observa a las autoridades para estimar el ritmo y la manera de avanzar.

4

Pensar en clave política

Una de las cualidades distintivas de las líderes con más éxito en cualquier campo es el énfasis que ponen en las relaciones personales. Esto es indudablemente válido para aquellos que ocupan cargos políticos, cuyas relaciones personales son tan vitales como el aire que respiran. Para los políticos, los logros obtenidos y la estrategia usada para avanzar son relevantes, pero no decisivos. El recurso principal es el acceso a la gente, y por eso ponen especial énfasis en crear y cultivar redes sociales, de personas con quienes puedan confiar, trabajar y comprometerse en la resolución de problemas inmediatos. Los políticos hábiles saben muy bien, por experiencia, que tanto en la vida personal como en la profesional, la naturaleza y la calidad de las conexiones que los seres humanos establecen entre sí son más importantes que casi todos los otros factores que sirven para determinar los resultados.

Hay seis aspectos esenciales del pensamiento político en el ejercicio del liderazgo: los dos primeros definen cómo tratar con las personas que están contigo en el problema y cómo reaccionar con aquellos que están en la oposición; y los cuatro siguientes indican cómo se puede trabajar con aquellos individuos que son imparciales pero cautelosos: las personas a las que tratas de movilizar.

Encuentra a tus aliados

Encontrar aliados es, a veces, un propósito más fácil de enunciar que de lograr. Tanto tu propia facción como los del otro bando verán encantados cómo te enfrentas al desafío en solitario. Tu propio grupo querrá ver que andas sobre un terreno seguro antes de seguirte. Después de todo, ¿por qué van a jugarse la piel? Si alteras demasiado su *statu quo*, las otras facciones podrán desbancarte más fácilmente si actúas por tu cuenta.

En realidad, puede haber presiones internas, dentro de ti, que se resistan a unir fuerzas. Tus socios podrían promover sus propias ideas, comprometiendo las suyas. Conectar con ellos requiere tiempo y cautela; y trabajar con un grupo podría debilitar tu liderazgo: un inconveniente si necesitas credibilidad o reafirmar tu competencia.

Nuestro amigo Jack está tratando de crear una nueva organización de investigación y formación, desarrollada en torno de un conjunto de ideas acerca de la gestión. Ha conseguido reunir suficientes fondos para poner en marcha el programa y asegurar un conjunto esencial de iniciativas durante varios años. Se ha difundido esa noticia, y Jack pasa mucho tiempo leyendo ofertas y propuestas de ayuda. Todos los días recibe emails, cartas y llamadas de los socios y colegas que quieren participar en la nueva empresa. Se siente abrumado. Sabe que no puede hacerlo solo, pero también está convencido de que algunas de esas personas pueden empañar la claridad de su visión, demorar su progreso y desviarle de sus propósitos fundamentales. Necesita crear una organización que sea flexible y abierta, pero no desea debilitar la fuerza de sus ideas, que lleva formulando desde hace veinte años.

M. Douglas Ivester también experimentó esos impulsos internos para actuar solo. Nació en 1948 en un pequeño pueblo de Georgia; era hijo de un capataz de fábrica. Se hizo contable y comenzó su carrera en Coca-Cola como auditor externo, y se incorporó a la compañía a tiempo completo en 1979. Trabajador prodigioso, Ivester llegaba a la oficina a las 7:00 h de la mañana cada día de la semana, incluso los domingos. Escaló rápidamente las categorías organizacionales resolviendo cada uno de los problemas financieros que le presentaban, sin que le importara lo complejos que fueran. Siempre había logrado «sacar un conejo de su chistera». En 1985, a los treinta y siete años de edad, fue designado director ejecutivo financiero. Siguió destacando en su función y desarrolló medidas contables y financieras creativas y métodos que incrementaron el rendimiento neto y la cuota de mercado de Coca-Cola. Su visibilidad y su experiencia dentro de la compañía aumentaron al pasar al sector operativo, donde estudió gestión y contrató a asesores para cubrir las lagunas de su propia formación. Pero sus hábitos no cambiaron: trabajaba muchas horas y estaba al tanto de los más mínimos detalles («Un trabajo ético de 8 días por semana» fue como lo describió la revista *Time*).[1] En octubre de 1997, antes de morir de cáncer de pulmón, el legendario directivo de Coca-Cola Roberto Goizueta presidió la junta directiva solamente durante quince minutos para designar como su sucesor a Ivester, en aquel entonces jefe de operaciones.

Como director ejecutivo, Ivester actuó con la misma pasión y compromiso. Ningún problema era demasiado pequeño para su atención. Warren Buffett, un miembro de la junta directiva de CocaCola, cuenta la anécdota de que mencionó casualmente a Ivester que en la pizzería favorita de su nieto de bebida servían Pepsi, y en su próxima visita descubrió que ya había sido reemplazada por Coca-Cola.

Ivester solía llevar las cosas hasta el límite. Se resistió a la decisión de la junta de contratar a un suplente para que cubriera el cargo que él había ocupado bajo la gestión de Goizueta. Redujo a sus subordinados directos de dieciséis a seis, degradando en el proceso al afronorteamericano de más alto rango en la compañía: un expresidente del consejo en Atlanta, donde se encuentran las oficinas centrales de Coca-Cola. Tomó decisiones sobre las inversiones, el personal y las relaciones con los medios de comunicación que eran coherentes con su estrategia de incrementar siempre el crecimiento y la cuota de mercado.

Pero sus medidas no tenían en cuenta los intereses, a veces contrapuestos, de la «extendida familia» de la compañía: los embotelladores, los políticos de los países donde Coca-Cola quería expandirse o, incluso, los clientes. Por ejemplo, discutió con la prensa el desarrollo de una nueva máquina expendedora que se podría programar para cambiar los precios —es decir, para aumentarlos— en los días calurosos, cuando crecía la demanda. No consideró el efecto negativo que esto podría tener en los consumidores. Y, cuando los escolares belgas enfermaron después de tomar productos de CocaCola, Ivester decidió esperar a tener más información antes de volar hacia ese país para disculparse. Cuando llegó era demasiado tarde. La reputación de Coca-Cola se había deteriorado, precisamente en el momento en que la compañía estaba tratando de convencer a los legisladores europeos para que aprobaran las adquisiciones por las que rivalizaban Pepsi y otras compañías de bebidas.

Después de solo dos años en el cargo, Ivester se había enemistado con cada uno de los colaboradores clave, incluidos los miembros de su propia junta directiva. Y, si bien trataba de hacerlo todo por su cuenta, el resultado neto de Coca-Cola no iba mejorando. Seguía insistiendo en la junta que, si le dejaran solo, podría tomar las decisiones correctas: hacerlo todo, como siempre había hecho, trabajando largas horas y afrontando cada problema con su propio intelecto y energía. La junta no estuvo de acuerdo y le obligó a renunciar en diciembre de 1999, al iniciar su tercer año de gestión.

Esta dinámica inconsciente es una realidad sistémica en el mundo moderno. Siendo tan obvio como era para Jack y para Douglas Ivester que era imposible actuar por su cuenta, tenían incentivos reales y excepcionales dentro de ellos —y a su alrededor— que los impulsaban a trabajar solos.

No es una buena idea. Los socios te proporcionan protección y te crean alianzas con otras facciones distintas a la tuya. Ellos te fortalecen y promueven tus iniciativas. Con los socios, no solo dependes del poder lógico de tus argumentos, también desarrollas un poder político. Por otra parte, la consistencia de tus ideas

mejorará si tienes en cuenta la validez de los puntos de vista ajenos, en especial si puedes incorporar opiniones notablemente
opuestas a las tuyas. En concreto, eso es importante cuando se
trata de resolver un problema difícil o un conflicto de valores.

Encontrar a los socios apropiados puede resultar complicado. ¿Por qué? Posicionarse en un asunto significa renunciar
a cierta autonomía; lo cual generará, tanto en ti como en tus
socios, cierto grado de reticencia a la hora de reuniros. Además,
el desarrollo de la confianza requiere tiempo y perseverancia
para resolver productivamente los conflictos. Pero, sin esa cooperación, tus esfuerzos corren un riesgo mayor.

Sara vivía en una ciudad del Medio Oeste de Estados Unidos
y disfrutaba de éxito profesional diseñando revistas y periódicos. Entonces, un popular diario del Nordeste la contrató
para que rediseñara completamente el producto e hiciera que
el diseño fuese un factor importante en las decisiones de toda
la organización, una empresa que modificaría toda la cultura
del diario, no meramente su apariencia. El director del diario patrocinó su selección y su contratación. Comprendió que
había llegado la era de lo visual. Sabía que si, además de que
el periódico creciera y prosperara, quería que se convirtiera en
una institución periodística respetada a nivel nacional, tenía
que modernizar su aspecto.

Pero la idea de un rediseño de tal magnitud chocaba con la
cultura de la compañía y significaba una amenaza para los reporteros y los jefes de redacción. Para ellos, los diseñadores hacían
que el periódico fuera «bonito», lo cual también significaba
hacerlo superficial e intrascendente. Temían perder espacio de
texto en favor de imágenes e ilustraciones y, peor aún, en favor
de espacios simple y llanamente blancos; todo ello en aras de la
estética y de alimentar a los lectores simplones. Habría normas
para la distribución de las páginas, el tamaño de los titulares, la
elección de los tipos de letra y el uso de pies de foto. Las portadas
de las distintas secciones se tendrían que maquetar antes de nada.
El equipo editorial pensaba que el nuevo esquema de diseño
obstaculizaría la tradición de libertad de acción fundamental

para la redacción de periódicos diaria. El poder de decisión relativamente amplio de los redactores y los jefes de redacción quedaría comprometido para siempre.

Sara y el director no se hacían ilusiones. Sabían que iba a ser una ardua tarea. Comprendieron que él tendría que apoyarla y actuar de pararrayos ante las críticas que indudablemente suscitaría esa iniciativa. Sin su ayuda, ella jamás podría introducir un cambio profundo en el *modus operandi* que había adoptado el personal del diario.

Sara también sabía que, aun con el respaldo del director, las personas que no creían en sus esfuerzos la atacarían ante el menor indicio de vulnerabilidad. Aunque no quería quedarse en ese periódico para siempre, sí que quería dejar tras ella una mejora permanente. Si no se planificaba todo con cuidado, los empleados del diario podrían tirar por tierra fácilmente cualquier progreso logrado. Tenía que encontrar una manera de asegurar que su trabajo no fuera malogrado una vez que ella se retirara de la escena.

Sara comprendía que la colaboración del director era necesaria, pero no suficiente. Él la apoyaría siempre y cuando la resistencia no fuera tan intensa como para poner en riesgo su propia autoridad. Sabía que el nivel de presión que él podía soportar dependería del apoyo adicional que ella obtuviera para sus iniciativas. De modo que empezó a buscar más aliados, identificando y persuadiendo al escaso número de altos cargos de la organización que compartían su punto de vista sobre la importancia del diseño. Les mantuvo informados, y algunos llegaron a ser aliados de confianza.

Además, y quizá eso fue lo más importante, Sara no cayó en la tentación de intentar reciclar a los empleados existentes —en particular, al equipo artístico— como diseñadores. En cambio, contrató a diseñadores externos. Lo hizo tan rápidamente como le fue posible y como le permitió el director, buscando a los mejores y más brillantes diseñadores gráficos. Con el tiempo, desarrolló un equipo de empleados que estaban totalmente comprometidos con el diseño y que no tenían que cargar con el bagaje cultural de un historial previo en el periódico.

Sara permaneció varios años en el periódico y tuvo un innegable éxito. Antes de irse, había incorporado el diseño profundamente en la trama de la organización. Ahora, casi todos en el periódico aceptan la idea de que parte del desafío editorial diario es hacer que la publicación tenga una buena estética. Los diseñadores trabajan de forma rutinaria y colaborativa, amigablemente, con los reporteros y los jefes de redacción. Tras su partida, los detractores de Sara no pudieron dar marcha atrás a los cambios que ella había realizado. Había dejado no solamente un periódico de aspecto muy diferente, sino también una cultura distinta: un grupo de jóvenes diseñadores profundamente integrados en la organización y resueltos a mantener ese ímpetu.

Sus aliados, tanto en el departamento de diseño como en el de noticias, le ayudaron a superar algunos momentos difíciles, la mantuvieron a flote durante mucho tiempo y se aseguraron de que sus logros perduraran después de que ella se marchara. Sola no podría haberlo hecho.

Durante su gestión, Sara actuó desde un puesto con muy poca autoridad formal, indudablemente no la suficiente para lograr el cambio cultural que deseaba. Sus socios —sus aliados del departamento de diseño— le delegaron ciertas responsabilidades, cierta autoridad informal para avanzar sobre un nuevo territorio. Pero también las personas con una gran autoridad y una visión poderosa necesitan socios cuando intentan introducir un cambio profundo en una comunidad.

Robert Moses, a veces considerado como el más grande constructor de obras públicas desde la familia Medici, aceptó el desafío de cambiar la imagen de la ciudad de Nueva York en los años treinta. Imaginó un sistema de grandes parques, paseos, riberas y puentes, todo coordinado, conectado y diseñado para satisfacer las necesidades y los deseos de la creciente clase media de Nueva York. Desarrolló una enorme autoridad formal. Durante el transcurso de su carrera, acumuló una gran base de poder y tuvo frecuentes entrevistas con los alcaldes y gobernadores. Promovía sus ideas con tal persuasión y habilidad oratoria que sus supervisores políticos le otorgaban cada vez más poder. La legislatura estatal le concedió un gran arbi-trio y autoridad sobre un amplio caudal de ingresos provenien-tes de los peajes de los puentes.

No obstante, Moses comprendió que, con todo su poder y sus recursos, no podía crear un revolucionario cambio sostenido sin tener unos socios clave. Tenía una gran oposición. Otras per-sonas y otros intereses querían meter sus manos en las enormes sumas de dinero que Moses controlaba. Surgieron ideas que competían para controlar los parques. Las personas cuyas casas o empresas interferían en sus planes luchaban en todo momento. Con cada idea que proponía perjudicaba a alguien.

En su primera gran iniciativa, Moses creó una playa pública en Long Island, que se convirtió en Jones Beach. Expropió inmuebles pertenecientes a familias ricas y con buenos contac-tos, dueñas de grandes haciendas. La mayor parte de aquellas personas se oponían, aunque sin éxito, horrorizadas por la idea de hacer que su reducto privado fuese accesible a miles de per-sonas «ordinarias». Muchas simplemente perdieron sus propie-dades cuando Moses avanzó, dotado de su eminente poder.

Pero, cuando entró en Manhattan y el Bronx, encontró una resistencia más firme. Las personas cuyas casas y empresas deseaba expropiar combatieron duramente. Eran oponentes más astutos que los aristócratas provincianos de Long Island, y más numerosos. Las comunidades de estrechos lazos a las que él había amenazado se organizaron para desafiarlo. Y los defensores de otros intereses —educación, servicios sociales, etc.— se opusie-ron a sus proyectos con la fuerza de sus grupos bien establecidos. Colectivamente representaban una amenaza mucho mayor a las expectativas de Moses, aunque individualmente no eran tan ricos y poderosos como los propietarios de inmuebles en Long Island.

Moses tenía mucha más autoridad formal en su comunidad que la que tenía Sara. Sin embargo, también comprendió que, aun con toda su autoridad legal y todo su dinero, no podría plasmar sus ideas en solitario, apoyado solamente por sus pro-pias facciones: sus empleados, sus contratistas y las personas que compartían sus expectativas.

Hizo un enorme esfuerzo para encontrar socios adicionales. Explicó su perspectiva a los periódicos. Usó todos los medios a su alcance para crear alianzas con las figuras políticas clave. Estableció relaciones con personas de clase media en otras agencias que se comprometieron con sus planes; y ellas, a su vez, le proporcionaron la información interna para contrarrestar los esfuerzos dirigidos a hacer descarrilar sus proyectos. Sabía de dónde venían los ataques; personas bienintencionadas con visiones diferentes pretendían detenerlo. Moses no aspiraba a ser popular. Incluso a algunos de sus socios no les caía bien, pero creían en lo que trataba de hacer.

Como Sara, Moses comprendió que, cualquiera que fuese su poder formal, necesitaba el apoyo de figuras que ostentasen autoridad para sobrevivir y tener éxito. Para Sara, esa figura era el director. Para Moses, el gobernador del Estado y el alcalde de la ciudad de Nueva York. Ninguno de ellos podría haber logrado algo de importancia duradera sin tener esos puntos de apoyo.

Ambos compartían otra idea esencial: aquellos socios que son miembros de la facción y para quienes el cambio es más difícil pueden ser muy útiles. Desde el principio, Sara tuvo en la sala de redacción a algunas personas que valoraban el diseño. Moses tenía aliados en otras agencias de la ciudad y del gobierno estatal. Aquellos socios no solo proporcionaban la inteligencia clave y les permitían vigilar lo que estaba ocurriendo en los núcleos de resistencia, sino que eran defensores mucho más eficaces y útiles dentro de sus propios ámbitos de que lo que Sara y Moses podrían haber sido.

Encontrar a los verdaderos aliados —personas tanto de dentro como de fuera de tu organización y que compartan las mismas metas— requiere un tiempo y una energía considerables. Sin embargo, ese esfuerzo merece la pena. Dos empresarios exitosos como Jack Welch, exdirectivo de General Electric, y Leslie Wexner, de The Limited, se veían a sí mismos como los jefes de personal de sus corporaciones, y reconocían que conseguir a las personas apropiadas para el equipo era su prioridad y responsabilidad número uno, pero también comprendían que esas asociaciones no eran ilimitadas, incondicionales ni universales.

Un aliado natural comprende tu problema y está dispuesto a luchar por ello, pero dicha alianza no significa que tu socio abandonará todos sus otros compromisos. Sin duda, tus aliados disfrutan de muchas relaciones y se identifican como miembros leales de otros grupos. Ello es una buena noticia. Después de todo, los aliados de otras facciones, dentro o fuera de la organización, contribuirán sustancialmente al trabajar dentro de tu equipo sobre los temas que te interesan. Para crear cambios tendrás que ir más allá de tu equipo, más allá de tus seguidores, de tus «verdaderos creyentes». Y, para usar eficazmente a tus aliados, debes tener en cuenta sus otros compromisos. Si los pasas por alto o menosprecias su influencia sobre tus socios, corres el riesgo de que se socave tu eficacia y se destruya tal alianza.

Tom Edwards y Bill Monahan trabajaban en diferentes áreas de una fábrica del Noroeste de Estados Unidos. Tom era un empleado de tecnología de la información (TI). Para él, Bill, que trabajaba en ventas, era un aliado fiable para trasladar la empresa al mundo de la informática de alta velocidad. Bill no solo se ocupó de adaptar esta tecnología a su propio grupo, también contribuyó a dar credibilidad al proyecto de Tom en toda la empresa.

Además, Tom y Bill eran grandes amigos, y sus familias se reunían regularmente. Una noche, después de la cena, Tom compartió con Bill su estrategia para conseguir que el equipo directivo superior aprobara la compra de un nuevo sistema informático durante una reunión que tendría lugar al día siguiente. A largo plazo, el nuevo sistema ahorraría millones de dólares a la compañía, pero a corto plazo su aplicación requeriría una transición difícil y dolorosa en la cual muchas personas, incluso algunos empleados de ventas, probablemente perderían sus puestos.

Tom notó cierta indiferencia en Bill después de exponerle su plan, y le preguntó si había algo que le preocupara. «Preferiría que no me lo hubieras contado», dijo Bill. «En este caso, he de proteger a mi gente, y acabas de facilitarme una importante información sobre cómo puedo hacerlo antes de la reunión de mañana».

Al final, Tom no perdió esa alianza, porque Bill había compartido abiertamente sus lealtades contradictorias. Tenían una relación sólida, donde ninguno de los dos retrocedía, y podían tratar las cosas en largas y, a veces, difíciles conversaciones. De todos modos, lo más habitual en esos casos habría sido que un aliado como Bill se limitara a escuchar y marcharse, y que luego se pasara la noche en vela preguntándose qué podía hacer. ¿A quién tenía que traicionar? Al fin y al cabo, podría sentirse tentado por la opción más fácil de seguir siendo leal a su equipo de ventas. O, también, una persona en la situación de Tom podría presentarse a la reunión pensando que ya había hecho su trabajo preliminar y que Bill compartía su plan, solamente para descubrir que este también había planeado algo y estaba tomando medidas para echar por la borda ese proyecto.

Eso sucede muy a menudo. ¿Alguna vez has asistido a una reunión en la que te has percatado de que había habido una «reunión previa» a la que no fuiste invitado? Esa reunión previa había permitido a los asistentes minimizar su conflicto interno en la reunión real, presentar un frente unido y aislarte.

Es un error afrontar solo la situación. Si haces el mismo tipo de trabajo en casa, aumenta la posibilidad de que tanto tú como tus ideas sobrevivan. Para la próxima reunión, trata ser tú quien haya hecho las llamadas telefónicas previas, sondeado los ánimos y conseguido apoyo. Pero, en el curso de ese proceso, define qué estás pidiendo a tus potenciales socios. Descubre sus alianzas y sus lealtades para determinar en qué medida puedes contar con ellos si deciden colaborar contigo.

Mantente cerca de la oposición

Como director ejecutivo de una organización sin ánimo de lucro, Pete desarrolló y mantuvo refugios para personas sin hogar y con discapacidades físicas en un suburbio de la clase media alta, situado en el sur de Connecticut. Tenía un historial de éxitos notables. Planificaba cuidadosamente cada proyecto desde el concepto hasta la adquisición del terreno y su edificación, y actuaba con sensibilidad política. Como resultado, consiguió un amplio apoyo de los concejales del gobierno local.

Luego avanzó en una nueva dirección y se propuso crear un hogar para los residentes con enfermedades mentales, para que pudieran elegir una opción diferente a la de un hospital lejano o vivir en las calles. Los posibles residentes eran personas estables, pero que no podían permitirse alquilar —ni comprar— una vivienda en ese barrio de renta alta. La organización de Pete ya poseía el terreno apropiado para ello: un solar situado en la carretera principal próxima a una sucursal de McDonald's, que daba a un área residencial. Parte de ese solar estaba ocupado por una casa de acogida que había estado operando sin incidentes durante más de quince años.

Pete acudió al concejal del pueblo y recibió su apoyo para solicitar un permiso del Departamento de Vivienda y Urbanismo a fin de construir ocho edificios de alojamiento permanente en aquel lugar. Solo tenía que vencer un obstáculo administrativo más: la aprobación de la comisión de planificación y urbanismo del pueblo.

Pete hizo la mayor parte de la tarea básica. Buscó y recibió un firme apoyo de la tienda de modas local situada al otro lado de la carretera, y trabajó con los burócratas del ayuntamiento. Además, la presidenta del Departamento de Vivienda y Urbanismo dijo a los contactos mutuos que ella respaldaba el proyecto. El arquitecto elaboró un diseño creativo que exponía cómo en aquel lugar se podría construir una vivienda accesible, barata pero atractiva. Y Pete, para notificarlo a los vecinos —como lo requería la ley— les envió una carta donde explicaba sus planes.

El Departamento de Vivienda y Urbanismo se reunía mensualmente. Pete se preparó para la reunión de febrero, cuando su proyecto entraba en el orden del día. Pero el departamento tuvo que postergar el debate hasta marzo porque la notificación pública de la audiencia se había enviado tarde, y los vecinos no habían recibido la comunicación con las dos semanas de anticipación requeridas.

A la reunión de febrero solamente se presentaron dos vecinos que, obviamente, estaban insatisfechos con el plan. Pete se había negado a tener una reunión de vecinos porque sabía que sería desagradable. Dijo que aborrecía esas reuniones de «vecinos iracundos». Pero entre febrero y marzo se reunió de mala gana con los dos vecinos que se habían presentado en febrero. Y recuerda que estaban muy malhumorados: «Pensaban que habíamos rebajado el valor de sus propiedades y puesto en peligro a sus hijos».

En la reunión de marzo, esos dos adversarios de febrero ya se habían convertido en un iracundo grupo de cuarenta personas. Cuando les tocó el turno de hablar se opusieron clamorosa y enérgicamente al proyecto. Como recuerda Pete: «Decían que sus hijos ya no estarían a salvo yendo al McDonald's, que estábamos rebajando el valor de sus propiedades y destruyendo su única inversión, y que el barrio ya era un vertedero. Nos llamaron irresponsables. Y uno de ellos mencionó a un individuo esquizofrénico que había puesto a su familia en aprietos desnudándose en público».

El Departamento de Vivienda y Urbanismo rechazó el proyecto por cinco votos contra dos. Luego, tardíamente, Pete comenzó a reunirse con los vecinos. Estos, envalentonados por la decisión del departamento, en las reuniones censuraban duramente el proyecto, con tanta saña como había habido en la reunión de marzo, causándole un gran pesar a Pete. La lógica, los expertos externos, los políticos locales y el apoyo cívico no sirvieron de mucho en aquellas reuniones. Finalmente, tras varios incidentes lamentables, Pete retiró la propuesta y su organización empezó a buscar otro emplazamiento.

Al analizar retrospectivamente aquellos hechos, Pete entendió cuál había sido su gran error: no contar inicialmente con los vecinos del barrio, a pesar de que había reaccionado de una manera que era humana y comprensible. Había creído que tenía el suficiente poder y apoyo para abrirse paso, y se había estremecido

ante la perspectiva de someterse a reuniones difíciles, contencio-
sas y prolongadas con personas que no compartían su visión.

Gracias a todo el apoyo que había conseguido, según sus propias palabras: «Disfrutó de un falso sentido de inmunidad. Las
voces que escuchaba me decían: "Esto es lo que debes hacer y este
es el lugar apropiado para hacerlo"». Pete no solo había hecho
caso omiso de las señales de alarma en febrero, sino que también
había desechado los argumentos de los pocos miembros de su
propio equipo que habían expresado sus reservas.

Para mantenerte y tener éxito en el ejercicio del liderazgo,
deberás trabajar tan estrechamente con tus oponentes como
con tus seguidores. Casi todos nos resistimos a invertir nuestro
tiempo con personas que no comparten nuestra visión o nuestra pasión. Demasiado a menudo optamos por el camino fácil,
ignorando a nuestros opositores y concentrándonos para desarrollar una coalición afirmativa. Pero, en lugar de reconocer
simplemente su ansiedad y seguir adelante —como hizo Pete—,
tendrás que interpretar esa ansiedad como lo que es, una vulnerabilidad, y como una señal acerca de la amenaza que representas para las facciones opositoras. Estos son los indicios de la
resistencia a la que tendrás que hacer frente y que se agravará si
no te comprometes con tu oposición.

Michael Pertchuk no fue capaz de comprender esto cuando
pasó de un puesto de defensor del consumidor en el Congreso
de Estados Unidos a una posición de normalizador y formu-
lador de políticas como presidente de la Comisión Federal de
Comercio (FTC, por sus siglas en inglés).

Pertchuk había llegado a la FTC como una especie de héroe
entre la comunidad de activistas de los consumidores gracias a
su trabajo en el Congreso de EE.UU. como asesor principal de
la Comisión de Comercio del Senado. En el Congreso innovaba
continuamente presentando nuevas políticas y programas que
rápidamente se convertían en ley. Se había ganado la confianza
total del senador Warren Magnuson, su presidente, quien se
beneficiaba enormemente del prestigio, el apoyo político y la
publicidad de las iniciativas de Pertchuk.

En la FTC, Pertchuk seguía viéndose a sí mismo como un defensor. Sus votantes, los consumidores, esperaban eso de él y lo querían. Así que buscó una nueva causa por la que luchar. Pronto encontró una, llamada «KidVid»: el control de la publicidad en los programas televisivos para niños.

Estudios recientes habían demostrado el impacto que produce en esas impresionables mentes la profusión de anuncios que patrocinan los programas infantiles de dibujos animados del sábado por mañana. Pertchuk intervino proponiendo nuevas regulaciones. Escogió un tema y lo abordó de la misma manera que lo había hecho cuando trabajaba en el Congreso de Estados Unidos.

En su rol en el Congreso todo lo que tenía que hacer era contar votos. Y, solía tener el suficiente número de votos para todo lo que anotaba en la agenda. En aquella época, los demócratas moderados y los liberales controlaban el Congreso y votaban con gran entusiasmo las leyes populares orientadas al consumidor. Cuando Pertchuk reunía suficientes votos para aprobar una ley, seguía adelante. No escuchaba a los representantes de la otra parte. Se dedicaba a elaborar nuevas ideas, sin buscar apoyo.

Esa estrategia le había dado buenos resultados en el área legislativa, así que la trasladó íntegra a su nueva función. Evitó todo contacto con la comunidad empresarial, cuyos productos iban a ser publicitados. Pertchuk sabía que ellos, por supuesto, rechazarían su idea. Incluso evitó tratar con él área de la televisión, que no solo tenía un interés directo en la política, sino que también iba a cubrirla y comentarla en sus informativos. «Excepto un montón de problemas, ¿qué más podían aportar?», debió de pensar.

No se equivocaba al pensar que ellos probablemente reaccionarían con hostilidad. El hecho de dejarlos al margen o de no tenerlos en cuenta en absoluto cambiaría esa realidad. Pero, al dejarlos al margen, Pertchuk contribuía a frustrar sus propios esfuerzos en el KidVid. Había perdido el contacto con la oposición clave. La política propuesta por Pertchuk obstruiría el principal canal de los fabricantes para llegar a sus clientes principales: los niños. La comunidad publicitaria perdería el ingreso que producía la contratación de anuncios. Y, desde luego, las compañías televisivas dependían del ingreso de la publicidad para sus ganancias. Pertchuk estaba comprometido con todos estos grupos, haciéndoles frente o no.

Prefirió seguir adelante y propuso una prohibición directa de la publicidad durante los programas televisivos para niños. A los grupos de consumidores les fascinó la idea y lo animaron. Con esa complicidad, los seguidores clave de Pertchuk lo alejaron mucho más de sus objetivos.

La prensa y la comunidad empresarial respondieron con la vehemencia que él había previsto. Algunas personalidades respetadas dieron su opinión y dijeron que la legislación exageraba, que iba más allá de lo que requería el problema. Para muchos observadores, la prohibición legal no tenía en cuenta los derechos de libre expresión y omitía las consecuencias sobre la financiación futura de los programas infantiles. Pertchuk se había comportado como si todavía fuera el generador de ideas de Magnuson, en lugar del responsable de una agencia normalizadora. Incluso los miembros del Congreso que lo admiraban esperaban que fuera más imparcial en su nuevo rol. Con una considerable jactancia, el Congreso rechazó la propuesta de Pertchuk sin haberla examinado seriamente. La FTC había perdido credibilidad a los ojos de los legisladores y los abogados, también para los empresarios, que podrían haber apoyado otra propuesta, pero se opusieron al proyecto porque iba demasiado lejos. Al cabo de un año, la iniciativa de la televisión para niños había caído definitivamente en el olvido. Pertchuk perdió legitimidad y precipitó el final de su gestión.

En general, las personas que se oponen a lo que estás tratando de lograr son aquellas que más pierden si triunfas. En cambio, tus aliados tienen menos que perder. A tus adversarios darte la espalda les costará caro en términos de deslealtad con sus propias raíces y su electorado; a tus aliados, tal vez no les cueste nada. Por esa razón, tus oponentes merecen más atención, por una cuestión de compasión, así como de táctica y supervivencia.

El hecho de mantenerte cerca de tus oponentes también te servirá para obtener un diagnóstico. Es crucial saber de qué lado están las personas, y las más difíciles de convencer son las que se puedan ver más perjudicadas por tu agenda.

Mantener las relaciones con tus aliados y tus adversarios es algo esencial, pero también es cierto que a menudo las personas que determinarán tu éxito son aquellas que están en el centro de la cuestión: quienes se resisten a tu iniciativa meramente porque desorganiza sus vidas y hace que su futuro sea incierto. Más allá de la seguridad o las costumbres, no tienen tanto interés en su *statu quo*, pero no subestimes el poder de los movimientos populares. Cuando observes a tus aliados y oponentes al presentar tu propuesta, no te olvides de esas personas imparciales y cautelosas que están en el centro: es a ellas a quienes has de movilizar. Debes asegurarte de que su resistencia general al cambio no se convierta en una movilización que te obligue a renunciar. Puedes dar los cuatro pasos siguientes dirigidos específicamente a ganarte su confianza.

Acepta tu parte de responsabilidad en el problema

Cuando perteneces a la organización o la comunidad que intentas liderar, formas parte del problema. Esto es particularmente válido cuando has sido miembro de ese grupo durante algún tiempo, como en una familia. Tomar la iniciativa de abordar el problema no te exime de tu parte de responsabilidad. Por ejemplo, si llevas algún tiempo en un puesto de responsabilidad y hay un problema, es muy probable que hayas participado en su creación y que, en cierta medida, seas culpable de que no se haya abordado. Aunque acabes de entrar o no pertenezcas a la organización, tendrás que identificar tu conducta o los valores que encarnas y que podrían sofocar el cambio que quieres impulsar. En síntesis, tendrás que identificar y aceptar la responsabilidad de tus contribuciones a la situación actual, aun cuando trates de conducir a tu gente hacia un lugar diferente o mejor.

En nuestra tarea como consultores y docentes, a menudo pedimos a las personas que escriban o expongan verbalmente una versión abreviada de un desafío del liderazgo que estén afrontando actualmente en sus vidas profesionales, personales o cívicas. A lo largo de los años, hemos leído y oído literalmente miles de retos. Es frecuente que en la primera redacción de los mismos el autor no logre nada. El desafío dice implícitamente: «No tengo opciones. Si las otras personas se adaptaran, podría hacer progresos, pero...».

Cuando te precipitas para culpar a los otros, ya sea dentro o fuera de la comunidad, te pones en peligro. Obviamente, te arriesgas a diagnosticar mal la situación. Pero también te arriesgas a convertirte en un objetivo al negar que formas parte del problema y que también necesitas cambiar. Después de todo, si estás señalándoles con el dedo, obligándoles a hacer algo que no desean, la opción más fácil para ellos es desembarazaste de ti. La dinámica se convierte en tú contra ellos. Pero, si estás con ellos, si afrontáis el problema juntos y cada uno acepta su parte de responsabilidad en el asunto, entonces tú ya no eres tan vulnerable al ataque.

Leslie Wexner, fundador y presidente de The Limited, se enfrentó a un desafío similar a comienzos de los años noventa, cuando su compañía empezó a «caer en picado». Recuerda: «Estábamos trabajando duro, pero no íbamos a ninguna parte». Wexner había llevado a la corporación a grandes alturas, pasando de cuatro empleados a 175.000, pero su estrategia ya no producía crecimiento.[2] Después de un magnífico cuarto trimestre en 1992, la compañía experimentó dos años de declive.

Wexner contrató a un consultor, un profesor de Harvard llamado Len Schlesinger, para que hiciera un análisis muy profundo de los problemas de la compañía y para que evaluara qué era necesario para cambiar las cosas.

El consultor volvió con tres mensajes. El primero: fortalecer las sucursales; eso tenía sentido para Wexner. El segundo:

Wexner tendría que despedir a gran parte de la mano de obra de la corporación, quizá incluso a un tercio de su personal. Pero Wexner había conducido a la compañía como una familia desde sus comienzos en 1963. Jamás había sido partidario de despedir a los empleados. Pensaba que hacer eso era una herejía.

El tercer mensaje aún le caló más hondo: Schlesinger le dijo que él formaba parte del problema. La compañía podría hacer una transición con él o sin él, dijo el consultor; pero, si optaba por la primera opción, tendría que asumir su responsabilidad. Tendría que hacer cambios sustanciales y significativos en sus propias creencias y conductas. Sin eso, los empleados que continuasen, los accionistas y la junta directiva de la compañía serían capaces de plantar cara exitosamente a la necesaria transformación.

Ese mensaje no fue del agrado de Wexner, que había creado la compañía en 1963 con un préstamo de 5.000 dólares que le había hecho su tía. Con ello le bastó para abrir una tienda de modas en un centro comercial suburbano en Columbus, Ohio. Entonces, su meta era ganar un salario de 15.000 dólares anuales y quedarse con suficiente dinero para comprar un nuevo automóvil de vez en cuando. Las ventas del primer año alcanzaron los 165.000 dólares. Desde ese momento había disfrutado de casi treinta años con un crecimiento anual significativo, y su tienda se había convertido en un coloso minorista. Estaba acostumbrado a aceptar aclamaciones por el éxito, no a tirar por la borda los valores y las prácticas que habían sido el sostén de la imagen que tenía de sí mismo. Además, tenía cincuenta y ocho años y le estaban cuestionando su capacidad para admitir errores y enmendarse.

Wexner usa una metáfora para describir el sentimiento que tenía: «Era como un deportista entrenado para ser jugador de béisbol. Y un día alguien me da una palmadita en el hombro y me dice: "Jugarás al fútbol americano". Y yo digo: "No, soy jugador de béisbol. No sé cómo jugar al fútbol. No mido 1,90 metros, ni peso 120 kilos". Pero, si ya nadie valora al béisbol, el jugador de béisbol estará fuera de combate. De modo que me miré en el espejo y me dije: "No seas tonto, a nadie le gusta ya ver un partido de béisbol. Pásate al fútbol americano"».

Wexner creía en Schlesinger; de modo que, dolorosamente, comenzó a aceptar su responsabilidad en el problema. Se comprometió a realizar esa transformación personal, así como la empresarial. Contrató a un coach para que le ayudara a asimilar los nuevos métodos y a actualizarse. El personal de la compañía, así como los accionistas y prestamistas, notaron los cambios que estaba haciendo y comenzaron a entender que estaba de su lado, abordando problemas difíciles, asumiendo responsabilidades y riesgos, y afrontando un futuro incierto. Aplicó su mensaje, y con eso evitó convertirse en el blanco de los ataques que se produjeron durante gran parte del largo período de transformación. Su compromiso personal le ayudó a influir en el ánimo de los indecisos.

Wexner cambió, sobrevivió y prosperó. Lo mismo que The Limited. Entre los años 1996 y 2001, la compañía aumentó sus ventas en un 50 %, y su margen operativo en un 4 %, con 1.000 tiendas menos y una mano de obra reducida de 124.000 empleados.

Reconoce las pérdidas

Recuerda que, cuando pides a la gente que hagan un esfuerzo de adaptación, les estás pidiendo mucho. Les puedes estar pidiendo que elijan entre dos valores, ambos importantes para su manera de ser. Cualquier persona que se haya divorciado teniendo hijos comprende lo difícil que eso resulta. La mayoría de las personas se estremecen ante la sola idea de tener que elegir entre su propia felicidad y lo que es mejor para sus hijos. Podríamos tratar de convencernos de que estamos contribuyendo a la felicidad de nuestros hijos al poner fin a un matrimonio disfuncional o insatisfactorio, pero los hijos no suelen estar de acuerdo en ello, y tampoco muchos expertos.

¿Es posible pedirle a la gente que cierre la brecha que se abre entre sus valores adoptados y su conducta actual? Esto fue lo que hizo Martin Luther King cuando desafió a los estadounidenses durante el movimiento de los derechos civiles. El trato hostil que él y sus aliados recibían en las marchas y manifestaciones dramatiza la brecha existente entre los valores tradicionales de libertad, justicia y tolerancia de los estadounidenses y la realidad de la vida para los afroamericanos. Nos obligó a muchos de nosotros, que nos creíamos buenas personas que vivían en una buena sociedad, a afrontar el abismo entre nuestros valores y nuestra conducta; una vez que lo hicimos, tuvimos que actuar. El hecho de ignorar nuestra propia hipocresía nos hiere más que renunciar a nuestro *statu quo*. La nación cambió.

Desde luego, eso requiere un tiempo. Afrontar las brechas entre nuestros valores y nuestras conductas, las contradicciones internas en nuestras vidas y comunidades, requiere pasar por un período de pérdida. A menudo, el esfuerzo adaptativo exige cierta deslealtad con nuestras raíces. Decirle a alguien que debe dejar de sentirse discriminado significa decirle que algunas de las lecciones de su respetado abuelo eran erróneas. Decirle a un misionero cristiano que, en nombre del amor, podría estar haciendo daño a una comunidad aborigen pone en duda el significado de la misión en sí misma. Sugerirle que, en una era de interdependencia global, ya no podemos permitirnos que las comunidades religiosas compitan por la verdad divina y las almas pone en duda la interpretación de las escrituras amorosamente transmitidas por su familia y sus maestros.

Pedir a las personas que dejen atrás algo con lo que han vivido durante años o durante generaciones prácticamente les invita a desembarazarse de ti. A veces, los líderes son rechazados simplemente porque no aprecian el sacrificio que están pidiendo de los otros. A ellos, ese cambio no les parece un sacrificio, por eso tienen dificultades para imaginar que los otros lo vean de esa manera. Pero el *statu quo* tal vez no parezca tan terrible a aquellos que están inmersos en él, y puede parecer muy agradable si se compara con un futuro incierto. El ejercicio del liderazgo implica ayudar a las organizaciones y las comunidades a que se planteen a qué están dispuestas a renunciar.

Entre todos los valores respetados por la comunidad, ¿cuáles se pueden sacrificar en interés del progreso?

Las personas están dispuestas a hacer sacrificios si entienden qué razón hay para hacerlos. De hecho, los jóvenes van a la guerra con la bendición de sus padres para proteger unos valores que son aún más preciados que la vida misma. Por eso, es sumamente importante comunicar, de todas las maneras posibles, la razón del sacrificio: por qué las personas tienen que soportar pérdidas y reconstruir sus lealtades. La gente necesita saber qué es lo que está en juego.

Pero más allá de aclarar los valores en juego, tú también tendrás que identificar y reconocer las pérdidas. No basta con aspirar a un futuro prometedor. Las personas necesitan saber a qué tendrán que renunciar para crear un futuro mejor. Admite que el cambio que estás pidiéndoles es difícil, y que aquello a lo que van a renunciar tiene un valor real. Laméntate con ellos y reconoce las pérdidas. Eso se podría conseguir con una serie de simples declaraciones, pero a menudo hace falta algo más tangible y público para convencer a las personas de que realmente estás comprendiéndolas.

Cuando los terroristas atacaron las torres gemelas el 11 de septiembre de provocaron unas pérdidas y una confusión extraordinaria en Estados Unidos en general y en la ciudad de Nueva York en particular. Los neoyorkinos se vieron obligados no solo a lamentar pérdidas, sino también a afrontar una nueva realidad: su propia vulnerabilidad. El alcalde Rudolph Giuliani enseguida mostró que comprendía los esfuerzos de la gente para adaptarse. Habló reiteradamente de forma clara y apasionada, haciéndose eco del dolor de la gente. Una y otra vez instó a la población a que reanudaran sus actividades previas al atentado: ir al trabajo, usar los parques de la ciudad y frecuentar los restaurantes y teatros, aun cuando la respuesta natural de todos era la de refugiarse y ponerse a salvo. Pero, a medida que la gente comenzaba a seguir su consejo, él también les hacía saber que comprendía lo que les estaba pidiendo. Les pedía que renunciaran a su necesidad de mantener su propia seguridad personal en nombre de unos valores más elevados: no rendirse ante los terroristas y reconstruir la ciudad de Nueva York. Giuliani fue aún más lejos. Adoptó la conducta que pedía a los otros poniéndose él mismo en peligro: fue a la zona del atentado una y otra vez, y estuvo a punto de sufrir un accidente cuando cayeron las torres. Algunas veces, adoptar la conducta que uno está pidiendo a los otros es un recurso mucho más poderoso que las palabras que se usen para reconocer su pérdida.

Da ejemplo con tu conducta

Avram era el director ejecutivo de una central química sumamente exitosa de Israel. Un día se produjo una explosión que trágicamente terminó con la vida de dos de sus empleados. Se concentró en la acción, trató de auxiliar a la familia de los trabajadores fallecidos e investigó la causa del desastre. Enseguida identificó la fuente del problema y tomó medidas para asegurarse de que eso no volviera a repetirse.

Pero todo lo que hacía no parecía ser suficiente. Muchos de sus mejores trabajadores tenían miedo de volver al trabajo. Y muchos de los que volvieron trabajaban ineficazmente porque se sentían inseguros y atemorizados. Habían perdido la confianza en la seguridad de la fábrica, y nada de lo que él les dijera los tranquilizaba lo suficiente como para volver al lugar donde habían muerto sus compañeros o para trabajar siguiendo su nivel normal de productividad. Su trauma era palpable, y la productividad bajó. El futuro de la compañía parecía bastante incierto.

De mala gana, Avram tomó una decisión: dimitió como director y aceptó un puesto en la cadena de producción, exactamente en el lugar donde se había producido la explosión. Poco a poco, los trabajadores comenzaron a volver, y la producción empezó a crecer. Con el tiempo, la compañía superó aquel momento crítico. Diez años más tarde, llegó a ser una de las compañías más grandes de Israel, mucho más rentable de lo que era antes del accidente.

Ese directivo había comprendido que estaba pidiendo a sus empleados que hicieran algo que a él le parecía seguro pero que era peligroso para ellos. Como él y los trabajadores veían esa realidad de diferente manera, al principio le resultaba difícil apreciar la magnitud de su petición. Como científico capacitado para servir a los intereses de la compañía, estaba convencido de que había construido una planta segura. Pero ninguna evidencia o lógica habría mitigado los temores de los empleados. Avram debía hacerles saber que entendía el riesgo que les estaba pidiendo que asumieran, aunque creía que sus temores eran infundados. Debía reconocer la pérdida que les estaba pidiendo que aceptaran —en ese caso, la pérdida de una sensación de seguridad personal—. Pero, como sus temores eran tan profundos, no era suficiente con un reconocimiento verbal. Era necesario que predicara con el ejemplo.

En 1972 Gene Patterson, poco después de renunciar a su puesto como director del *Washington Post* y sin la seguridad de tener un futuro en el periodismo, recibió una llamada de Nelson Poynter, el propietario del *St. Petersburg Times*.[3] Poynter le ofrecía el puesto de director, con el añadido de que él le sucedería como la persona responsable de toda la compañía, que incluía a otras empresas integradas en los medios. Patterson y Poynter se habían conocido muchos años antes; se encontraban y conversaban en las convenciones periodísticas y respetaban su trabajo mutuo. Patterson estaba interesado en dirigir un periódico y había sido un admirador y lector habitual del *Times*. Y Poynter estaba buscando a alguien que promoviera su ya respetado periódico a otro nivel. Quería que fuera no solo un buen periódico regional, sino también un paradigma del mejor periodismo y una fuerza para hacer de St. Petersburg, en Florida, lo que él llamaba «el mejor lugar en el mundo para vivir». Ambos pretendían que la reputación del periódico mejorara y que se convirtiera en el medio más audaz, desafiante e independiente de la poderosa élite de la ciudad, y en un portavoz de los menos pudientes.

Poynter y Patterson sabían que para alcanzar esas metas tendrían que generar cambios significativos en las actitudes y los roles de los reporteros y de otros empleados del periódico, así como en los puntos de vista de los lectores del *Times*. No podía haber vacas sagradas. Las malas noticias acerca de la comunidad no se suavizarían. Los anunciantes estarían sometidos a tanta investigación periodística como cualquier otra organización con poder e influencia. Las investigaciones serían una característica permanente de las ofertas del periódico, y no habría contemplaciones con las organizaciones y los individuos prominentes si merecían una crítica. Los equipos editoriales y de noticias no dudarían en usar el poder del periódico para promover el progreso. Eso significaba que los reporteros que trabajaban en el periódico estarían sujetos a una intensa presión y a la controversia.

El 4 de julio de 1976, cuatro días después de formar parte de aquel periódico, Patterson asistió a una fiesta en la casa de su gran amigo Wilbur Landrey, el director del *Times* para el extranjero. En el camino de vuelta a su casa, Patterson frenó de golpe delante de un semáforo en rojo, y el conductor que venía detrás no pudo evitar el choque. Llamaron a la policía y le detuvieron por conducir bajo los efectos del alcohol. Patterson llamó a Bob Haiman, el veterano periodista del *Times* que acababa de ser designado director ejecutivo, e insistió para que se escribiera un artículo sobre su arresto.

Según recuerda Haiman, trató de disuadir a Patterson, pero este fue inflexible.[4] «Tenemos que publicar una historia», le dijo. «Yo le respondí: "De acuerdo, Gene, lo haremos". Y él agregó: "Haz que un reportero pida los detalles en el Departamento de Policía. Quiero que publiques esta historia en la primera página". Discutí con él de nuevo. "La mayoría de estos arrestos que no incluyen lesiones ni siquiera ven la luz. Ni cuando era reportero habríamos publicado un gran artículo con este episodio, y de haberlo hecho probablemente habría aparecido en la sección local". Patterson me dejó hablar, pero no estaba dispuesto a cambiar de opinión».

Patterson sabía que, si deseaba que los reporteros del periódico emularan y adoptaran las más altas aspiraciones y los valores periodísticos, entonces él y Poynter tendrían que seguir esos valores, aun cuando eso les afectara. Ambos sabían que habría resistencias ante tal cambio de valores. También reconocían que Patterson —el nuevo director recién llegado— sería más vulnerable que Poynter tanto a las reacciones negativas de los empleados como a las de los líderes de la comunidad. Aquel incidente dio a Patterson la posibilidad de adoptar la conducta que esperaba de los otros. Sabía que esa era una oportunidad única en la cual se pondrían a prueba sus compromisos. Más allá de la situación embarazosa, Patterson quería asegurarse de que el diario lo tratara de la misma manera en que él habría tratado a cualquier persona igualmente prominente. De lo contrario, él y Poynter no podrían movilizar a la organización y a la comunidad para que aceptaran un tipo diferente de periodismo: un periodismo que podía causar algo de malestar y controversia en esa ciudad acostumbrada a mostrar su mejor cara en las noticias. El arresto de Patterson apareció en primera plana.

Desde aquel momento, ese episodio pasó a formar parte del folklore del *Times* y de St. Petersburg. Queda claro que la insistencia de Patterson en realizar esa cobertura periodística facilitó que la gente del periódico y de la comunidad avanzara hacia una relación más honesta y vital, y también más polémica.

En esos casos, la conducta ejemplar es más que simbólica: los líderes asumen riesgos reales cuando hacen lo que piden a los otros que hagan. Pero incluso una conducta ejemplar simbólica puede tener un impacto sustancial. Cuando Lee Iacocca, durante la crisis que azotó a Chrysler, redujo a un dólar su propio salario a nadie le importaba que Iacocca se fuera sin cenar, pero el hecho de que él estuviera dispuesto a hacer un sacrificio económico personal contribuyó a motivar a sus empleados para que hicieran lo mismo como parte del plan de transformación de la compañía.

Acepta bajas

Un cambio adaptativo beneficioso para el conjunto de la organización puede perjudicar clara y tangiblemente a algunas de las personas a las que el sistema anterior beneficiaba. El proceso de cambio en The Limited afectó a algunas personas, y sus carreras otrora seguras llegaron a ser muy inciertas. De todos modos, pocas personas disfrutan causando daño o haciendo la vida difícil a sus viejos amigos y compañeros.

La realidad es que quienes no puedan adaptarse se quedarán atrás. Se convertirán en víctimas. Eso es casi inevitable cuando las organizaciones y las comunidades experimentan cambios importantes. Algunos individuos simplemente no pueden, o no quieren, seguir adelante. Tendrás que elegir entre mantenerlos o progresar. Para las personas a las que les resulta extremadamente doloroso aceptar bajas, casi insufrible, esa parte del liderazgo les plantea un dilema especial. Pero, a menudo, eso tiene que ver con el territorio.

El hecho de aceptar que habrá víctimas es una señal de tu compromiso. Si manifiestas que no estás dispuesto a sufrir bajas, estás invitando a quienes no están de acuerdo con tus ideas a que las rechacen. Sin la presión de la realidad, ¿para qué deberían hacer sacrificios y cambiar su *modus operandi*? Tu capacidad para aceptar la dura realidad de las pérdidas proporciona un claro mensaje sobre tu valor y tu compromiso para afrontar el desafío adaptativo.

Hace algunos años, Marty fue consultor de una empresa que realizaba trabajos técnicos para la industria armamentística. La organización había disfrutado de una larga y exitosa trayectoria, pero la caída del muro de Berlín, en 1989, la introdujo en una nueva era. La guerra fría se había quedado atrás. El nuevo director ejecutivo comprendió que la competencia por los contratos se estaba haciendo más difícil, que ya no podrían depender de su reputación y esperar a que el trabajo viniera a ellos. Empezó a pensar en cambiar a la empresa, hacerla más agresiva y ampliar su línea de productos. Para muchos de los empleados más antiguos y respetados, eso era difícil de aceptar.

Por iniciativa del director ejecutivo, el equipo gerencial se reunió fuera de la compañía durante dos días para trazar su futura dirección. La mayoría reaccionaron aceptando la dura realidad de que para sobrevivir tendrían que renunciar a algunas de las cosas que conocían y apreciaban. Al final del retiro, el director celebró una reunión decisiva. Quería que se aprobara el nuevo plan y preguntó a cada uno de los asistentes si estaba de acuerdo con el programa. Uno por uno contestaron afirmativamente, algunos con gran renuencia. La persona que ocupaba el tercer puesto dentro de la organización se sentó casi al final de la fila. Había trabajado en la organización durante más tiempo que todos los demás asistentes. La sala estaba en silencio mientras todos aguardaban su respuesta, pero el hombre no dijo nada. Lentamente se puso de pie y abandonó la sala. Recogió sus maletas, se fue, vació su oficina y dejó su carta de renuncia sobre el escritorio del director. Fue una víctima del cambio propuesto, y la disposición del director general para aceptar su dimisión demostró al resto del equipo su compromiso con el cambio.

Las personas que tratan de ejercer el liderazgo se pueden sentir frustradas porque, al no estar dispuestas a aceptar bajas, envían mensajes confusos a la gente. Sin duda, preferiríamos poder convencer a todos y siempre perseguimos ese ideal. Pero, por desgracia, las bajas son a menudo una consecuencia necesaria del trabajo adaptativo.

· · ·

El mito del líder como un guerrero solitario es el camino inequívoco hacia un suicidio heroico. Aunque a veces te sientas solo con tus ideas creativas o con el peso de tu responsabilidad en la toma de decisiones, los factores psicológicos que te impulsan a actuar en solitario te causarán problemas. Necesitas aliados. Nadie es lo suficientemente astuto o rápido para abordar por sí solo la complejidad política de una organización o una comunidad cuando está haciendo frente a presiones adaptativas y trata de reaccionar ante las mismas.

La relación con las personas es crucial para liderar y seguir adelante. Si no tienes un talento natural para la política, entonces hazte socio de quienes sí lo tengan. Deja que te ayuden a conseguir aliados. Y, una vez establecida tu base de apoyo, deja que te ayuden a relacionarte con tus adversarios: con quienes piensan que tu iniciativa les reportará más pérdidas que beneficios. Es necesario que te acerques a ellos para saber lo que están pensando y sintiendo, y para demostrarles que eres consciente de sus preocupaciones. Además, tus esfuerzos para ganar confianza se deben extender más allá de tus aliados y tus adversarios: deben dirigirse hacia aquellos individuos que no están comprometidos. Tendrás que encontrar la manera apropiada de reconocer los riesgos y pérdidas que deberán soportar las personas. Algunas veces, podrás demostrarles tu reconocimiento asumiendo tú mismo un riesgo o una pérdida. Pero, en otras ocasiones, tu compromiso se pondrá a prueba cuando debas mostrar tu disposición a dejar que alguien se vaya. Si no puedes participar en un conflicto a veces costoso, podría derrumbarse toda la organización.

5

Orquestar el conflicto

Cuando abordas un problema difícil en cualquier grupo, sabes que se creará un conflicto, ya sea palpable o latente. Eso es lo que hace que el problema sea tan difícil. Por esa razón, la mayoría de las personas sienten una aversión natural por el conflicto en sus familias, sus comunidades y sus organizaciones. Puede que tengas que soportarlo en alguna ocasión, pero lo más probable es que tu mentalidad por defecto —como la de todos— sea la de limitar el conflicto lo máximo posible. En realidad, muchas organizaciones son alérgicas al conflicto y lo consideran básicamente como una fuente de peligro —y sin duda puede serlo—. Los conflictos pueden generar desgracias. Pero los conflictos profundos se originan al contrastar diferentes creencias, y los diferentes puntos de vista son el motor del progreso humano.

Nadie aprende con solo mirarse al espejo. Todos aprendemos —y a veces nos transformamos— cuando nos encontramos con diferencias que ponen en duda nuestra experiencia y nuestros prejuicios. El esfuerzo adaptativo, desde la biología hasta la cultura humana, requiere un compromiso con algo situado más allá del entorno de nuestros límites percibidos. Sin embargo, las personas defienden apasionadamente sus valores y sus creencias; lo cual hace que a menudo consideren que los extraños constituyen una amenaza para esos valores. Cuando eso sucede, la forma de comprometerse puede pasar rápidamente del intercambio cortés a la discusión intensa y al conflicto destructivo.

Por eso, cuando se intenta generar un cambio adaptativo, el desafío del liderazgo consiste en trabajar con las diferencias, las pasiones y los conflictos para reducir su potencial destructivo y utilizar de manera constructiva su energía.

Orquestar un conflicto puede ser más fácil cuando ocupas un cargo de autoridad, porque las personas esperan que las autoridades controlen ese proceso. Sin embargo, las cuatro ideas que sugerimos en este capítulo también son opciones para las personas que tratan de generar un cambio pero no ocupan cargos de autoridad: 1) crea un ambiente contenedor , 2) controla el nivel de estrés, 3) gradúa el trabajo , y 4) muéstrales el futuro.

Crea un ambiente contenedor

Si ejerces el liderazgo, necesitas crear un ambiente contenedor para moderar y controlar la presión que se genera cuando se afrontan los problemas difíciles o las diferencias de valores. Un ambiente contenedor es un espacio formado por una red de relaciones dentro de la cual las personas puedan tratar temas difíciles —a veces, conflictivos— sin eludirlos. Crear un ambiente contenedor te permitirá dirigir la energía creativa hacia la resolución de conflictos y refrenar las pasiones que fácilmente podrían desbordarse.[1]

Un ambiente contenedor será muy distinto según cada contexto y cada situación. Puede tratarse de un espacio físico adaptado, con un mediador externo y donde un grupo de trabajo intente resolver un conflicto particularmente delicado y explosivo. Puede ser un lenguaje compartido y la historia de una comunidad lo que una a las personas en momentos difíciles. Otros escenarios se pueden caracterizar por la confianza profunda en una institución y su estructura jerárquica, como el ejército o la Iglesia católica. Puede basarse en un conjunto de normas y procesos claros que dan, a una minoría, la seguridad de que se escuchará su opinión sin tener que interrumpir los procesos para llamar la atención. Un ambiente contenedor es un lugar en el que existe la suficiente cohesión para compensar las fuerzas centrífugas que surgen cuando las personas hacen un esfuerzo adaptativo. En un ambiente contenedor , con límites estructurales o virtuales, las personas se sienten suficientemente a salvo para afrontar problemas difíciles, no solo porque estimula el ingenio, sino también porque estrecha las relaciones.

Pero, más allá de los lazos de confianza y de la historia de colaboración, ningún ambiente contenedor puede soportar una tensión indefinida. Todas las relaciones sociales tienen límites; por consiguiente, uno de los grandes desafíos del liderazgo en cualquier comunidad u organización es mantener el estrés a un nivel productivo. Para manejar el conflicto —y tu propia seguridad—, deberás controlar la tolerancia del grupo a las tensiones.

Por lo tanto, planificar un ambiente contenedor es un desafío estratégico importante: debe ser el adecuado, o pondrás en riesgo el éxito del esfuerzo para lograr el cambio, a parte de tu propia autoridad. En 1994, Ruud Koedijk, el presidente de la sociedad KPMG Netherlands, creó una serie de estructuras para comprometer a la empresa en un cambio importante de sus métodos operativos. Esa sociedad consultora, auditora y asesora fiscal era líder en el sector, y por ello muy rentable, pero las oportunidades de crecimiento en los segmentos que atendía eran limitadas. Los márgenes se habían reducido a medida que el mercado se saturaba y que la competencia entre las consultoras también se intensificaba. Koedijk sabía que la empresa necesitaba entrar en áreas de crecimiento más rentables, pero ignoraba qué oportunidades existían y cómo abordarlas. Él y su junta directiva contrataron a una empresa consultora dirigida por Donald Laurie para que los ayudara a analizar las tendencias y las discontinuidades, para reconocer sus competencias fundamentales, evaluar la posición competitiva e identificar las posibles oportunidades.

Aunque Koedijk y su junta estaban seguros de poseer las herramientas para planear la estrategia, no estaban tan seguros de que su organización pudiera aplicarlas. KPMG había intentado introducir cambios en el pasado y no lo había logrado, probablemente debido a su estructura societaria, que inhibía el cambio de dos maneras: el modo en que los socios se trataban y la dinámica que la sociedad había establecido con los miembros no asociados de la empresa. Un estudio de esa cultura interna reveló que los directores generalmente daban poco espacio a los trabajadores para usar su creatividad o para realizar tareas más allá de las actividades rutinarias. ¿Serían capaces de promover cambios en las creencias, los valores y las conductas que podría requerir una nueva estrategia?

KPMG se parecía más a un conjunto de pequeños feudos en los que cada socio era el rey que a una sociedad. Su éxito se medía con los parámetros de horas facturadas y de productividad individual; no por factores como la innovación y el desarrollo del empleado. Como describió uno de los socios: «Si el resultado neto era correcto, eras un "buen compañero"». En consecuencia, un socio no entraba en el territorio de otro socio, y el aprendizaje recíproco se daba en contadas ocasiones. Un conflicto se camuflaba: si los socios deseaban oponerse a un cambio empresarial, no afrontaban directamente el problema, sino que lo hacían de forma silenciosa, a través de la pasividad. Incluso acuñaron la frase «Di sí, haz no» para describir tal conducta. A veces, esta atmósfera resultaba opresiva para los más jóvenes. Descubrieron que lo mejor para allanar su camino hacia el éxito era decir a sus jefes —el grupo de socios— que no habían detectado ningún error. Había poca curiosidad y mucha supervisión de los errores.

Koedijk comprendió que había que hacer un esfuerzo adaptativo en toda la empresa para que KPMG cambiara de modelo de dirección e ingresara en nuevos sectores. En primer lugar, convocó a sus socios a una gran asamblea y proporcionó un contexto coherente: la historia de KPMG, la realidad actual de la empresa y los problemas empresariales que podrían afrontar en el futuro. Luego, les preguntó cómo emprenderían el cambio como una compañía y les pidió sus puntos de vista sobre esos problemas. Al lanzar la iniciativa estratégica a través de un diálogo genuino, en lugar de a través de un edicto, desarrolló confianza dentro de las filas de socios.

Sobre la base de esa confianza y de su propia credibilidad personal, Koedijk consiguió que sus colegas llegaran a un acuerdo para liberar de sus responsabilidades diarias a los cien socios y profesionales, para que pudieran trabajar en los desafíos estratégicos. Así, dedicaron el 60 % de su tiempo a ese proyecto de casi cuatro meses.

Koedijk y sus compañeros crearon un equipo de integración estratégica (EIE) de doce socios veteranos para trabajar con los cien profesionales de diferentes niveles y disciplinas. Comprometer al personal que estaba por debajo de la categoría de los socios en una iniciativa estratégica clave era algo inédito, y desde el principio pareció un nuevo enfoque del trabajo: antes, los jefes de la empresa nunca habían solicitado ni valorado muchas de las opiniones de aquellas personas. Divididos en catorce equipos, iban a trabajar en tres áreas: la estimación de las tendencias y las discontinuidades futuras, la definición de las competencias fundamentales y el cambio de valores, y los desafíos adaptativos que afrontaba la organización. Hennie Both, el director de marketing y comunicaciones, actuaría como director del proyecto.

A medida que ese proceso de aprendizaje avanzaba, se hizo evidente que el EIE y sus integrantes lo encarnaban todo: tanto lo bueno como lo malo de su cultura interna. No pasó demasiado tiempo para que los miembros de esos grupos de trabajo descubrieran que la cultura se había construido en torno al fuerte respeto por el individuo en detrimento de un trabajo en equipo eficaz. Por ejemplo, cada individuo aportaba sus propias creencias y su forma de trabajar a cada debate: estaban más dispuestos a proponer su solución favorita para un problema que a escuchar los demás puntos de vista. No trabajaban bien con los miembros de las otras unidades. Al mismo tiempo, evitaban los conflictos: no trataban los problemas. Algunos equipos de trabajo llegaron a ser disfuncionales e incapaces de continuar con su tarea estratégica.

Para controlar la falta de coordinación, Hennie Both organizó una sesión en la cual cada grupo de trabajo podía exponer su efectividad como equipo. Para que vieran esas diferencias, Hennie les solicitó que describieran qué cultura interna deseaban y la compararan con el perfil actual del grupo. Las tres principales características de la cultura que deseaban eran: la oportunidad de autorrealización, un ambiente humano y acogedor, y unas relaciones fiables con sus compañeros. Sus principales definiciones de la cultura vigente eran: desarrollamos puntos de vista opuestos, somos perfeccionistas e intentamos evitar el conflicto. Esta brecha definía un claro desafío adaptativo al que era imprescindible prestar especial atención.

A cada uno de los miembros se le pidió que identificara el valor que aportaba al esfuerzo estratégico, así como su desafío adaptativo *individual*. ¿Qué actitudes, conductas o hábitos necesitaban cambiar, qué medidas específicas tomarían y con quién? Luego, se dividieron en grupos autoseleccionados de tres personas y actuaron como consultores entre sí. Eso les exigía confiar mutuamente y escuchar con más atención y comprensión.

Manejar el ambiente contenedor mientras los participantes resolvían los difíciles problemas de adaptación era una preocupación constante de Koedijk, de la junta y de Hennie Both. Con ese fin organizaron una plataforma por separado, para que el grupo de los cien pudiera trabajar con su propio equipo de apoyo, al margen de las normas y los reglamentos tradicionales. Aquel verano, a algunos clientes les sorprendía ver a los gerentes paseando por las oficinas de la compañía en pantalón corto y camiseta. De ese modo establecieron la norma de que cualquier individuo de cualquier grupo podía entrar en cualquier sesión de otro equipo y participar en la tarea que estuvieran llevando a cabo. Además, coincidieron en que las ideas eran más importantes que la jerarquía y en que el personal subalterno podía contradecir a sus superiores; pronto las personas más respetadas pasaron a ser aquellas que tenían más curiosidad y que formulaban preguntas más interesantes. Acababan de establecerse las condiciones adecuadas para iniciar una cultura operativa diferente.

Hennie Both y Ruud Koedijk mantuvieron un alto nivel de energía dentro del ambiente contenedor del grupo de trabajo y, con unas instrucciones limitadas, asignaban grandes responsabilidades a aquellos grupos acostumbrados a desempeñar sus tareas fijas y bien definidas. El entusiasmo aumentó cuando quienes creían estar habituados a trabajar en equipo comprendieron que con su experiencia solo habían aprendido a compartir tareas rutinarias con individuos «como ellos», de sus propias unidades.

Para proteger ese ambiente contenedor para la iniciativa de cambio, crearon una cultura de equipo que se mantenía al margen de la organización. Podían cometer errores y vivir con un conflicto que antes habría sido disimulado en sus unidades. Por ejemplo, en un momento en que los ánimos se caldearon más de lo adecuado, los cien socios se reunieron con la junta directiva para expresar sus preocupaciones. Los miembros de la junta se sentaron en el centro de un auditorio, rodeados por los participantes.

A menudo, si era necesario, se organizaban reuniones «externas» de dos y tres días para clausurar colectivamente las etapas del trabajo. Esos encuentros siempre incluían una interacción social para fortalecer los lazos laterales, una fuente clave de cohesión. El «tiempo de ocio» transcurría entre largos paseos en bicicleta hasta divertidos juegos con pistolas láser en los centros de entretenimiento locales. Una discusión espontánea sobre el poder de las personas que iban a ser movilizadas hacia una meta común condujo al grupo a salir al exterior, donde al unísono usaron su fuerza para mover aquel bloque de hormigón aparentemente inamovible.

Cambiaron sus actitudes y sus conductas: la curiosidad llegó a ser más valorada que la obediencia. El personal ya no se sometía a sus jefes en la sala: un verdadero diálogo neutralizaba al poder jerárquico cuando se entablaba una batalla de ideas. El énfasis en la propuesta individual de una solución cedió espacio a la comprensión de otras perspectivas. Surgió la confianza en la capacidad de las personas de las diferentes unidades para trabajar juntas y buscar soluciones.

Nada de eso habría sido posible sin una base bien diseñada para que los líderes pudieran mantenerlos unidos, influyendo mutuamente en el progreso hacia una organización más creativa. Con el tiempo, KPMG Netherlands comenzó a desplazarse de la auditoría a los seguros, del asesoramiento operativo al asesoramiento estratégico —determinando la visión y la ambición de sus clientes— y de enseñar habilidades tradicionales a sus clientes a desarrollar organizaciones adaptativas más creativas. Los equipos de trabajo de la compañía identificaron nuevas oportunidades empresariales por un valor de entre 50 y 60 millones de dólares.[2]

Controla el nivel de estrés

Cambiar el *statu quo* genera tensión y aumenta la temperatura ambiental cuando salen a la superficie conflictos ocultos que ponen en tela de juicio la cultura organizacional. Buscar orden y calma es un impulso humano natural y profundo, y tanto las organizaciones como las comunidades solo pueden soportar cierto nivel de estrés antes de retroceder.

Si intentas provocar un cambio profundo dentro de una organización, tendrás que controlar el nivel de estrés. Para ello, deberás hacer dos cosas. La primera es caldear el ambiente lo suficiente para que las personas se despabilen, presten atención y se planteen las amenazas y los desafíos reales a los que se enfrentan. Sin algo de estrés, no estarán incentivados para cambiar algo. La segunda es relajar el ambiente cuando sea necesario para reducir un nivel de tensión contraproducente. Si en una comunidad se sobrepasa la presión aceptable, se queda estancada o pierde el control. El nivel de estrés se debe mantener dentro de una escala admisible: no tan alta para que las personas exijan un cambio de rumbo, ni tan baja para que caigan en la apatía. Nosotros llamamos a este intervalo «la escala productiva del estrés» (véase la figura «¿Problema técnico o desafío adaptativo?»).

¿Problema técnico o desafío adaptativo?

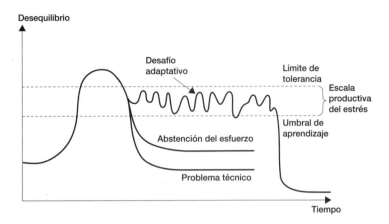

Fuente: Ronald A. Heifetz y Donald C. Laurie, «Mobilizing Adaptive Work: Beyond Visionary Leadership», en Jay A. Conger, Gretchen M. Spreitzer y Edward E. Lawler III (comps.), *The Leader's Change Handbook: An Essential Guide to Setting Direction and Taking Action*, Nueva York, John Wiley & Sons, 1998 (trad. cast.: *El manual del cambio para líderes*, Barcelona, Paidós, 2000)

Por supuesto, no esperes que el grupo soporte más estrés del que tú mismo puedas soportar. Cuando desarrollas tu propia capacidad para soportar la tensión, eleva el nivel de tolerancia de la organización o la comunidad. Pero, si pierdes el equilibrio y bajas la presión, las personas lo interpretarán como un indicio de que las pasiones generadas no se pueden contener. Entonces, el estrés parecerá intolerable. Durante las campañas políticas, la gente suele mirar al candidato para que marque la pauta de tolerancia al estrés. Si el candidato se desploma, es improbable que alguien más del equipo sea capaz de concentrarse en la campaña. Lo mismo te sucederá cuando estés en una posición de autoridad en cualquier ámbito: gerente de proyecto, jefe de un equipo o inversor mayoritario en una empresa de alto riesgo. Habrá una tremenda presión sobre ti para que controles tus propias respuestas emocionales, que en muchas circunstancias podrían ser completamente apropiadas y normales, excepto en el papel que intentas de ejercer.

Los empleados esperan que su jefe controle el nivel de estrés, pero los individuos sin una autoridad formal también pueden cumplir esa función. Si estás liderando sin autoridad o más allá de ella, debes evaluar hasta dónde pueden llegar tus seguidores y, luego, adecuar el esfuerzo y la rapidez del cambio a tus conclusiones. Como sugerimos en el capítulo 3, una manera de evaluarlo es observando atentamente la respuesta de tu jefe ante tus acciones. Si la autoridad empieza a actuar precipitadamente para calmar los ánimos —por ejemplo, si despide a los «alborotadores» o toma medidas para suprimir las opiniones disidentes—, eso probablemente indique que has ido demasiado lejos. El nivel de desequilibrio social es demasiado alto.

Hay dos maneras para caldear el ambiente y elevar la tensión de modo constructivo. En primer lugar, presta atención a los problemas difíciles y concéntrate en ellos. En segundo lugar, deja que las personas sientan el peso de su responsabilidad al abordar esos problemas. Los conflictos saldrán a la superficie dentro del grupo correspondiente cuando se escuchen puntos de vista contrarios.

En cambio, hay muchas maneras de reducir el estrés, ya que las organizaciones son más diestras para «enfriar» las cosas intencionalmente que para «calentarlas». Cualquier método para bajar el nivel de estrés también se puede usar indirectamente para elevar los umbrales de tolerancia dentro de la organización. Para reducir la tensión, puedes empezar abordando los problemas técnicos y postergando los desafíos adaptativos hasta que el personal haya «entrado en calor». Un pequeño progreso en un problema parcial relativamente fácil puede reducir bastante la ansiedad para, después, poder abordar los problemas más difíciles. Los negociadores suelen usar esta táctica: consolidan las relaciones —el ambiente de contención— creando éxitos compartidos. Tú puedes proporcionar una estructura para el proceso de resolución de problemas dividiendo el problema en partes, creando grupos de trabajo con una clara asignación de roles, estableciendo parámetros de tiempo y estructurando las relaciones de dependencia. Puedes abordar el problema de una manera menos provocativa o hablar de los temores de los

---

CÓMO CONTROLAR LA TENSIÓN

Medir el nivel de estrés

1. Concentra tu atención en los problemas difíciles.

2. Da más responsabilidad a las personas de la que están habituadas a asumir.

3. Saca los conflictos a la superficie.

4. Protege a las personas excéntricas y no convencionales.

Bajar la tensión

1. Habla sobre la ira, el miedo y la desorientación de las personas.

2. Pasa a la acción. Estructura el proceso de resolución de conflictos: divide el problema en partes y establece plazos, normas de decisión y una clara asignación de funciones.

3. Ralentiza el proceso. Marca el ritmo, secuencia los temas y a quiénes van a participar.

4. Has de estar visible y presente. Asume la responsabilidad y brinda confianza.

5. Orienta a las personas: acércales a sus valores compartidos y sitúales en un marco de cambio a largo plazo.

6. Obtén los beneficios a corto plazo, dando prioridad a los aspectos técnicos de la situación problemática.

---

empleados. De vez en cuando, puedes asumir más responsabilidades, usar el humor o encontrar una excusa para realizar una pausa, también puedes concertar una reunión social para proporcionar un alivio temporal. Luego, las personas estarán en condiciones de volver a tratar los problemas difíciles. También puedes separar a las partes implicadas de los asuntos conflictivos, estableciendo el ritmo al cual las personas se enfrentarán a los desafíos. Por último, puedes hablar de los valores trascendentes para recordarles la importancia de sus esfuerzos y sus sacrificios (véase la tabla «Cómo controlar la tensión».)

Ten en cuenta que la organización casi siempre querrá que disminuyas la tensión. Por consiguiente, es necesario que controles el nivel de estrés del grupo en todo momento, que trates de mantener ese nivel lo bastante alto como para motivarles, pero no tanto como para que se queden paralizados. Que las personas acudan a ti para describir la angustia que les estás causando podría ser una señal de que has dado en el blanco y estás haciendo un buen trabajo.

Cuando el ambiente esté demasiado tenso y parezca que el sistema va a desplomarse, hay que enfriar las cosas. La historia nos da algunos ejemplos asombrosos en los cuales los líderes creían que el nivel de caos, tensión y ansiedad en la comunidad se había elevado demasiado para inducir a la gente a que se enfrentase a un problema difícil. Como resultado, actuaron primero para reducir la tensión a un nivel tolerable y luego, una vez controlada la situación, estimularon el compromiso y el cambio.

Franklin D. Roosevelt llegó al poder en 1933 en medio de la intensa crisis causada por la Gran Depresión. Después de más de tres años de colapso económico, con millones de parados y los bancos al borde de la quiebra, Estados Unidos había alcanzado un alto nivel de ansiedad y desesperación en muchas regiones. La nación afrontaba un esfuerzo adaptativo de tal magnitud que desafiaba incluso su proverbial confianza e ingenio.

Durante aquella crisis nacional se había llegado a un nivel de angustia sin precedentes; el conflicto y la desorientación subsiguientes originaban todo tipo de planes para aliviar a la nación y corregir la situación empresarial, desde las iniciativas de Coughlin hasta la plataforma del Partido Comunista. Como figura preeminente de la nación, Roosevelt encarnaba la esperanza de restauración del orden en la nación sin desvirtuar sus instituciones y sus valores fundamentales. Todas las miradas lo apuntaban para que dirigiera y protegiera al país. Su prioridad inicial tenía que ser reducir el desequilibrio y bajar el nivel de tensión para que la nación fuera menos vulnerable ante los demagogos y pudiera avanzar hacia la recuperación económica.

Para lograrlo, Roosevelt tenía que hablar de las realidades emocionales. Tenía que calmar a la nación, tanto con sus palabras como con sus acciones. Con sus palabras expresaba la angustia de la gente («A lo único que debemos temer es al propio temor»), su rabia (llamando a los banqueros «especuladores») y su desorientación (en charlas informales y consoladoras). Sus acciones transmitían el mismo mensaje: daban esperanza y aliviaban sus temores. Su acción decisiva y perentoria —los famosos «cien días» en los cuales presentó en el Congreso una cantidad extraordinaria de proyectos de ley— proporcionó una dirección y transmitió a los estadounidenses que estaban en buenas manos. Roosevelt sabía que no era un salvador: en última instancia, los estadounidenses tendrían que salvarse a sí mismos. Pero mediante sus palabras y sus acciones redujo las tensiones lo suficiente para que el pueblo pudiera concentrarse en trabajar constructivamente hacia el futuro.

Por otra parte, Roosevelt también sabía que el esfuerzo adaptativo que afrontaba la nación requería improvisación, experimentación, creatividad y conflicto. Y él fomentaba todo eso. Orquestó los conflictos sobre prioridades y programas públicos entre el amplio grupo de personalidades emprendedoras que había incorporado al gobierno. Por ejemplo, al dar la misma tarea a dos personas diferentes —desconcertándolas por la falta de una definición clara acerca de su rol— provocaba ideas nuevas y competitivas, y obtenía más opciones con las que trabajar. A pesar de lo difícil que sin duda fue esa improvisación, el presidente consiguió que la orquesta tocara armoniosamente.

Roosevelt mostró su agudeza para reconocer cuándo la tensión aumentaba demasiado y, al mismo tiempo, su fuerza emocional para permitir que existiera una ansiedad considerable. Tuvo que resistirse al fuerte impulso de buscar soluciones rápidas. La dilación y la postergación fueron parte de su repertorio, tanto como la acción decisiva. Como señala Arthur Schlesinger: «Hay que permitir que las situaciones se desarrollen, que se cristalicen, que se aclaren; las fuerzas competidoras se tienen que liberar en el tira y afloja real del conflicto; la opinión pública tiene que afrontar el problema, considerarlo y pronunciarse al respecto. Solo entonces, después de un proceso agotador, las instituciones del presidente se consolidan y obtienen un resultado».[3]

Podemos ver el mismo principio en acción en un ejemplo muy diferente y éticamente condenable. El general chileno Augusto Pinochet llegó al poder en 1973 a través de un golpe de Estado, en medio del desorden político y económico, al final del gobierno de Salvador Allende. Como Roosevelt, se encontró con un nivel de caos —alto porcentaje de desempleo, huelgas e inflación— excesivamente alto. En realidad, su ascenso al poder se debió a un afán explícito de restaurar el orden en una nación atrapada entre superpotencias y desgarrada por el conflicto. Pinochet usó su autoridad —es decir, el poder militar y la represión política— para restaurar el orden. El coste de vidas humanas y de libertades individuales fue enorme.

Sin embargo, Pinochet sabía que ese orden dictatorial haría imposible un cambio significativo. Por eso, mientras trataba brutalmente a los disidentes, usaba la estabilidad que había creado para desafiar a las élites del poder tradicionales en el frente económico. Consiguió transformar el sector privado, eliminó los aranceles protectores y los subsidios del gobierno, y obligó a las empresas a enfrentarse a la competencia internacional o a sucumbir. Algunas sucumbieron, pero otras se adaptaron, y muchas nuevas empresas e industrias florecieron en esa nueva situación.

Pinochet merece pasar a la historia como una figura polémica. Durante diecisiete años de liderar con la fuerza a su sociedad a través de una transformación adaptativa, pero la represión de Pinochet superó cualquier utilidad que pudiera haber tenido, y se restauró la democracia política. Su método para restaurar el orden fue salvaje y criminal, pero no se puede negar que comprendió la necesidad de controlar las tensiones en su nación a fin de lograr el cambio económico necesario. Chile está creciendo nuevamente, con una economía moderna más productiva que la del pasado.

Las elecciones presidenciales de Estados Unidos en el año 2000 nos muestran otro ejemplo extremo. Después de cinco semanas de intensa y despiadada lucha entre partidos, y de los confusos resultados del día de la elección, tanto el ganador, George W. Bush, como el perdedor, Al Gore, dieron sus discursos de victoria y sucesión para calmar los ánimos, en lugar de azuzar más las pasiones desbordadas. Bush podría haber usado esa oportunidad para presentar su agenda, y Gore para expresar sus resentimientos. A muchos les habría gustado que hicieran eso. Pero ambos comprendieron que la nación estaba llegando al límite de su tolerancia en ese desequilibrio, y que ese no era el momento para plantear problemas o puntos de vista desafiantes y polémicos.

Estos son ejemplos a gran escala, sin duda, pero el principio es el mismo a cualquier nivel: habrás de usar los recursos que tengas a tu alcance para regular la tensión de tus compañeros para que puedan abordar creativamente el desafío subyacente que causa la tensión. A la mayoría de personas y organizaciones les resulta más difícil elevar el nivel de tensión que rebajarlo. En nuestro trabajo, a menudo nos encontramos con personas que se resisten a crear enfrentamientos en sus comunidades, y manifiestan cierta aversión moral por esa actitud. Esto es muy natural: a menudo damos una justificación moral para hacer algo que deseamos, y la mayoría de las personas evitan los conflictos para mantener el *statu quo*. En un esfuerzo para conservar el equilibrio, tratan de mantener los problemas difíciles completamente fuera de discusión, «para no incomodar a nadie».

Para ejercer el liderazgo es posible que tengas que desafiar la suposición de que el cambio necesario no merece la pena por el dolor que causará. Deberás decirle a la gente aquello que no quiere oír. Con ello, la tensión se puede elevar hasta un punto en que resulte imperativo afrontar el problema para seguir adelante o, al menos, para que se vea como una forma de recobrar la calma y también la continua evasión.

En la magnífica película *Doce hombres sin piedad* de 1957, el ascenso y descenso de la tensión desempeña un papel central, tanto literaria como metafóricamente. Los 95 minutos de la película, excepto 3, transcurren en una sala del jurado de 5 × 7 metros: en una especie de olla a presión.

A los pocos minutos de empezar la película, vemos a los doce hombres blancos del jurado en un espacio estrecho, casi claustrofóbico. Intervienen en un difícil juicio por asesinato en primer grado: un joven de dieciocho años es acusado de apuñalar a su padre después de una discusión. Bajo la ley del Estado, el veredicto de culpable representará la silla eléctrica para el acusado. Es una tarde a finales del verano en la ciudad de Nueva York, y la conversación inicial entre los miembros del jurado gira en torno al calor y la humedad sofocante. Los hombres fuerzan las ventanas con una palanca para dejar que entre un poco de aire en la sala. El ventilador no funciona.

Martin Balsam, con el papel de presidente del jurado, pide una votación preliminar. Todos votan «culpable», excepto el escrupuloso arquitecto interpretado por Henry Fonda. Sin ninguna conversación previa, el resultado es de once votos contra uno por la condena. Los miembros están obviamente cansados y algunos transpiran por el calor. Quieren terminar con el asunto. Pero la decisión debe ser unánime, y Fonda ha roto el equilibrio con su oposición. La breve charla sobre el clima, los deportes y el mercado de valores concluye. Fonda les dice que no está seguro de que el joven sea inocente, pero tampoco está seguro de que sea culpable. Se oyen protestas: uno de los miembros tiene entradas para un partido de béisbol esa noche, y los otros deben volver urgentemente a sus oficinas.

Fonda insiste en escuchar a los miembros uno por uno, mientras se pasea por la sala y valora sus argumentos. Él pregunta, y ellos le responden duramente. Incluso lo atacan personalmente: «Te crees muy listo, ¿no es así?», le dice con un gruñido el personaje interpretado por Lee J. Cobb, mientras Fonda, gentil y pacientemente, examina sus argumentos. Se siente amenazado. En un momento parece estar físicamente en peligro cuando Cobb lo sujeta para demostrarle cómo el asesino debió de usar el cuchillo para apuñalar a la víctima.

Cuando lo agreden, Fonda se resiste a perder el control. Sabe que ellos están a punto de darse por vencidos y declarar que el jurado está en desacuerdo, una perspectiva tentadora, ya que las deliberaciones se prolongan demasiado.

A medida que la tensión aumenta y parece que la mayoría arremeterá contra él y sus dudas, Fonda atempera momentáneamente los ánimos haciendo una cuarta propuesta de alto riesgo: pide una votación secreta. Si todavía es el único que vota por la absolución, cederá y votará por la condena. Pero los otros coinciden en que, si hay otro que vote por la absolución, el grupo se quedará y tratará de disuadirlo. Desde luego, se lleva a cabo esa votación adicional, y el nivel de tensión disminuye cuando todos comprenden que no va a pasar nada durante un rato. Ninguna condena inmediata. Ningún jurado en desacuerdo.

Durante casi toda la hora siguiente Fonda controla cuidadosamente el nivel de tensión en la sala. Aumenta el nivel de estrés con la dramática aparición de un cuchillo similar al arma asesina y, luego, disminuye con una pausa en sus deliberaciones. Ataca a Cobb, azuzándolo hasta que este estalla y amenaza con «matar» a Fonda; lo cual confirma el argumento de este respecto a que las personas a menudo usan ese lenguaje sin intentar aplicarlo realmente. Cada vez que Fonda siente que el grupo está demasiado cansado o demasiado tenso retrocede un poco, permitiendo un poco de calma. Pero también avanza en el otro sentido: eleva suficientemente la tensión en la sala para afrontar el problema, en lugar de ignorarlo.

La habilidad de Fonda consiste en absorber y controlar la tensión del conflicto. Incrementa y reduce el desequilibrio de tal manera que la tensión sea bastante alta para conseguir que sus colegas del jurado se concentren en la realidad, pero no tan alta como para que se repliequen, se den por vencidos y firmen un empate.

En general, las personas responden con dureza a las opiniones disidentes —como en el caso de Fonda— para restablecer la calma. Fonda era criticado y atacado, mientras los otros miembros del grupo trataban de centrar la conversación en él, eludiendo así los problemas que él mismo planteaba. Los ataques a Fonda servían de distracción. Para varios miembros del jurado, la provocación insistente de Fonda sacaba a relucir los prejuicios del grupo que habían condicionado su veredicto de culpabilidad. Al final, Cobb comprende una terrible verdad: que su voto de condena tiene más que ver con su resentimiento y su frustración acerca de la relación con su propio hijo que con la evidencia misma. Sin su combinación de inclemencia y su cuidadosa modulación de la tensión en la sala, Fonda no habría podido sobrevivir al abrumador deseo del grupo de dictar una condena y marcharse.

Desde luego, existe una gran probabilidad de que cuando generes tensión —y la recibas a cambio— termines en un atolladero sin poder mostrar ningún progreso que muestre tu esfuerzo. Pero, si no te arriesgas y tomas la iniciativa para generar esa fricción constructiva, te privas a ti mismo, y a los otros, de la posibilidad de progresar.

Gradúa el trabajo

El liderazgo implica tanto un esfuerzo emocional como un esfuerzo conceptual. Cuando lideras a las personas a través de un cambio difícil les creas un dilema emocional, porque les estás pidiendo que renuncien a algo —una creencia, un valor o una conducta— que es importante para ellas. La gente no puede soportar demasiadas pérdidas al mismo tiempo. Si intentas hacer demasiado, y demasiado pronto, las incitas a la rebelión y pones en riesgo tu propia supervivencia.

A comienzos de los años noventa, dos altos ejecutivos del gobierno de Estados Unidos cometieron el mismo error en un plazo de dos meses.

En 1993 y 1994, el presidente Bill Clinton sugirió una profunda reforma en el sistema de salud que incluía cambios radicales en la prestación y la financiación de los servicios médicos.

El seguro de salud representaba la séptima parte de la economía de Estados Unidos y cubría a todos los ciudadanos estadounidenses. Para generar un cambio de esa magnitud, Clinton necesitaba un proceso de educación, explicación y persuasión que habría requerido años, con pequeños experimentos a lo largo del camino. La gente siempre quiere una atención médica mejor y más barata, pero los que pagaban el seguro no estaban demasiado insatisfechos con la que estaban recibiendo. En otras palabras: no creían que un nuevo sistema pudiera mejorar sus vidas.

Muchos proveedores de servicios médicos y la mayoría de las aseguradoras —es decir, aquellos que tenían que aplicar el nuevo plan— se opusieron activamente a las reformas propuestas por Clinton, y a los ciudadanos eso les inquietaba. Clinton creía que su elección, en 1992, le daría el poder para tratar la reforma del sistema sanitario como un problema técnico, en lugar de como un desafío adaptativo; por tanto, actuó como si pudiera convencer al Congreso y a los ciudadanos de que su plan era el mejor y de que su política era la más apropiada. No les convenció, y su plan languideció sin siquiera llegar a una votación. Su propia popularidad cayó rápidamente, limitando el éxito de otras iniciativas. Se publicaron artículos donde se planteaba si su figura todavía era «relevante» y si sus oponentes políticos sacarían ventaja de su debilidad. Su fracaso en regular la tarea de cambio del sistema de salud contribuyó en gran medida a la victoria de los republicanos en las elecciones del Congreso en 1994.

El principal arquitecto del éxito electoral republicano, y su primer beneficiario individual, fue el congresista Newt Gingrich, elegido presidente de la Cámara en enero de 1995. Pero al poco tiempo Gingrich siguió el ejemplo de Clinton: cometió el mismo error básico al no saber regular el esfuerzo adaptativo que entonces había identificado para la nación. Gingrich había planeado la campaña republicana nacional en torno a una serie de enmiendas radicales que incluían reformas impositivas y de bienestar social, una fuerte defensa nacional y un gobierno federal bastante más reducido. Esas reformas se englobaron bajo el rótulo «contrato con América». Casi todos los candidatos republicanos para la Cámara de Representantes aprobaron ese contrato. La estrategia surtió efecto. Gingrich obtuvo lo que ningún líder republicano del Congreso había logrado desde la presidencia de Dwight Eisenhower: una mayoría republicana. Inspirado por su enorme éxito electoral, en las primeras sesiones de 1995 Gingrich trató de convertir en ley todo el «contrato con América» tan rápidamente como le fue posible. Obtuvo los votos y lo que pensaba que era un mandato electoral para un conjunto de cambios muy específicos.

Sin embargo, a pesar de los votos y del mandato, Gingrich atravesó serias dificultades. Ni el público ni sus representantes elegidos estaban dispuestos a hacer tantos cambios y tan rápidamente. Votar a los candidatos que habían aprobado el «contrato con América» era muy diferente a respaldar una rápida promulgación de todos los elementos de su contrato.

Gingrich no fue capaz de percibir que, más allá del entusiasmo del público por el contrato como una idea, en realidad la gente necesitaba más tiempo para asimilar tantos cambios importantes y profundos. Gingrich no se había planteado cómo podría regular ese esfuerzo. ¿Cuántos cambios podría asimilar la gente? Si hubiera regulado el cambio, desarrollando su programa en un período de tiempo más extenso, habría permitido a la gente estimar el valor de lo nuevo frente a la pérdida de lo conocido, a través de cada etapa del proceso. Debatidos uno por uno a través del tiempo, los artículos del proyecto habrían parecido más factibles y se habrían comprendido mejor como parte del amplio temario del contrato que había sido tan popular en las elecciones. Después de todo, los temas generales —como la idea de un gobierno más reducido— habían hecho más atractivo el contrato, y no sus partes individuales.

La insistencia de Gingrich en aprobar todo el programa tuvo el efecto de atemorizar al público, en lugar de animarlo. Su vulnerabilidad personal aumentó cuando a fines de 1995 fue considerado responsable del fracaso del gobierno. En 1996, muy pocos artículos del contrato habían pasado a ser leyes, y el entusiasmo se había disipado tras el inútil esfuerzo de conseguir que el Congreso y el pueblo lo aprobaran en su totalidad. Clinton, por su parte, sobrevivió y se reagrupó exitosamente, ganando con facilidad las elecciones en 1996, después de hacer algunas correcciones sustanciales en el curso del proceso. Gingrich no fue tan afortunado, y su impaciencia le costó cara. Después de las elecciones de 1998, perdió el puesto de presidente de la Cámara de Representantes y tuvo que dejar el Congreso.

Regular el esfuerzo no es una idea nueva ni complicada. Los profesionales de la salud mental han dicho durante largo tiempo que los individuos no se pueden adaptar bien a los cambios cuando todos se producen al mismo tiempo. Si sufres una pérdida en la familia, cambias de empleo o te mudas dentro de un breve lapso de tiempo, es probable que pierdas la estabilidad interna o que muestres signos de una tensión seria. Lo mismo es válido para las organizaciones y las sociedades. Un cambio implica pérdidas, y las personas no pueden tolerar demasiadas pérdidas al mismo tiempo.

Pero, a menudo, regular el esfuerzo es difícil debido al propio compromiso de quien promueve el cambio y el entusiasmo de sus seguidores. Habría sido difícil para Clinton y Gingrich resistirse al entusiasmo de sus fervientes seguidores y retardar el proceso. Aun así, ese puede ser el mejor camino tanto para la continuidad como para el éxito. Los verdaderos creyentes no se caracterizan por su sentido de la paciencia estratégica.

Marcar el ritmo de trabajo puede ser complicado desde el punto de vista ético, ya que suele implicar la ocultación de información, cuando no el engaño. Una vez planeado el programa de salud de Clinton, dividir la tarea en secuencias le habría exigido estar más abierto a las opciones de lo que realmente estaba. Se habría comprometido en un proceso de persuasión so pretexto de la educación. Por lo general, el proceso de regulación del esfuerzo requiere que las autoridades dejen filtrar las ideas, gradualmente, hasta que puedan ser asimiladas con suficiente lentitud para probarlas y aceptarlas. Este tipo de retención de la información se debe hacer cuidadosamente: tienen que revisar y poner a prueba las ideas, para que no sean interpretadas como engañosas o falsas.

Si tienes cierta autoridad, puedes usar algunas de las funciones básicas de tu cargo como recursos para regular el esfuerzo. Decidirás qué ingredientes mezclar y cuándo. Por ejemplo, al planificar tu agenda, pospón las cuestiones más amenazantes o provocadoras, ya sea retirándolas de la agenda o evitando la participación de sus defensores en las etapas iniciales. Ello contribuirá a que puedas regular el ritmo del cambio. Además, al establecer el proceso para la toma de decisiones, piensa estratégicamente en cómo se emprenderán y alarga ese proceso para que el grupo no deba afrontar demasiados asuntos en tan poco tiempo.

Cada una de estas técnicas de regulación se podría interpretar como una postergación de los asuntos más difíciles, como una especie de abstención del esfuerzo. Pero no se trata de una evasión si en realidad estás preparando a la gente para realizar el trabajo que se avecina. Más bien estás asumiendo el control y haciendo del cambio un proceso estratégico y deliberado.

La forma de regular el esfuerzo dependerá de la complejidad del problema, de la tolerancia de la comunidad y de la influencia de tus relaciones y de tu ambiente de contención. Evalúa la situación. Calcula los riesgos. Luego, decide cómo debes regular el esfuerzo, sabiendo que tendrás que improvisar. No solo debes estar abierto a las posibilidades de cambiar de rumbo en medio de la acción, sino también a reevaluar y emprender una acción correctiva progresiva, después de ver cómo reacciona tu gente.

Muéstrales el futuro

Si pretendes mantener el ímpetu a través de un período de cambio difícil, tendrás que encontrar la manera de recordarle a la gente el valor fundamental —la visión positiva— que hace que la actual angustia merezca la pena. Para Roosevelt, eso significó

crear el New Deal para los estadounidenses, a fin de salvaguardar el sistema de libre mercado y defender la democracia en la
era de Stalin y Hitler. Sin embargo, su visión, abstracta en su
indudable retórica, movilizó al pueblo.

Mientras activas un cambio, debes tratar de no convertirte
en un pararrayos del conflicto; para ello, tendrás que hacer que
la visión positiva sea lo más tangible posible, que recordar a la
gente los valores por los que están luchando y mostrarles cómo
será el futuro. Al responder, de todas las maneras posibles, a la
pregunta «¿por qué?», aumentarás su disposición para soportar
los sinsabores que acarrea el cambio.

Esta fue la intención de Martin Luther King en su famoso
discurso de 1963, «Tengo un sueño», en el cual aspiraba a un
futuro donde «los jóvenes negros serían capaces de unir sus
manos con los jóvenes blancos y caminar juntos como herma-
nas y hermanos».[4]

A veces, el futuro puede ser aún más concreto que el que
prometía King en ese discurso. En 1983, el gobierno español
designó a Ricardo Sánchez como director general del IPIA, el
Instituto de Promoción Industrial de Andalucía.[5] El gobierno
le asignó la tarea de revertir el estancamiento económico que
caracterizaba a esa región, donde las industrias locales trataban de abrirse paso con métodos de producción anticuados, un
marketing primitivo y la suposición, por parte de la ciudadanía,
de que las condiciones de atraso y estancamiento eran inevitables y permanentes. La innovación no solo era inexistente, sino
que no parecía haber ningún interés en fomentarla.

Sánchez concentró su atención en la industria del mármol en la región de Macael, ubicada en las montañas desier-
tas del este de Andalucía. Si bien Macael contaba con uno de
los yacimientos de mármol blanco más grandes del mundo, su
producción y sus ganancias estaban por debajo de las de sus
competidores. En Macael, la industria del mármol se especia-
lizaba en la producción primaria de esa piedra: un segmento
de mercado fragmentado y de bajos beneficios, comparado
con los procesos de explotación más lucrativos. Había más

de 150 pequeñas empresas explotadoras en la región, con un promedio de siete empleados para cada una. Hacían escaso o ningún marketing, no tenían identidad de la marca y eran vulnerables a la competencia de las empresas más grandes, y al poder de los proveedores y clientes del mercado. Los gerentes o propietarios de esas empresas valoraban su independencia por encima de todo, incluso por encima de la ganancia y el crecimiento. Sánchez llegó a Macael para promover el crecimiento, pero casi no tenía recursos a para ello. No disponía de fondos, no tenía autoridad para organizar a la gente y afrontaba un gran desafío adaptativo.

Sánchez comprendió que una buena manera de ayudarles a afrontar la necesidad de renunciar a un estilo de vida que amaban era mostrarles un futuro mejor. Sabía que los miembros de la asociación de empresarios no podían imaginar ningún modelo organizacional diferente a aquel, con el que habían estado comprometidos durante generaciones. De modo que eligió a un grupo de empresarios para viajar en autobús hasta la región productora de mármol en Italia. La mayoría de ellos nunca había viajado fuera de España. Recorrieron canteras e instalaciones fabriles, se maravillaron ante los equipos automatizados y conversaron con sus homólogos, que estaban acostumbrados a trabajar con la tecnología más moderna y sacar ventajas de las economías de escala. Los españoles comenzaron a apreciar los beneficios del marketing y de la identidad de la marca. El grupo regresó con una actitud diferente, con una mayor disposición para pensar en la posibilidad de cambiar y mejorar sus vidas, en que podría haber algo por lo que valiera la pena renunciar a lo que conocían y amaban. Habían visto personalmente un futuro que podría ser el suyo.

No siempre podrás mostrar el futuro a la gente, ya que ese futuro tal vez aún no exista. Y ni siquiera puedas imaginártelo. Pero, si eso fuera posible, revelar el futuro sería una manera sumamente útil de movilizar el esfuerzo adaptativo y de evitar convertirte en el blanco de la resistencia. Si las personas pueden vislumbrar el futuro, es mucho menos probable que reparen en lo que podrían haber hecho para protegerse. Y, si hay alguien que haya tenido antes la visión, eso aumenta su confianza no solo en que dicho futuro es posible, sino también en que eres la persona indicada para guiarlos hasta allí. En ese momento, personificas la esperanza, en lugar del temor. La confianza en el futuro es crucial frente a las presiones inevitables de aquellos que se aferran obstinadamente al presente, para quienes tú te has convertido en una fuente de alteraciones indeseables.

. . .

Para liderar, te sugerimos que desarrolles estructuras de relaciones capaces de resolver las cuestiones difíciles y de establecer normas que hagan admisible el desacuerdo apasionado. Pero mantén el control del nivel de estrés. No pretendas que las personas hagan demasiadas cosas al mismo tiempo. Recuerda que tu tarea es orquestar el conflicto, no formar parte de él. Debes dejar que las personas hagan ese esfuerzo que solo ellas pueden hacer.

6

Devolver el trabajo

Obtendrás credibilidad y autoridad en tu carrera cuando demuestres tu capacidad para abordar los problemas de otras personas y darles una solución. Esa conducta se inicia tempranamente en la escuela, cuando los niños reciben un apoyo positivo para encontrar respuestas, y continúa a lo largo de la vida a medida que se convierten en adultos responsables. Todo eso es una virtud, hasta que uno se encuentra afrontando presiones adaptativas para las cuales no puede ofrecer soluciones. En esos momentos, todos tus hábitos, tu orgullo y tu sentido de la competencia se quedan atrás, porque la situación requiere movilizar el esfuerzo de otros, en lugar de emprender la acción por tu cuenta. Si intentas resolver los desafíos adaptativos de las personas, en el mejor de los casos los transformarás en un problema técnico y buscarás algún alivio a corto plazo. Pero el problema no habrá desaparecido. Más tarde reaparecerá.

Además, el hecho de asumir el esfuerzo adaptativo de los otros es arriesgado. Como hemos visto en el capítulo anterior, cuando tratas de resolver un problema, *te conviertes* en «el problema» a los ojos de muchos; por lo tanto, su manera de liberarse del problema es desembarazarse de ti. Cualquiera que sea el resultado, considerarán que tú eres el responsable del desequilibrio que se ha generado en el proceso, de las pérdidas que las personas han tenido que soportar y de la reacción de quienes se sienten desplazados.

Saca el trabajo de tus hombros

Cuando Marty se ocupó de los asuntos de personal en la oficina del gobernador de Massachusetts, William Weld, a menudo se encontró en la situación de tener que resolver un conflicto entre dos funcionarios superiores antes de que el incidente trascendiera a los medios de comunicación. Por lo general, citaba a los protagonistas en su oficina para que resolvieran sus diferencias. De esa experiencia extrajo algunas lecciones útiles para resistir.

En primer lugar, generalmente las personas involucradas expresaban el conflicto con bastante imprecisión, atribuyendo el problema a la personalidad de ambos o a sus diferencias de estilo. Marty los entrevistaba y escuchaba sus versiones de la historia por separado. La mayoría de las veces sucedía algo más de lo que se veía a simple vista: sus diferencias no eran superficiales o meramente técnicas, sino que representaban opciones de valor subyacentes, ya fueran individuales u organizacionales. A menudo, los «conflictos de personalidad» enmascaraban un conflicto fundamental en la división de responsabilidades, la primacía de los valores culturales o incluso en la visión del departamento. Como es de suponer, los protagonistas evitaban afrontar los problemas más profundos y difíciles que afectaban a su relación laboral. En segundo lugar, recurrían a él para que les resolviera el problema. A veces, en lo único que estaban de acuerdo era en delegar el problema en Marty, diciendo: «Mire, nosotros hacemos todo lo que la oficina del gobernador quiere que hagamos. Díganos, simplemente, qué camino quiere que sigamos». Una propuesta tentadora. Marty podría haber cortado una reunión tensa e incómoda, poner fin a la crisis inmediata y evitar una historia públicamente embarazosa. Y, si hubiera escogido la alternativa de intentar abordar el problema más profundo e intratable, habría necesitado más tiempo y energía de lo que cualquiera de ellos estaba dispuesto a emplear. A veces, Marty tomaba el camino más fácil.

Así descubrió que el camino fácil solía generar dos consecuencias, ninguna de las cuales servía a sus propósitos, ni a los del

gobernador. En primer lugar, inevitablemente el problema subyacente volvía a surgir. En ocasiones, de una forma menos controla-
ble, porque jamás se había atenuado. Al contrario, se exacerbaba,
particularmente porque los protagonistas representaban facciones
importantes dentro de la organización. En segundo lugar, al asumir la responsabilidad de resolver el problema, Marty se convertía
en *su* problema, o en el problema del gobernador —o en ambas
cosas a la vez—. Siempre que un jefe de una organización resuelve
un problema candente, la posición de esa persona se convierte en
«el problema». Los ganadores y perdedores se crean simplemente
en virtud de la autoridad, y no hay ningún aprendizaje. Y, como el
jefe se ha posicionado, más tarde puede quedar expuesto al peligro si la posición «ganadora» ya no recibe el apoyo adecuado en la
organización. Marty se creó dificultades y debilitó su propia credibilidad cuando resolvió el problema y la persona o cargo que había
defendido perdió el apoyo de la mayoría.

Retrocedamos a 1994, cuando se llevaron a cabo los partidos decisivos de la NBA (National Basketball Association).[1] Los
New York Knicks se enfrentaban a los Chicago Bulls en una serie
del «mejor de los siete». Los Bulls desesperadamente intentaban
demostrar que su equipo estaba formado por más de una estrella
del básquet, que podían ganar sin Michael Jordan —que se había
retirado al final de la temporada anterior, su primer retiro—. Los
Knicks habían ganado los dos primeros partidos, jugados en el
Madison Square Garden. Ahora estaban de vuelta en Chicago.
El marcador estaba igualado a 102 puntos, y quedaban solo 1,8
segundos de juego. Los Bulls no podían permitirse un descenso
de 0-3 en las series. Tenían el balón y pedían tiempo muerto para
planear el golpe final. Los jugadores se agruparon en torno al
entrenador Phil Jackson, considerado como uno de los mejores
entrenadores profesionales de baloncesto de todos los tiempos.
La discusión se animó, quizá se enardeció. La táctica de Jackson
requería que Scottie Pippen, el número uno de los Bulls —ahora
que Michael Jordan se había retirado—, pasara el balón a Toni
Kukoc para el tanto final. Kukoc era la única persona del equipo
que podía desafiar el estatus de Pippen como la nueva estrella

después de Jordan. Pero Pippen se enojó porque no había sido seleccionado para marcar el tanto decisivo y se le oyó mascullar «¡Menuda mierda!» cuando el grupo se dispersaba. Jackson le dijo algo a Pippen y luego desvió su atención a la pista. Entonces descubrió que Pippen estaba sentado en el extremo del banco. Jackson le preguntó si estaba adentro o afuera. «Estoy afuera», respondió Pippen, cometiendo con eso un acto de insubordinación serio y excepcional en los deportes organizados: desoyó la orden de entrar en juego. Con solo cuatro jugadores sobre la pista, Jackson tuvo que pedir rápidamente otro tiempo muerto para evitar una penalización. Y decidió incorporar a un jugador de reserva, un excelente pasador llamado Pete Myers. Myers hizo un pase perfecto a Kukoc, y este dio un giro y consiguió un milagroso tanto que decidió el partido. Los Bulls estaban contentos, pero la euforia del triunfo se disipó inmediatamente como secuela de la acción de Pippen.

La atmósfera estaba demasiado cargada. ¿Qué medidas tomaría? ¿Sancionaría a Pippen? ¿Simularía que no había ocurrido nada? ¿Haría que Pippen se disculpara? Todas las miradas iban dirigidas hacia él.

Mientras Jackson estaba tratando de decidir qué hacer, oyó jadear al veterano centro Bill Cartwright, rendido por la emoción del momento. Finalmente, todo el equipo se congregó en la sala oscura y húmeda —Jackson dijo que olía como una «vieja bolsa de deporte olvidada»—, y el entrenador miró a los ojos de los jugadores que lo rodeaban. Dijo: «Lo que ha sucedido nos ha perjudicado. Ahora tenéis que resolverlo».

El silencio y la sorpresa invadieron el vestuario. Entonces, Cartwright hizo un llamamiento inusualmente emocional a Pippen: «Mira, Scottie, después de haber estado tanto tiempo en este equipo, lo que has hecho es repulsivo. Era nuestra oportunidad para hacerlo por nuestra cuenta, sin Michael, y tú lo has estropeado todo con tu egoísmo. Jamás me he sentido tan defraudado en mi vida». Cartwright, conocido por su estoicismo y su invulnerabilidad, estaba llorando. Jackson se marchó, y el equipo se quedó conversando.

Jackson sabía que, si tomaba medidas y resolvía el problema, habría convertido la conducta de Pippen en una cuestión de insubordinación: un asunto entre el entrenador y el jugador. No obstante, sabía que había un problema más profundo detrás de ese incidente. Ese momento había reflejado algunos aspectos de la relación entre los miembros del equipo. ¿Qué obligaciones tenían entre sí? ¿Cuáles eran sus responsabilidades mutuas? ¿Dónde estaba la confianza? El problema residía en ellos, no en él; y solamente ellos podían superarlo.

Al no echarse el conflicto al hombro, al exteriorizarlo y delegarlo en los jugadores, Jackson había ubicado el problema en el único lugar donde se podía resolver: en el equipo mismo. No importaba lo que ellos decidieran en ese momento; lo que importaba era que ellos, y no Jackson, tenían en sus manos la decisión. Jackson dijo más tarde, cuando le felicitaron por la manera en que había manejado la situación: «Lo único que hice fue retroceder y dejar que el equipo diera con su propia solución». Con todos los ojos puestos en él, Jackson consideró la situación desde la distancia y vio que cualquier intervención suya podría resolver la crisis inmediata, pero dejaría sin resolver los problemas subyacentes.

Sabemos por nuestros propios errores lo difícil que es exteriorizar un problema, resistirnos a la tentación de asumirlo nosotros mismos. Las personas esperan que las autoridades corrijan las cosas, que se posicionen y las resuelvan. Después de todo, para eso se les paga. Cuando satisfaces sus expectativas, consideran que eres admirable y valiente, y eso es algo halagador. Sin embargo, desafiar las expectativas que ellos tienen puestas sobre ti requiere aún más valor.

Pon el trabajo donde corresponde

Para responder a los desafíos adaptativos, las personas deben cambiar sus sentimientos y sus conductas. La historia de Phil Jackson ilustra que las soluciones se logran cuando «las personas que tienen un problema» comparten el proceso para llegar a ser «las personas que tienen una solución». Para conseguir que un progreso sea duradero, las partes implicadas tendrán que interiorizar, aceptar y finalmente resolver los problemas existentes. Jackson tuvo que identificar el conflicto y situó el problema en su lugar.

Un límite de autoridad separa al equipo y al entrenador, y los límites individuales separan a cada compañero de equipo. Pero las fronteras entre los compañeros de equipo se pueden franquear más fácilmente que las fronteras que definen a la autoridad o que dividen a las facciones, los equipos o las partes divergentes. Alguien dentro del equipo podría comprender el impacto de la acción de Pippen sobre el grupo con más conocimiento de causa que alguien externo. Jackson situó el problema: lo colocó dentro, y no entre el equipo y algún árbitro externo. Dejó una frontera crucial intacta, sabiendo que el esfuerzo más eficaz solo se podía realizar dentro de la «familia» de los Bulls.

Así pues, delegar la responsabilidad de las tareas es necesario, pero no suficiente. También se ha de situar en el lugar correcto, donde las partes implicadas puedan asumirla. A veces, eso se hace dentro de una facción; otras veces, significa conseguir que diferentes facciones de una organización trabajen juntas sobre un problema en concreto. Cuando aquellos cargos superiores trataron de imponer su tarea adaptativa a Marty, su respuesta tendría que haber sido la de delegarla en ellos. Al hacerse cargo de sus problemas, también había aceptado todo el riesgo. Siempre es mejor respaldar cualquier resolución que tomen las partes en conflicto. Cuando Marty delegó la tarea, descubrió que la resolución era sostenible y que era más probable que el problema concluyera sin acciones defensivas. Aunque aquella resolución difería de la que él habría propuesto, o incluso de la que consideraba más factible, el resultado fue mejor —y mucho más seguro para él— cuando dejó que las personas involucradas tomaran su propia decisión.

Ubicar el conflicto en el lugar adecuado no es una medida ni una oportunidad que sirva únicamente para quienes ocupan cargos de autoridad. Ricardo Sánchez (cuya historia relatamos en el capítulo 5) comprendió esto. Cuando recorrió por primera vez la comunidad de Macael con el alcalde local, Sánchez pasó dos días visitando las empresas productoras de mármol y escuchando a representantes de la pequeña empresa hablar de sus problemas. Luego, pidió al alcalde que convocara una reunión con los dirigentes de la asociación local de empresarios y de los sindicatos del sector. Les dijo que comprendía sus problemas, pero que la solución no estaba clara. Ante la cuestión de cómo conseguir que intentaran colaborar, en lugar continuar con el libre albedrío —sin ser rechazado—, decidió hacer una dramática intervención en el proceso. Les dijo que necesitaban un plan de acción que ellos mismos tendrían que desarrollar. El IPIA actuaría como coordinador, no como autor del plan, y ayudaría a movilizar los recursos necesarios para aplicarlo. Sánchez dejó ese trabajo en manos de la comunidad. Él no se convertiría en el individuo que personificaría ese plan si se negaban a colaborar.

Luego, vino la parte radical de su estrategia. Dijo que se marcharía de Macael si ellos no se decidían a actuar inmediatamente como se había decidido por voto *unánime*. Además, solo les garantizaría su ayuda y la del IPIA si cada elemento del plan también se aprobaba por unanimidad. Al establecer ese punto de partida para su compromiso progresivo, les estaba obligando a concentrarse en el problema subyacente: ¿Estarían dispuestos a trabajar cooperativamente a expensas de su preciada autonomía? Una vez que superaran esa primera y difícil prueba, podrían iniciar el proceso de plantearse cómo trabajar juntos.

Kelly era administradora académica en Colorado y participaba activamente en la comunidad cívica y política de Denver, donde había trabajado hasta 1997 como miembro del equipo del ayuntamiento de la ciudad. Sus antiguos compañeros le habían pedido que se presentara como candidata para la Comisión de Servicio Civil del ayuntamiento, y ella aceptó entusiasmada. Pero, cuando el titular saliente decidió postularse para otro período de dos años, Kelly retiró su candidatura.

Él había sugerido que ella sería una sucesora ideal para el fin de su gestión. Dos años más tarde se mostró nuevamente interesada en el puesto y aceptó presentar su candidatura. Una vez más, el titular había decidido buscar un nuevo nombramiento para el mismo cargo. Pero esa vez Kelly decidió jugar y dejar que el ayuntamiento decidiera.

Con el nombramiento todavía pendiente, un artículo periodístico detallaba cómo la Comisión de Servicio Civil había aprobado el ingreso de un policía con un amplio historial que abarcaba consumo de drogas, violencia doméstica y robo a un empresario. La consecuente crisis puso a la comisión a la defensiva. Los medios y algunos supuestos reformistas exigían un cambio. El alboroto convirtió la pendiente designación de Kelly en un símbolo de la reforma de la comisión, aunque no se sabía a quién había votado el titular cuando se nombró al policía.

Durante toda una semana, los periódicos y los informativos radiofónicos se concentraron en algún aspecto de la historia. Kelly figuraba de forma destacada en todas las crónicas, pero solamente a través del comentario de los otros. Los reporteros la llamaron: la presionaron para que diera su opinión sobre la comisión y sus puntos de vista sobre el nombramiento aprobado del policía. Ella necesitaba definirse y se sentía halagada por ser considerada como una fuerza para la reforma. Además, le había costado mucho evitar responder a las críticas personales que recibía de aquellos que defendían al policía o que favorecían la confirmación en el cargo del titular de la comisión. Pero Kelly permaneció en silencio. Prefirió no ser entrevistada y se negó a tomar parte en los debates radiofónicos.

Finalmente, el ayuntamiento designó a Kelly por 7 votos contra 4. Kelly pudo mantenerse en su lugar porque se había resistido a la tentación de conspirar con aquellos que deseaban convertirla en el símbolo de la reforma. De no haber actuado así, habría impresionado negativamente al titular fomentando la simpatía hacia él entre los miembros del ayuntamiento con quienes había trabajado y lo consideraban un amigo y un colega. Kelly incluso se había abstenido de responder a las críticas públicas, porque eso la habría convertido personalmente en parte de la historia. Intentaba alejarse del problema cuando se negó a asumir una posición pública sobre la designación del policía, a pesar de que tenía un punto de vista claro sobre el asunto. Evitando el conflicto quedó tan al margen de la disputa como pudo, pero se mantuvo dentro de la misma comisión, a la cual pertenecía. Ello aumentó sus probabilidades de obtener el nombramiento, y le permitió una mayor flexibilidad cuando asumió el cargo.

El hecho de personalizar el debate sobre los problemas es una estrategia frecuente para desviar a alguien de la acción. Es normal que necesites responder cuando te atacan o, como en el caso de Kelly, cuando te están provocando para que lo hagas. Es normal que saltes a la palestra cuando te hacen responsable de los problemas ajenos. Pero, si te resistes a los intentos de personalizar los problemas, podrás aumentar tus probabilidades de supervivencia. De esta manera evitarás que las personas te conviertan en el problema y contribuirás a mantener la responsabilidad del esfuerzo donde debe estar.

Marty, al comienzo de su vida profesional, recibió la primera y más dolorosa lección sobre la responsabilidad de un problema. Acababa de graduarse en la Facultad de Derecho. Su amigo y mentor Elliot Richardson había sido elegido vicegobernador y lo contrató como asistente legislativo y de investigación de su pequeño equipo de cinco personas. Un día, después de tres meses en ese puesto, Richardson le pidió que hiciera cierta investigación sobre un problema entonces olvidado. Marty realizó ese trabajo y se lo envió esa misma semana en un memorándum. Un par de horas más tarde se lo devolvieron. Richardson no había escrito ni una palabra en el memorándum, ni siquiera había una marca de lápiz, nada que indicara que se lo había mirado. Marty supuso que se lo habían devuelto por error, y se lo entregó a la secretaria de Richardson, pidiéndole que se lo enviara de nuevo. Antes de llegar a su despacho, sonó el interfono de Marty. «Ven aquí», dijo Richardson. Parecía que el jefe no estaba contento.

A Marty, Richardson le infundía temor incluso cuando estaba de buen humor; cuando estaba enojado lo intimidaba al cien por cien. Cuando entró en su despacho, vio que Richardson apretaba la mandíbula firmemente. Entonces supo que estaba a punto de soltarle un sermón:

—¿Este es tu mejor trabajo? —preguntó Richardson.

—No lo sé —murmuró Marty.

—Bueno, no creo que lo sea. Solo puedo agregar un 5% sobre tu mejor trabajo. Si agregara más, sería una pérdida de tiempo para mí. De modo que no me lo envíes de vuelta hasta que sea lo mejor que puedes elaborar.

Richardson colocó el problema justo donde debía estar: directamente a cargo de Marty. No lo asumió, a pesar de que no le habría costado mucho tiempo ni esfuerzo corregir aquel memorándum. Esa habría sido una solución técnica para un problema adaptativo: cómo conseguir que el nuevo integrante del equipo trabajara a un nivel más alto. Las partes conflictivas se hallaban dentro del mismo Marty: la parte que quería hacer el mejor trabajo y la parte —que a menudo se impone— que se contentaba con hacer algo simplemente correcto, pero inferior a lo que era capaz de hacer.

El peor de los casos, cuando asumes los conflictos y el esfuerzo adaptativo de otras personas, se produce cuando te colocas directamente en la línea de fuego. Eso es lo que le sucedió a Mark Willes en la Times Mirror Company.

Después de una gestión exitosa como vicepresidente de General Mills, el gigante de la alimentación y los cereales, Mark Willes fue nombrado director ejecutivo de Times Mirror, el 1 de junio de 1995. Sus metas eran reducir las pérdidas, incrementar la rentabilidad y elevar el precio de las acciones de la compañía. En un plazo muy corto presidió el cierre del *Baltimore Evening Sun* y del *New York Newsday*, liquidó las operaciones editoriales legales y médicas de la compañía, se deshizo de algunas operaciones por cable y, durante ese proceso, despidió a más de dos mil empleados de Times Mirror; todo ello le hizo ganarse el mote de «asesino cereal».[2] Sin embargo, con los fondos recientemente obtenidos estuvo en condiciones de readquirir acciones, elevar el precio de las mismas y luego comprar otras de su junta y de Wall Street.

La estrategia de Willes a más largo plazo se concentró principalmente en el periódico *Los Angeles Times*, el caballo de batalla de la corporación. Él mismo se designó editor del diario en octubre de 1997. Tenía planes ambiciosos, desafiantes y no convencionales, que proclamaba siempre que podía, tanto dentro del periódico como en los medios nacionales. Intentaba elevar sustancialmente el número de lectores en un momento en el que los principales periódicos metropolitanos de todo el país estaban disminuyendo sus números de ejemplares porque los nuevos periódicos eran más caros —en términos de costes de impresión y distribución— que atractivos para los anunciantes. Él atraería a nuevos lectores creando una sección latina independiente que colaboraría con los pequeños periódicos latinos y asiáticos de Los Ángeles. Willes ordenó una cobertura que tendría como objetivo mejorar la capacidad de lectura entre los alumnos de la escuela primaria: de este modo era más probable que, como adultos, llegaran a ser lectores del periódico. También mencionó, pero jamás aplicó, la compensación de los editores por la cantidad de veces que se citaba a las mujeres y a las minorías en los artículos situados bajo su jurisdicción.

Todas esas medidas desafiaban los valores periodísticos convencionales acerca de la ética del producto editorial y su separación de las consideraciones comerciales. Pero la idea más radical —que él anunció ruidosamente— era la de derribar el grueso muro tradicional que separaba el ámbito periodístico del empresarial en la organización. En ese esfuerzo inicial para atravesar dicha frontera, designó a un hombre de empresa para cada una de las secciones de noticias, con la meta de trabajar juntos con los jefes de redacción y así incrementar la rentabilidad. Intentaba crear una asociación entre facciones que tradicionalmente se habían mantenido a una prudente distancia, cuando no en franca hostilidad.

Para ese objetivo, Willes había obtenido algún apoyo de la junta directiva, de los departamentos de ventas y de marketing, e incluso de algunos integrantes del equipo editorial. Pero él no era periodista, y nunca había trabajado en una agencia de noticias. Todos sabían que Willes era el jefe, pero la mayor parte de los empleados del área de noticias le consideraban como un extraño, que trataba de cambiar un valor profundamente arraigado en el ámbito periodístico. Desde su perspectiva, colaborar con el área empresarial amenazaba su independencia y su integridad; y, como esa era la causa de Willes, a él dirigían sus ataques, no a sus colegas de distribución y publicidad.

Los miembros de la junta directiva habían invertido mucho en su estrategia y su éxito, e inicialmente le respaldaron. Willes sobrevivió al primer par de escaramuzas, pero tuvo que vérselas con una enorme crítica, tanto por parte de los redactores del *Times* como de los observadores de los medios nacionales. Algunos ejecutivos del sector reconocían que estaba planteando problemas importantes, de la manera apropiada, y que desafiaba suposiciones antes incuestionables. Sin embargo, Willes se había quedado completamente solo, y todos le vigilaban estrechamente, tanto dentro como fuera de su organización.

Después de haber sobrevivido a los ataques iniciales, a mediados de 1999 Willes cedió el puesto de editor a un «protegido» ajeno al periódico. El precio de las acciones había subido considerablemente, y la junta le premió con generosidad. Más tarde, en el otoño de ese año, el *Times* hizo un trato para dividir el ingreso de la publicidad de una edición especial de su revista con el Staples Center, el nuevo centro deportivo y de convenciones que estaba atravesando dificultades. Semejante acuerdo se salía de las prácticas convencionales y desató una ola de protestas tanto dentro del equipo de redactores como del de comentaristas nacionales. El director designó a un reportero de prestigio para que hiciera una investigación exhaustiva de cómo se había desarrollado ese acuerdo, y el editor tuvo que presentar una disculpa pública para calmar los ánimos. Las críticas se concentraban en el acuerdo con el Staples Center, que había sido el resultado inevitable de la política agresiva de Willes para terminar con la división entre el ámbito periodístico y el publicitario. Pero esas críticas incluían a Otis Chandler, descendiente de la familia que había fundado el diario y predecesor de Willes como director.

Menos de seis meses más tarde, Willes se había quedado sin empleo. La familia Chandler, que controlaba la junta directiva, vendió la compañía sin tan siquiera informarle sobre las negociaciones en marcha. Aunque le habían remunerado generosamente cuando subieron las acciones, no podía entender por qué su estrategia —o, mejor dicho, su ejecución— lo había condenado al fracaso cuando aumentaron las tensiones. Willes se había dejado llevar hasta convertirse en «el problema». Nunca puso el conflicto de la relación entre los sectores —editorial y empresarial— en el lugar adecuado: el equipo de redactores. Jamás hizo de la colaboración con los empleados comerciales un tema de debate entre los empleados de redacción, obligando a los redactores y los jefes a afrontar la realidad, a cuestionarse sus propias suposiciones conflictivas y explorarlas. Ni siquiera trató de liderar el conflicto entre esas facciones para generar un mayor entendimiento mutuo. Mientras estuvo dispuesto a asumirlo todo por su cuenta, la mayoría de los empleados de ambos sectores se sintieron cómodos observando la batalla que libraba con los periodistas tradicionales para ver quién sobreviviría.

Haz intervenciones breves y claras

El ejercicio del liderazgo incluye necesariamente intervenciones. Si bien estas se deben adaptar a cada situación particular. Por lo general, las intervenciones breves y directas se escuchan y se aceptan mejor, sin provocar una resistencia peligrosa.

Hay cuatro tipos de intervenciones que constituyen las tácticas del liderazgo: hacer observaciones, formular preguntas, ofrecer interpretaciones y tomar medidas. En la práctica, se han de ir compaginando esas intervenciones. El hecho de cuál elijas dependerá de tus propias habilidades, de tu propósito particular y de tu evaluación sobre qué intervención es la más apta para movilizar el trabajo de la organización y mantenerte a salvo. Desde luego, las intervenciones que hagas tendrán diferentes efectos. Algunas estarán destinadas a calmar el ambiente y otras subir la tensión; algunas atraerán la atención y otras la desviarán. Y siempre habrá efectos no buscados.

Cuando Franklin Roosevelt dijo en su primer discurso durante la crisis de la Gran Depresión que «a lo único que debemos temer es al propio temor», estaba haciendo una interpretación del estado emocional de la nación y de su paralizada economía. Roosevelt intentaba calmar a su país y, después de unos cien días plenos de acción, tuvo éxito. Por otra parte, Jimmy Carter, en su famoso discurso de la «desazón», en el punto culminante de la crisis petrolera de 1979, dijo que la nación también sufría una crisis de confianza. Carter estaba interpretando que los problemas de la nación residían en las propias actitudes de las personas. Al principio, fue muy bien recibido, y los números de las encuestas subieron un 11 %. Pero dos días después despidió a todo su gabinete. Al enfrentarse a ambas crisis, el país necesitaba más que nunca que su presidente fuera un muro de contención. Si el pueblo estaba dispuesto a asumir su reto, tenía que confiar en él. Al despedir a su gabinete, Carter dejaba entrever que no confiaba en su propia administración. Si él no confiaba, ¿por qué tenían que confiar ellos? Entonces, Carter se convirtió en la crisis.[3]

Observaciones

Las observaciones son simples declaraciones que reflejan las conductas de las personas o que intentan describir las condiciones actuales. Colocan al grupo momentáneamente a cierta distancia para que pueda adquirir un poco de perspectiva sobre lo que están haciendo. Por ejemplo, cuando estalla una discusión acalorada en una reunión, alguien podría decir: «Esperad un momento. Me parece que aquí la tensión está aumentando demasiado. Controlémonos hasta que Bob haya dado su opinión».

Las observaciones, por sí mismas, no son más que instantáneas captadas desde el balcón. Por esa razón, suelen ser menos amenazantes y menos catalizadoras que otras intervenciones, si bien informar sobre lo que vemos puede ser estimulante y productivo.

Preguntas

Cuando hagas una observación, puedes soslayarla, dejar que el grupo llene ese vacío, o seguir adelante con una pregunta o una interpretación.

Preguntas como «¿Qué está pasando aquí?» o «¿Acaso Bob dijo algo inquietante?» pueden tener el efecto de hacer que el grupo vuelva a centrarse en su tarea. Podrías hacer una pregunta porque en realidad no conoces la respuesta, y por lo tanto no puedes ofrecer una interpretación. Puede que simplemente pienses que es necesario que las personas aborden el problema por sí mismas, o que utilices una pregunta porque deseas mantenerte fuera de la línea de fuego tanto como sea posible, sin dejar de abordar esa cuestión.

Desde luego, cuando en tu manera de formular una pregunta incorporas tu interpretación de los hechos, estás haciendo una pregunta «cargada». A menudo, esta maniobra fastidia innecesariamente a la gente. En lugar de someter a discusión tu interpretación de los hechos, consigues que las personas piensen que estás tratando de manipularlas para que asuman tu punto de vista y que, a partir de ahí, continúe el debate.

Interpretaciones

Una alternativa más audaz, y generalmente más útil, para una pregunta «cargada» es hacer una observación seguida de una interpretación. Por ejemplo, en lugar de observar meramente y preguntar acerca de un conflicto, podrías decir: «No creo que este conflicto se centre verdaderamente sobre X. Pienso que en realidad incumbe a Y, un problema marginal que se ha estado insinuando en nuestras reuniones durante los últimos cuatro meses. Hasta que no resolvamos ese problema, no veo cómo podremos hacer un progreso sobre el caso principal».

Esta técnica podría resultar útil si ya hace algún tiempo que se percibe cierto problema oculto, pero deseas esperarte a tener más datos o a que se dé la situación propicia.

Al proporcionar una interpretación, puede que no estés completamente seguro de que sea la acertada. Las pistas sobre ello surgirán a continuación, a partir de las respuestas. Formula la interpretación y, después, guarda silencio y presta atención al modo en que el grupo reacciona ante tu punto de vista.

Las interpretaciones son intrínsecamente desafiantes y elevan el nivel de estrés. A la mayoría de las personas nos fastidia que interpreten nuestras declaraciones o acciones —a no ser que sea grata la evaluación que se hace de las mismas—. Cuando haces una interpretación, estás revelando que has considerado un asunto desde la distancia, y eso hace pensar a los otros que no estás «en el equipo». Pueden pensar que te sientes un poco «superior» a ellos.

Acciones

Toda acción tiene un efecto inmediato, pero también envía un mensaje. Las acciones comunican. Por ejemplo, cuando alguien se retira de la sala durante una reunión, pierdes sus aportaciones. Pero su partida también comunica otros mensajes, como: «No estás abordando cuestiones que para mí son la clave», o «Esta conversación es demasiado tensa para mí».

Las acciones en la forma de intervenciones pueden complicar las situaciones, porque frecuentemente son susceptibles a más de una interpretación. Por ejemplo, en 1991, cuando la coalición de las Naciones Unidas invadió Kuwait —que estaba controlado por los iraquíes—, el mensaje a Saddam Hussein era muy claro. Pero ¿qué mensaje se estaba enviando al resto de países del Próximo Oriente? ¿Podían confiar en una intervención de la ONU para proteger sus fronteras? ¿Acaso Estados Unidos estaba ofreciendo un compromiso más activo con la paz en la región? ¿La alianza con Siria representaba un matrimonio de conveniencia temporal o un cambio en las relaciones que tendría una progresiva importancia en las políticas regionales?

Las protestas de los pacifistas norteamericanos en 1968 ilustran la complejidad de comunicarse a través de la acción. La represión brutal de hombres y mujeres por la policía de Chicago durante la Convención Nacional Democrática de 1968 no contribuyó a la causa de los manifestantes contra la guerra de Vietnam. Involuntariamente, quizá ayudó a Richard Nixon, el candidato presidencial más militarista, a que ganara las elecciones. Hizo que el Partido Demócrata pareciera caótico e incapaz de controlar a sus seguidores, una facción de amotinados y policías exaltados, especialmente cuando el fiel alcalde demócrata Richard Daley era el responsable de la aplicación de la ley en la ciudad.

Como intentos de intervenciones de liderazgo, las protestas no lograron poner de manifiesto los problemas y dirigir el esfuerzo adonde correspondía. Aquellas protestas tenían lugar en un contexto político, en el que se responsabilizaba de la guerra al expresidente Lyndon Johnson. La policía de Chicago usó la violencia innecesariamente, pero ambas partes actuaron de una manera desafiante, y ninguna de ellas conectó directamente con el problema: los agentes de policía de Chicago frente a un grupo de adolescentes liderados por adultos, la mayoría de los cuales habían superado la edad del servicio militar. En lugar de atraer la atención sobre aquellos difíciles problemas a los que se enfrentaba la sociedad, los manifestantes crearon un problema secundario de ley y orden. Las acciones se malinterpretaron, y se desvió la atención sobre el esfuerzo, mientras que la audiencia televisiva observaba una inútil batalla por una cuestión secundaria. En otras palabras, los manifestantes no fueron capaces de infundir en el público estadounidense un sentido de la responsabilidad por la guerra.

No todas las acciones envían mensajes ambiguos. Cuando Martin Luther King y sus estrategas marcharon desde Selma, enviaron un mensaje claro que ilustraba la brutalidad del racismo en Estados Unidos. Los negros tenían que elegir entre el acatamiento pasivo y la protesta. Los blancos tenían que enfrentarse a la contradicción entre los valores que la nación proclamaba y los valores con los que realmente vivían. En ese caso, la acción en forma de intervención enviaba un mensaje mucho más poderoso que otras formas de comunicación. Televisar las escenas de la policía blanca reprimiendo a pacíficos hombres, mujeres y niños de color hizo que esas imágenes penetraran en la conciencia nacional. En sus hogares, millones de ciudadanos recibieron ese mensaje.

Las acciones atraen la atención, pero el mensaje y el contexto deben ser claros. Si no lo son, es probable que distraigan a la gente y desvíen su responsabilidad.

· · ·

Podrás mantenerte en tu liderazgo si logras evitar convertirte en el blanco de las frustraciones de la gente. La mejor manera de evitarlo es delegar la tarea y el esfuerzo en las personas que deben asumir esa responsabilidad. Pon el esfuerzo dentro, y entre, las facciones que afrontan el desafío y adapta tus intervenciones para que sean inequívocas y tengan un contexto explícito. En la improvisación progresiva del liderazgo —en la cual actúas, evalúas, tomas medidas correctivas e intervienes nuevamente— nunca sabrás con certeza cómo va a recibirse una intervención. Por consiguiente, tan decisiva como la calidad de tus intervenciones será tu habilidad para mantenerse quieto , a fin de evaluar cómo y cuál debe ser tu próxima acción.

7

Mantenerse quieto

Hemos visto por qué el esfuerzo adaptativo genera tensión y resistencia, los peligros que entraña esa resistencia y cómo responder a ella. Pero la habilidad para manejar las relaciones políticas, para dirigir el conflicto o devolver el trabajo supone que has de ser capaz de responder a un desafío más básico: mantener tu equilibrio para poder planear mejor la próxima acción. Mantenerte firme en el fragor de la acción es una habilidad esencial para sobrevivir y para que las personas continúen concentradas en la tarea. Las presiones a las que deberás someterte pueden ser inaguantables y hacerte dudar de tus capacidades y de tu dirección. Si titubeas o actúas prematuramente, tu iniciativa se puede desbaratar en un abrir y cerrar de ojos.

Sostén la tensión

Aprender a aceptar los desafíos y a encajar la ira de la gente de una manera que no afecte a tu iniciativa es una de las tareas más difíciles del liderazgo. Cuando pidas a las personas que hagan cambios, e incluso sacrificios, es casi inevitable que decepciones a algunos de tus colegas y colaboradores más próximos, sin mencionar a los individuos que están fuera de tu facción. Tus aliados necesitan que calmes las aguas, al menos *para ellos*, en lugar de revolverlas. Cuando te presionan para hacerte retroceder, para que abandones el asunto o cambies la conducta que les molesta, percibirás la tensión en el ambiente. En este sentido, se podría decir que liderar implica decepcionar a algunas personas, dentro de un nivel llevadero.

No hay dos personas que reaccionen exactamente igual, y por eso todos respondemos de forma distinta a nuestro entorno. Algunos tenemos mayor tolerancia que otros a la tensión y el estrés, y también hay personas que avanzan cuando están bajo presión. Pero aquellos que preferimos minimizar la oposición o evitarla por completo pocas veces podemos escapar a la ira de los otros cuando lideramos algún tipo de cambio significativo. Por eso, cuanta más tensión puedas soportar, en mejor posición estarás para afrontar tu problema y seguir en el juego. Como hemos visto en el capítulo 5, el personaje de Henry Fonda en *Doce hombres sin piedad* soportaba la intensa presión de los otros miembros del jurado, quienes le atacaban verbalmente y le amenazaban físicamente, con la esperanza de hacerle retroceder. Su disposición a ser la «chispa que enciende la hoguera» y, luego, soportar imperturbable aquella presión era esencial para mantener vivas su legitimidad y la legitimidad de su posición en el jurado. Pero desarrollar tu capacidad para soportar la presión requiere práctica. Tendrás que entrenarte, una y otra vez, para mantener tu ecuanimidad cuando el mundo, a tu alrededor, está que arde. El silencio es una forma de acción.

Durante una década, Mary Selecky administró los programas de salud pública para un distrito de tres condados en el nordeste rural del Estado de Washington.[1] También desempeñó un papel activo en la vanguardia de varias iniciativas legislativas exitosas, incluida la Ley general del sida, que requería que las agencias de salud locales proporcionaran los servicios pertinentes para esa enfermedad, así como la ley que establecía el Departamento de Salud del Estado. Por su éxito fue designada secretaria interina de Salud del Estado de Washington en octubre de 1998, cuando el gobernador Gary Locke la nombró jefa de la agencia que ella había contribuido a crear.

Desde el momento de su designación, se encontró en medio de una feroz controversia, en la cual se planteaba si los casos de personas VIH positivas debían ser comunicados al departamento por su nombre o por un código numérico único. Los activistas pro derechos de los enfermos de sida aducían con ahínco que el informe se debía hacer mediante números para proteger la identidad de los pacientes y alentar a la gente a que se hicieran la prueba de VIH. Los funcionarios del área insistían en que los intereses de la salud pública requerían que se usaran nombres. Aducían que ese sistema se podía administrar de una manera más simple y precisa, y que así se podría rastrear más fácilmente la transmisión de la enfermedad, facilitar el asesoramiento y la notificación y protegerse más eficazmente contra otras infecciones. La notificación por el nombre era el procedimiento estándar para las otras cincuenta y cuatro enfermedades de la lista estatal de afecciones que se debían notificar.

En el mes de febrero anterior, la asamblea sobre VIH y sida, controlada por trabajadores y activistas, había votado abrumadoramente (14/4) a favor del uso de las identificaciones numéricas. Los defensores de esa alternativa esperaban que el gobernador aceptara su recomendación y que la enviara con su aprobación al Consejo de Sanidad del Estado, que tenía la responsabilidad de dictar las normas que regirían los informes de enfermedades. El gobernador contaba con un amplio apoyo de la comunidad gay, que conformaba el núcleo del electorado que deseaba la identificación numérica, y había sido un firme defensor de la privacidad a lo largo de su carrera política. Sin embargo, el gobernador se aferró a su posición neutral. Intentó formar una comisión *ad hoc* para resolver el problema, pero no pudo reunir a un grupo que fuera aceptable para ambas partes.

Finalmente, pidió la intervención del Consejo de Sanidad, que incluyó el asunto en su agenda para una votación preliminar en la reunión de octubre. El consejo estaba integrado por diez miembros designados por la gobernación, todos profesionales de la salud. Selecky actuaba como un miembro *ex officio* del consejo y, por lo tanto, tendría que emitir su voto sobre ese problema tan conflictivo solo dos semanas después de haber asumido el cargo. Aunque ella no presidía el consejo, como secretaria de Salud sus palabras y sus acciones tendrían un fuerte impacto dentro del proceso.

En su anterior trabajo en el condado, Selecky había estado del lado de sus colegas médicos a favor del uso de los nombres. Pero ahora se encontraba en una situación diferente. Tenía un nuevo rol con distintas responsabilidades, una mezcla de electorados y poca orientación de la autoridad superior. Supuso que Locke estaba al tanto de que ella antes había adoptado una actitud pública sobre el tema en cuestión.

Habría un debate y una votación en la reunión del consejo, y Selecky tendría que pronunciarse. La votación del consejo no sería definitiva, pero serviría como base para un proyecto de ley, sometido a un debate adicional y a una audiencia pública. La posición que adoptara tendría un considerable impulso político.

Se acercaba la fecha de la reunión, pero Selecky no había dado ninguna indicación de sus planes, aunque su equipo se inclinaba decididamente por la identificación mediante nombres. El prolongado debate previo a la votación dejó muy claro que los profesionales de la salud pública apoyaban la identificación de los informes mediante nombres. Selecky no dijo nada durante toda la conversación. Esperó hasta que algunos miembros del consejo —aunque no todos— hubieran votado. Todas las miradas se dirigían a ella. Pero se abstuvo. La votación fue de 7-0 a favor de los informes basados en nombres, y en ese momento el departamento de Mary Selecky era el encargado de preparar una norma preliminar que reflejara esa votación.

Su acción, o mejor dicho su inacción, decepcionó a casi todos. Ambas partes expresaron su malestar por esa abstención, pero coincidieron en una cosa: ella había declinado su responsabilidad. La oficina del gobernador también expresó su inquietud.

Selecky pasó por un período difícil después de aquella reunión. Recibió críticas de muchas fuentes. Los activistas, indignados, protestaron con demostraciones públicas. Pero ella aceptó el desafío y conservó la calma: no se rindió ni respondió a la presión para asumir una posición.

Luego, de un modo lento y vacilante al principio, comenzó a reunirse con las dos facciones: primero, por separado, y después conjuntamente. A ninguna de las partes les gustaba lo que ella había hecho, pero ambas habrían estado mucho más molestas si ella se hubiera posicionado a favor de la otra parte. Finalmente, llegaron a un acuerdo: los nombres de las personas infectadas con el VIH serían destruidos después de noventa días. Las autoridades sanitarias locales registrarían los nombres, pero solo proporcionarían al Estado las identificaciones numéricas.

Selecky se puso a prueba, no por los aspectos técnicos del problema ni por las opciones políticas correctas o incorrectas, sino más bien por su tolerancia a la tensión. Tuvo que aceptar la ira y la decepción de todos, y luego asimilarla. Sus excolegas de la salud pública tenían muchas razones para pensar que sus puntos de vista sobre el problema seguirían siendo coherentes con los que ella había tenido anteriormente. Y los activistas por el problema del sida sabían que ella y el gobernador simpatizaban con su causa.

Le resultó difícil pasar ese período. Tenía que asimilar una intensa crítica de personas cuya amistad, compañerismo y apoyo había valorado y disfrutado en el pasado. Sin embargo, al conservar la calma, pudo acceder a todos y, por fin, encontrar una manera de que ambas partes se reconocieran y aceptaran la legitimidad de los intereses recíprocos.

Aceptar el desafío de tus amigos y aliados es muy difícil. En cierta manera, es más fácil tolerar las ofensas de la oposición. Después de todo, ya sabes que debes de estar haciendo algo bueno cuando las fuerzas del mal te acosan e insultan. Las personas que hablan ante una multitud furiosa o acuden a una entrevista en un programa hostil de radio pueden parecer valientes, pero quienes han ocupado ese lugar conocen el secreto: cuando el enemigo te arroja tomates, una parte de ti se siente ennoblecida y reconfortada.

Como bien ilustran Mary Selecky y el personaje de Henry Fonda, a menudo el desafío de ejercer el liderazgo incluye aceptar una intensa presión de algunas personas cuyo apoyo valoras y necesitas. Estos personajes no podrían haber logrado sus objetivos sin la ayuda de aquellos a los que estaban frustrando y decepcionando. Soportar esa presión exige una perspectiva amplia y gran paciencia, madurez, coraje, fuerza e indulgencia.

Las personas que te están desafiando ponen a prueba tu estabilidad y juzgan tu dignidad por tu respuesta ante su enfado —que no difiere mucho de la actitud de los adolescentes, que necesitan saber que pueden estallar sin sacar de las casillas a sus padres—. Aceptar la ira de las personas sin ponerse personalmente a la defensiva genera confianza. Si eres capaz de conservar la calma durante el tiempo necesario, respetar el dolor de los otros y defender su punto de vista sin recurrir a la defensa personal, descubrirás que en la calma subsiguiente es posible desarrollar relaciones más sólidas.

A lo largo de la historia, son muchas las personas que han demostrado esta capacidad. Nelson Mandela, Martin Luther King, Gandhi, Margaret Sanger, Elizabeth Cady Stanton, Juana de Arco, Mahoma, Jesús, Moisés… todos lograron una extraordinaria credibilidad y autoridad moral al encajar la ira con indulgencia. Por lo tanto, aceptar la ira es una tarea sagrada, porque nos pone a prueba en nuestros aspectos más sensibles. Ello exige que seamos fieles a un propósito más allá de nosotros mismos y que ayudemos compasivamente a los otros, aun cuando estén lanzándonos maldiciones. Aceptar el desafío con indulgencia comunica respeto por el dolor del cambio.

Deja que los problemas maduren

En tus esfuerzos para liderar una comunidad, a menudo pensarás y actuarás por anticipado. Pero, si te anticipas demasiado y planteas los problemas antes de que la gente esté preparada para afrontarlos, puedes inducir a tus seguidores a que huyan de ti y del problema. Tendrás que esperarte a que el problema madure o a que tú mismo lo hayas hecho madurar. En realidad, la virtud de la paciencia no suele ir asociada con las personas apasionadas ni con lo que hacen. Pero mantener la distancia hasta que el problema haya madurado lo suficiente puede ser decisivo para movilizar la energía de las personas y conseguir que te escuchen.

Desde luego, en un momento dado, la mayoría de organizaciones y comunidades tienen todo un espectro de desafíos que afrontar. El sentido común nos dice que no podemos afrontarlos todos a la vez. A menudo, la disponibilidad de recursos dicta esa orden: abordamos un problema cuando tenemos los medios para hacerlo. Pero los recursos solo son un factor para determinar la disposición de las personas a afrontar un problema. El principal factor consiste en la disposición psicológica para evaluar las prioridades y para aceptar las pérdidas. La pregunta política es si la disposición psicológica está bastante extendida a través de las facciones de la organización o la comunidad para proporcionar una masa representativa.

Un problema madura cuando se hace evidente que es necesario abordarlo. A lo mejor, a ti te parece que algo es de suma importancia y requiere una intervención inmediata, pero otros miembros de tu organización no lo ven así, al menos no de momento. Pero con el tiempo puede llegar a ser importante para ellos. El activismo de los individuos como Maggie Brooke, que se enfrentó al alcoholismo en su comunidad, puede hacer madurar un problema a través del tiempo al despertar el interés de la gente sobre las contradicciones de sus vidas. Los acontecimientos dramáticos, como los ataques del 11 de septiembre de 2001 en Nueva York, pueden desencadenar inmediatamente acciones sobre un conjunto de problemas.

Una vez más, se trata de una cuestión de perspectiva. Recordemos la historia del capítulo 3 acerca de Amanda y Brian, en la que la intervención de Amanda pasó desapercibida mientras el comentario casi idéntico de Brian, un poco más tarde, despertó el interés de los asistentes a la reunión. Es probable que también tú hayas tenido una experiencia similar cuando planteaste un problema que pasó desapercibido en una reunión y, más tarde viste que surgía el mismo problema y se convertía en el centro de la conversación. Aunque ese proceso pueda confundirte y desalentarte, ten en cuenta el resultado: el problema ha madurado.

La historia del movimiento de los derechos civiles en Estados Unidos proporciona un ejemplo a nivel nacional. Hacia 1965, después de diez años de manifestaciones, el movimiento por los derechos civiles tuvo éxito al impulsar la necesidad nacional de una legislación de los derechos civiles. A través de las manifestaciones los activistas, que habían llamado la atención sobre los valores no practicados en Estados Unidos, el tema había ido madurando. Pero en muchas partes del sur, los negros todavía no podían votar. A pesar de la histórica Ley de los derechos civiles de 1964, el problema del derecho al voto aún no había madurado. La legislación de 1964 había evitado ese asunto intencionalmente: una cosa era dejar entrar a los negros en los autobuses, los restaurantes y los lavabos de los blancos, y otra muy distinta era darles acceso al poder.

Los hombres y mujeres que en 1965 se dejaron golpear por los policías de Alabama durante las marchas por el derecho al voto en Selma hicieron que el problema madurara, no solo porque se apoyaron en los avances anteriores, sino porque ilustraron clara y dramáticamente el problema de la injusticia racial. Al lograr que las manifestaciones fuesen pacíficas, nadie podía convertir eso en una cuestión de ley y orden. Los organizadores se aseguraron de que las cámaras de televisión captaran las escenas para la audiencia estadounidense, y las mismas manifestaciones mostraban a los protagonistas centrales del conflicto desempeñando sus papeles: adultos negros que estaban en edad de votar y funcionarios blancos cortándoles el paso. Después de haber logrado un amplio apoyo político, aquellas demostraciones allanaron el camino para el presidente Lyndon Johnson, que rápidamente aprovechó la oportunidad para enviar al Congreso lo que pronto sería la Ley de derechos al voto de 1965.

En Estados Unidos, el consumo de drogas surgió como un problema maduro a fines de los años ochenta y comienzos de los noventa. Pero no pasó lo mismo con el calentamiento global del planeta, la pobreza y la asistencia sanitaria. La asistencia sanitaria salió brevemente a la superficie en 1993-1994, pero el nuevo gobierno de Clinton propuso una solución tan alejada de cualquier concepción prevaleciente sobre el tema que jamás hubo la más mínima oportunidad de que se llevara a cabo. Sin embargo, la iniciativa masiva de Clinton sembró las semillas para las medidas futuras. Varios años más tarde, algunos aspectos de ese asunto, como la difícil situación de los niños sin seguro médico y el alto coste de los medicamentos recetados para los adultos, comenzaron a tomar forma.

¿Qué determina cuál es el momento en que un problema ya ha madurado? ¿Cómo surge la urgencia generalizada, compartida no solo por uno sino por muchos grupos dentro de la comunidad? Si bien intervienen muchos factores, hemos identificado cuatro preguntas clave: ¿Qué otras preocupaciones tienen las personas que han de comprometerse? ¿Hasta qué punto ese problema afecta a la gente? ¿Cuánto necesita aprender la gente? ¿Qué opinan las autoridades sobre el tema?

En primer lugar, ¿qué otras preocupaciones tienen las personas? Si la mayoría de la gente de tu organización está pasando por una crisis, tendrás más dificultades para conseguir que desvíen su atención hacia ese problema que tú consideras tan importante. En algunas ocasiones, conseguirás una mejor respuesta si pospones el problema. Durante la Guerra del Golfo, a comienzos de 1991, la atención de muchas naciones del mundo se concentraba en el Próximo Oriente. En esas naciones no había otro problema que pudiera competir por captar la atención popular. No se abordarían seriamente otros problemas. En cambio, en ese mismo momento, dentro de la antigua Unión Soviética el nacimiento de una economía capitalista comenzaba a crear expectativas. El creciente descontento pondría en peligro la incipiente economía capitalista si los soviets no hubieran podido satisfacer las expectativas de los ciudadanos de que les proporcionaran productos básicos a precios razonables. Sin embargo, debido a la crisis del Golfo Pérsico, habría sido sumamente difícil conseguir que las naciones de la OTAN se tomaran seriamente los apuros de los soviets. Y, a la inversa, debido a la crisis económica de la antigua Unión Soviética, habría sido sumamente difícil conseguir que al pueblo soviético le interesara la paz en el Próximo Oriente.

A veces, tendrás que conservar la calma y estar atento a cuándo se te presenta una oportunidad. Sin embargo, si percibes que nunca llega una oportunidad para tratar tu problema, tal vez debas crearla desarrollando una estrategia para generar urgencia. Cuando, después de la promulgación de la Ley de los derechos civiles en 1964, Lyndon Johnson le dijo a Martin Luther King que tendría que esperar unos años antes de que alguien se ocupara del derecho al voto, King respondió que los negros ya habían esperado demasiado y que en enero comenzarían la marcha de Selma. Johnson le aconsejó que no lo hiciera, pero al mismo tiempo le dijo que, si él y los organizadores podían plantear la urgencia pública, usaría la presidencia para aprovechar el momento, y así lo hizo.[2]

En segundo lugar, ¿hasta qué punto ese problema afecta a la gente? Si las personas no perciben una urgencia real, es improbable que sientan la necesidad de cambiar. ¿Por qué deberían sentirla? A veces, los hechos fortuitos hacen madurar un problema al aumentar la gravedad del mismo. Una crisis usada apropiadamente puede proporcionar una ocasión de aprendizaje.

Por ejemplo, cuando en 1969 el presidente Richard Nixon y el director general de Correos, Winton Blount, trataron de revocar dos siglos de mecenazgo político en la Oficina de Correos de Estados Unidos al convertirla en una corporación del gobierno, a pocas personas les interesó lo suficiente el asunto como para apoyar semejante reforma masiva. El mecenazgo de la Oficina de Correos era afín a los sentimientos de los miembros del Congreso que, después de todo, deberían votar sobre la propuesta. Los congresistas escuchaban a muchos de los empleados de Correos de su distrito hablar de la necesidad de un aumento salarial, pero a muy pocos que mencionaran la necesidad de reorganización.

Una huelga ilegal de los trabajadores postales en la ciudad de Nueva York, seguida por una huelga nacional para exigir un aumento salarial, cambiaron todo eso. La mayoría de los ciudadanos, particularmente los empresarios, sufrieron su inmediato y devastador impacto. Se perdieron millones de dólares, se extraviaron documentos importantes y se demoraron los cheques de la seguridad social. Hubo amenazas de una orden judicial, y el 23 de marzo de 1970 Nixon amenazó con enviar a la Guardia Nacional para distribuir el correo. Apelar a los militares tuvo el efecto de romper la huelga, y el 25 de mayo la mayoría de los trabajadores de Correos volvieron a sus puestos.

La huelga de Correos se convirtió en la principal noticia de toda la nación. Afectaba a casi todo el mundo. Como la mayoría de los ciudadanos apoyaban el aumento salarial de los empleados de Correos, el gobierno temía que la huelga hiciera retroceder sus esfuerzos de reforma. Lo que no habían previsto era que la huelga expondría claramente cuánto dependían de un servicio postal ininterrumpido. Como la gente había sentido los efectos de la interrupción del correo, el gobierno estaba en condiciones de presionar a los sindicatos para que relacionaran el aumento de sueldo con el apoyo del sindicato a la reforma. Y el 6 de agosto de 1970 el Congreso envió a la Casa Blanca un proyecto de reorganización y aumento salarial. Si bien la huelga no concernía a la reorganización de la Oficina de Correos, el trastorno causado en la vida de los ciudadanos destacó la importancia de las operaciones postales. Las personas habían experimentado el problema y, por primera vez, deseaban que se hiciera algo para asegurar que la distribución del correo estuviera en manos de los profesionales idóneos.[3]

En 1978, los acontecimientos hicieron madurar el problema de la seguridad nuclear cuando los reactores de Three Mile Island comenzaron a fallar. Durante muchos años, algunos grupos de intereses marginales, identificados como antinucleares, habían advertido acerca del peligro de una avería en una central nuclear. Sus protestas nunca se habían tomado muy en serio, y unos ciudadanos devoradores de energía aceptaron alegremente las garantías dadas por el gobierno y la industria de que todo estaba bien y a salvo. Después de aquel alarmante incidente, los requisitos de la industria de la energía nuclear respecto a la seguridad de sus centrales fueron muy diferentes —aun cuando no se habían registrado muertes y aparentemente había habido muy pocos daños significativos a largo plazo—. Al mismo tiempo, la película *El síndrome de China*, un relato ficticio del desastre de una planta nuclear, se estrenaba mientras se producía el incidente, lo que hizo madurar aún más el problema. La construcción de nuevas centrales nucleares llegó a ser repentinamente muy problemática. Había madurado el problema de la seguridad frente a la necesidad de más energía. La gente comenzaba a enfrentarse al conflicto.

En tercer lugar, ¿cuánto necesita aprender la gente para emitir juicios? La falta de conocimiento sobre un problema tiene casi siempre una proporción directa con su falta de madurez. Pero una crisis puede cambiarlo todo rápidamente. Los riesgos de la energía nuclear no se comprendían hasta que se produjeron los accidentes en Three Mile Island y en Chernobil. Aquellos incidentes hicieron que el público aprendiera rápidamente. A una mayor escala, los ataques del 11 de septiembre de 2001 y sus secuelas mostraron a la nación, y hasta cierto punto a la comunidad mundial, los graves riesgos y las consecuencias potenciales del terrorismo, y la necesidad de cooperación y de nuevas normas internacionales. En cambio, el calentamiento global del planeta es un problema que se está grabando lenta y gradualmente en la conciencia pública. A medida que las condiciones climáticas cambian y surgen nuevas tendencias que afectan a las vidas de las personas, la educación aumenta y el problema se va desarrollando. Sin duda, surgiría una oportunidad de aprendizaje en esta área si experimentáramos una serie de acontecimientos catastróficos.

Como las crisis y las tragedias generan la urgencia necesaria para afrontar los problemas, a veces la única manera de concentrarnos en ellos y resolverlos es crear una crisis, que puede ser pequeña —como las crisis financieras, que a menudo plantean la necesidad de reevaluar las prioridades y la dirección— o puede ser grande. Martin Luther King vivió en un constante temor por su vida, pero en Selma creó deliberadamente una situación que casi con toda seguridad generaría violencia. Sabía que no solo estaba poniendo en riesgo su vida, sino también la vida de muchas otras personas. Sin duda, los manifestantes ya conocían los riesgos que corrían, pero eso no facilitó la decisión de King, particularmente cuando tres personas fueron asesinadas.

Si no tienes en cuenta lo difícil que será el aprendizaje, la organización o la sociedad te tacharán de excéntrico, visionario soñador o algo peor aún. Por tanto, tal vez tengas que avanzar a paso de tortuga. Y pueden pasar años hasta que el problema madure en una organización para que las personas comprendan lo que hay en juego y decidan su destino. Como hemos visto en el capítulo 1, en 1994 la cultura empresarial de IBM no reconocía el nuevo desafío de la empresa sobre internet. En aquella época, IBM operaba con una agenda llena en la que no cabía espacio para abordar el asunto. El personal estaba ocupado en otros temas. Y solo el ingeniero Grossman, el gerente medio Patrick y otros voluntarios con escasa autoridad se atrevieron a abordar el problema durante un período de cinco años.

En cuarto lugar, ¿qué opinan, y cómo actúan, las autoridades sobre el tema? Si bien la retórica e incluso el compromiso de las autoridades a menudo no son suficientes por sí mismos para hacer que un problema madure, siempre contribuyen significativamente. La autoridad formal confiere facultades y llama la atención de las personas.

Hay una diferencia importante entre el caso de la Oficina de Correos de Estados Unidos y el de Selma. Con la Oficina de Correos, el gobierno de Nixon sacó ventaja de un hecho tangencial para concentrar la atención sobre un problema y, así, prepararse para emprender la acción política. Pero en Selma, King tomó personalmente la iniciativa de afrontar el problema. Más allá de su falta de autoridad, King tuvo que desafiar a las autoridades de toda la nación: primero a la policía de Alabama, luego al tribunal federal y finalmente al Congreso. Cuanto menos dispuesto está un grupo a resolver un problema, más necesario es desafiar a las autoridades.

Desde luego, King también tuvo a un importante aliado entre las autoridades de la nación: Lyndon Johnson, el presidente. Por lo tanto, podríamos preguntarnos: «Si hubiera sido un error impedir el voto de los negros, ¿el presidente habría asumido el liderazgo y persuadido al Congreso?». Después de todo, las personas esperan que sus autoridades las inciten a hacer lo que deben. Además, la sociedad tiene reglas y procedimientos formales para que las autoridades se hagan cargo de los problemas: la persona que coordina una reunión prepara la agenda; el presidente comunica un mensaje a la nación, y el dirigente de un sindicato propone una serie de metas para la próxima negociación.

Si ocupas un cargo de autoridad, no solo se espera de ti que organices la agenda, sino también que selecciones los temas de interés. No podrás mantener tu autoridad en la organización si te empeñas en afrontar proyectos a los que la organización se opone. En otras palabras, quienes tienen autoridad se arriesgan al plantear problemas que aún no están maduros. Por ejemplo, en 1993, mientras Bill Clinton hacía ejercicios matinales durante su primera semana en la Casa Blanca se vio acosado por los reporteros que le preguntaron sobre los «gays en el ejército». Al asumir una posición mucho antes de que el público, el Congreso o el ejército tuvieran la oportunidad de hacerlo, Clinton se convirtió involuntariamente en pararrayos y espectáculo al mismo tiempo. Obligado a invertir una enorme cantidad de energía en el desarrollo y la defensa de su posición, perdió gran parte de la credibilidad y buena voluntad que necesitaba para establecer otras prioridades e impulsar su presidencia.

En cambio, Lyndon Johnson abordó los derechos civiles estratégicamente. No dio un paso al frente para posicionarse.

En lugar de ello, ayudó a otras personas a que asumieran el problema a fin de tener las manos libres para dirigir el conflicto resultante. Por ejemplo, para ganar suficientes votos republicanos en el proyecto de la Ley de los derechos civiles en 1964, Johnson incitó personalmente a Roy Wilkins y a otros líderes de los movimientos de derechos civiles para que «cortejaran» al senador Everett Dirksen, el líder republicano, con la posibilidad de obtener los votos de los negros en las siguientes elecciones presidenciales. Johnson no estaba de ningún modo autorizado para ser el estratega de los derechos civiles entre bastidores, aconsejando a los activistas sobre las técnicas necesarias para obtener el apoyo republicano. Si se hubiera expuesto a ello, habría perdido credibilidad. Pero fue más allá de su autoridad, y lo hizo de una manera que minimizaba el riesgo de debilitar su posición. Por ejemplo, no mantuvo una conferencia de prensa para declarar la prioridad de los derechos civiles, sino que ayudó a otros a que abordaran el asunto.

Para las personas que ejercen el liderazgo sin autoridad o que van más allá de esta, abordar un problema llega a ser más difícil porque se requieren medidas más drásticas y, por lo tanto, más arriesgadas. Por ejemplo, en una reunión en la que el presidente haya dictado el orden del día, podrás decidir si tu mejor oportunidad de concentrar la atención sobre un asunto importante es tomar la palabra y cambiar el curso de la reunión. Cuando llegue el momento de tratar nuevos temas, te pondrás en pie y empezarás a hablar. En ese preciso momento te convertirás en el centro de atención y, probablemente, en un pararrayos y una encarnación personal del problema. Las partes implicadas en el problema te verán como una amenaza, como alguien que perturba el *statu quo*. Algunos tratarán de restablecer el equilibrio buscando la manera de hacerte callar, quizá criticarán tu estilo o dirán que la reunión se está prolongando demasiado. Tal vez, recurrirán al presidente para frenar ese desafío. Pero, si mantienes la calma y haces que tu intervención sea breve y concisa, tus probabilidades de éxito aumentarán. Habrás logrado que escuchen tu punto de vista, y te respetarán por hablarles con

franqueza. Si te echas atrás enseguida, simplemente estarás rea-
firmando tu falta de credibilidad.

Céntrate en el problema

Conseguir que las personas centren su atención en los problemas concretos puede ser una tarea complicada y difícil; en particular, en las grandes organizaciones o comunidades, donde
generalmente se han desarrollado maneras —mecanismos para
evadirse— para evitar las cuestiones dolorosas. El mecanismo
de evasión más obvio es la negación del problema. Incluso el
lenguaje está lleno de expresiones abreviadas de este mecanismo: «Ojos que no ven, corazón que no siente», «A veces,
más vale esconder la cabeza bajo el ala» o «Si no está roto, no lo
arregles». Otros mecanismos de evasión típicos son buscar a un
héroe que arregle el entuerto o a un chivo expiatorio, reorgani-
zarlo todo —una vez más—, pasarle la pelota a otro —creando
otro comité—, encontrar a un enemigo externo, culpar a la
autoridad, difamarla o deshacerse de ella. El asesinato físico real
suele representar el acto de evasión extremo.

Estos mecanismos reducen el nivel de angustia en una organización o una comunidad, puesto que desvían la atención de los
problemas difíciles y liberan de responsabilidad a las personas
que deben cambiar. Como líder, tendrás que mantenerte quieto
frente a esas distracciones, contrarrestarlas y, después, volver a
centrar tu atención en el problema inmediato. En cierto sentido,
este libro enseña cómo percibir y contrarrestar los mecanismos
de evasión que podrían ponerte en peligro a ti, y a tu posición.

Una persona con autoridad puede reorientar la atención
más fácilmente que alguien con menos jerarquía. En general,
las autoridades tienen mecanismos establecidos para concentrar la atención: convocar una reunión, enviar un memorándum o mantener una conferencia de prensa. Sin embargo, estos
métodos no siempre tienen éxito. Si empleas un mecanismo
rutinario para llamar la atención, es posible que la gente vea

el problema como algo rutinario y lo ignore. Por eso, aun con autoridad, tendrás que encontrar maneras creativas de indicar que la nueva situación es diferente.

Cuando, en 1981, John Lehman llegó a ser secretario de Marina de Estados Unidos tuvo que afrontar el gran desafío de reafirmar el control de la Marina sobre sus principales contratistas, incluyendo a General Dynamics y a su subsidiaria Electric Boat, que construía los submarinos de la Armada.[4] Electric Boat no había entregado ninguna de las naves prometidas en 1980, y la compañía estaba incurriendo en enormes costes adicionales que pretendía que la Marina absorbiera. Se trataba tanto un problema monetario como de producción para Lehman, quien había hecho de la creación de seiscientas naves para la Armada la meta clave de su gestión. Necesitaba que General Dynamics retrocediera en sus reclamaciones financieras y acelerara significativamente su trabajo. Pero Lehman sabía que nada de eso sucedería si no ejercía alguna presión sobre la compañía.

En marzo, Lehman usó las estrategias convencionales para tratar de concentrar la atención de las partes clave en el problema. Envió a un vicealmirante para declarar en una audiencia del Congreso. Citó a David Lewis, el director ejecutivo de General Dynamics, en el Pentágono y le dijo que iba a cancelar un pedido de nuevos submarinos de ataque y negociar los contratos con el único competidor de Lewis. En un intento de evitar la responsabilidad por sus demoras y sus costes adicionales, General Dynamics contraatacó de la manera predecible: reavivando el apoyo de sus senadores y representantes predilectos. Entre quienes estaba el fallecido John Chafee —exsecretario de Marina— cuyo Estado, Rhode Island, había obtenido sustanciales beneficios económicos con la presencia de Electric Boat en Groton, Connecticut, próxima a la frontera de Rhode Island. Chafee llevó a Lehman hasta Groton, y lo obligó a hablar en un tono más conciliador para no enemistarse con un aliado clave del Senado.

Lehman pasó la mayor parte de la primavera y el verano yendo de un lado al otro. Hubo reuniones, informes, amenazas y contraamenazas, casi todas publicadas en la prensa. Parecía que vacilaba: ofrecía una reconciliación y después se arrepentía. Era como si Lewis y Lehman se la estuvieran jugando en una compleja partida de ajedrez, en la que ambos seguían muy detalladamente las reglas del juego. Pero luego, a comienzos de agosto, Lewis fue más allá que Lehman y se reunió con el consejero presidencial Edwin Meese en la Casa Blanca con la intención de hacer retroceder a Lehman. Este comprendió que, si no hacía algo drástico, perdería la partida. En lugar de continuar con las conferencias de prensa, las reuniones y los divulgados memorándums e informes que lo habían caracterizado durante los seis meses previos, Lehman decidió dar un discurso en el National Press Club de Washington. El club era un lugar que aseguraba una amplia cobertura, obligando a todos los participantes —General Dynamics, la Casa Blanca, el Congreso— a que tomaran unas medidas decisivas. Por la misma razón, la iniciativa se podía calificar de extremadamente arriesgada, y se estaba jugando abiertamente su credibilidad. Si Lehman no lograba suficiente apoyo dentro de la Casa Blanca, el Congreso y los grupos de interés, su estrategia sería contraproducente, y generaría una solución que haría retroceder sus objetivos y debilitaría su gestión.

Un discurso en el National Press Club era algo fuera de lo común. Normalmente, alguien de la posición de Lehman jamás habría dado un discurso en ese lugar. La cobertura del discurso, que Lehman complementó con una sinopsis en el *Washington Post*, obligó a todos los involucrados a que pusieran el problema en la primera página de sus agendas. Por primera vez desde que había comenzado a comprometer a la compañía en marzo, la atención de todos empezaba a ser más intensa. Una semana después de su discurso, Lehman y Lewis tuvieron una difícil e intensa reunión que condujo, un mes más tarde, a un acuerdo entre la Marina y General Dynamics. Aquel convenio cubrió el riesgo financiero del gobierno y obligó a Electric Boat a hacer estimaciones del rendimiento claras, a cambio de más trabajo.

De una manera más rutinaria, a pesar de las intenciones de romper con la rutina, la alta dirección de Xerox Corporation atrajo la atención a comienzos de los años noventa sobre el enorme desafío de convertirse en una organización que responde a las necesidades de sus clientes. Para ello mantuvo una serie de asambleas externas con sus altos cargos. Además, en un período de restricción de los costes, contrataron a un consultor muy cotizado para demostrar la necesidad de cambiar las normas culturales. En aquella época, el personal de ventas y servicio de Xerox no tenía ninguna libertad para responder de una manera creativa y rápida a las necesidades de sus clientes. Se esperaba que siguieran las reglas establecidas, aun cuando eso significara irritar a los clientes innecesariamente. Se controlaba al personal subalterno, en lugar de darle más libertades.

Habría sido fácil para la alta dirección reunir al personal en las oficinas centrales, donde de todos modos interactuaban regularmente. Pero hacer eso habría transmitido un mensaje que no tenía nada de extraordinario. En cambio, al reunirse fuera de la compañía con presentaciones y debates orquestados por consultores externos, que habían pasado meses evaluando a la organización, se pretendía dar un nuevo enfoque al esfuerzo adaptativo de la compañía, con un tono de seriedad.

Si no estás en una posición de autoridad, atraer la atención implica riesgos, y también mayores desafíos. Podrías formar alianzas con personas que tengan más autoridad y que puedan dirigir la atención hacia los problemas que quieres presentar. Por ejemplo, en IBM, Grossman tuvo la suerte de encontrar a Patrick, que tenía mucha más autoridad y credibilidad para focalizar la atención de la compañía en el desafío de internet, y plantar cara a sus jefes en las oficinas centrales de Armonk.

Para llamar la atención de tus superiores, tendrás que adoptar una conducta o una retórica que generen cierto riesgo personal. Por ejemplo, podrías enviar un artículo a la prensa. Filtrar una historia a un periodista podría ser eficaz para que la gente se centrase en el tema que deseas plantear, pero lo más probable es que lo considerarían como un acto de deslealtad institucional al descubrirte. Atreverte a hacer una pregunta desafiante a un directivo de la compañía en una reunión informal seguramente atraerá su atención, pero también es posible que se centre más en ti que en el problema. Además, esa impertinencia podría costarte el puesto, o al menos el distanciamiento de algunos de tus compañeros.

Una amiga nos relató una situación en la que su falta de autoridad le parecía una barrera infranqueable para inducir al personal a concentrarse en un problema importante. Ella había estado en una reunión del equipo directivo de una pequeña compañía cuando un nuevo jefe de departamento hizo una pregunta que parecía perfectamente razonable. El director respondió enfurecido, calificando la idea como la «cosa más estúpida que jamás he oído». Esto sorprendió a todos, y la pregunta quedó sin respuesta. La reunión se malogró, y todos callaron. Ella sabía que habían tocado un punto álgido y que había salido a relucir un problema oculto, pero desde su posición se sentía incapaz de abordarlo —al igual que los otros miembros del grupo—. De modo que entendió que la pregunta importante y apropiada del jefe de departamento no recibiría respuesta alguna. Más tarde descubrió que el problema subyacente que había hecho estallar la ira del director era su esperanza de que el nuevo jefe de departamento lo aliviara de alguna de sus responsabilidades. Se sentía demasiado presionado, e interpretó aquella pregunta como una frustrante señal de que el nuevo colega no tenía suficiente experiencia ni conocimiento para ayudarlo.

¿Nuestra amiga podría haber intervenido en esa situación sin arriesgarse? ¿Podría volver a plantear la pregunta del jefe de departamento? Más específicamente, ¿podría haber ayudado al director y al grupo a afrontar el problema de las presiones y la necesidad de más talento? ¿Podría haber reorientado la atención del grupo?

Algunas posibilidades: ella podría haber esperado un rato y, luego, reformular la pregunta; podría haber hecho la observación de que la violenta respuesta del director le parecía desproporcionada respecto a la pregunta, o incluso podría haberle preguntado por qué se sentía de esa manera. Quizá después de que cambiara el cariz de la reunión podría haber declarado que todos conocían la verdad y que algo estaba interfiriendo en la productividad.

Concentrar a un grupo en un problema difícil desde un cargo de poca autoridad siempre resulta ser una tarea arriesgada. Pero ese riesgo puede disminuir si se habla de la manera más neutral posible, comunicando los datos palpables y compartidos, en lugar de haciendo interpretaciones más desafiantes. Eso puede ser más eficaz que formular simplemente la pregunta directa para sacar a la superficie el problema subyacente.

Cuando intervienes más allá de tu autoridad, te enfrentas a la disyuntiva entre actuar fuera de tus competencias para que la gente se percate del tema o ser tan radical que tu problema —y quizá tú mismo— sea ignorado. Un exdiputado por Massachusetts, Silvio Conte, habló una vez en la Cámara de Representantes usando una máscara de cerdo para debatir un proyecto del presupuesto que él consideraba una «porquería». Como miembro del partido minoritario, Conte tenía pocas esperanzas de reunir votos para eliminar los puntos que él cuestionaba, y la mayoría de los miembros trataron de pasar por alto los méritos de su planteamiento. Conte se arriesgó a provocar un ataque y quedar en ridículo, profesional y públicamente. Pero también tocó una cuerda sensible, y llamó la atención de reporteros y compañeros clave; lo cual condujo a ciertos cambios en el presupuesto.

Una vez más, Martin Luther King sirve como ejemplo de los riesgos de la provocación. En los primeros tiempos del movimiento de los derechos civiles, sin la autoridad necesaria para exigir que la nación afrontara la injusticia racial, King se comprometió reiteradamente en demostraciones y actos de desobediencia civil no violenta. Aunque no estaba seguro de que hubiera violencia en el proceso sabía que, si se mantenía firme, probablemente surgirían problemas. Todo lo que King podía hacer era asegurarse de que, si brotaba la violencia, los medios de comunicación estuvieran allí. Cuando el sheriff Bull Conner trajo los perros de ataque, King tenía la audiencia de la ciudadanía. Una vez que había llamado la atención del público, ya no necesitaba ser tan desafiante. Comenzó a tener una autoridad moral y, a medida que esa autoridad crecía, tuvo a su disposición un amplio espectro de instrumentos para llamar la atención. En 1963 fue la multitud, no la violencia, la que concentró la atención de la nación en los derechos civiles, cuando 240.000 personas marcharon con él en Washington y le oyeron decir: «Tengo un sueño».

. . .

Es muy probable que tú hayas observado, y soportado, presiones cuando expusiste un problema difícil y conflictivo en una organización o una comunidad. Aunque mantenerse quieto no sea fácil, te permitirá abordar varias cosas a la vez. Al aceptar la presión extrema, puedes mantener un nivel de equilibrio productivo o de tensión creativa, ya que las personas asumen la responsabilidad de resolver sus conflictos. Mantenerte quieto te dará tiempo para dejar que los problemas maduren o, a la inversa, para desarrollar una estrategia que haga madurar un problema que todavía no se considera urgente. También te dará tiempo para averiguar en qué están las personas y qué hay que hacer para concentrar la atención en los problemas clave.

El hecho de conservar la calma bajo una andanada de críticas no solo es una cuestión de coraje, también requiere habilidad. En la segunda parte de este libro hemos sugerido una serie de propuestas para conservar la calma mientras nos encontramos bajo presiones. Por ejemplo, ver las cosas desde diferentes perspectivas, encontrar socios, ajustar el termostato, regular el esfuerzo, hacer nuestras intervenciones inequívocas y oportunas, concentrar la atención sobre el problema y mostrar a las comunidades un futuro diferente del que imaginan son métodos para tratar con el desequilibrio que generamos. Sin embargo, además de esas maneras de evaluar la situación y de tomar medidas, te sugerimos una serie de planteamientos y prácticas que conciernen al desafío personal que significa sostener las tensiones del liderazgo. En la tercera parte, exploramos estos temas.

Cuerpo y alma

8

Maneja tus anhelos

Por nuestra propia observación y nuestra dolorosa experiencia personal, sabemos que la manera más eficaz que tiene una organización para hundirte es dejar que tú mismo te hundas. Entonces nadie se siente responsable de ello. Con demasiada frecuencia nos autodestruimos o damos a los otros las herramientas que necesitan para hacerlo.

Como hemos visto en la primera y segunda parte de este libro, a menudo las personas caen derrotadas porque, aunque hagan todo lo posible, cometen errores en su manera de evaluar o de comprometerse con su entorno. Pero a veces nos autodestruimos al dejar de prestarnos atención a nosotros mismos. Quedamos atrapados en la causa y olvidamos que el ejercicio del liderazgo es, en el fondo, una actividad personal. Esto nos desafía intelectual, emocional, espiritual y físicamente. Pero, con el aumento de la adrenalina, podemos llegar a creer que en cierta medida somos diferentes y que, por lo tanto, no estamos sujetos a las debilidades humanas normales que pueden frustrar a los mortales más ordinarios en misiones ordinarias. Comenzamos a actuar como si fuéramos física y emocionalmente indestructibles.

Marty recuerda un momento bastante difícil que vivió hace muchos años cuando coordinaba gran parte de una campaña política a nivel estatal. Era el que llegaba más temprano a la oficina y el que salía más tarde. Trabajaba setenta horas por semana —o más— cuando, lenta pero incesantemente, la calidad de su trabajo iba disminuyendo, reflejando su fatiga total. Pero él fue el último en descubrirlo. Finalmente, un consejero de la campaña se lo llevó aparte, le ordenó que se tomara una semana de vacaciones y le dijo que, si no podía tener listo el trabajo en una semana laboral de sesenta horas, buscarían a otra persona que lo hiciera.

Bill Clinton llegó a la Casa Blanca en enero de 1993 sin dormir y físicamente agotado. Según David Gergen, el observador y consejero presidencial, en lugar de «prepararse físicamente para la severa prueba que le aguardaba», Clinton pasó el período entre las elecciones y sus primeros actos de gobierno trabajando, jugando y acudiendo a celebraciones durante veinte horas diarias.[1] Cuando llegó a Washington, «parecía agotado, jadeante y excitado. Su intervalo de atención era tan breve que resultaba difícil mantener una conversación seria con él durante más de unos minutos». Gergen está convencido de que el desatinado comienzo del gobierno de Clinton fue consecuencia, en parte, de la nueva condición física del presidente. Clinton rehusaba descansar. Tal vez tuviera un impulso real para mantener ese ritmo. Todos somos vulnerables a caer víctimas de nuestra propia ansiedad. El dominio y el conocimiento de nosotros mismos son la clave de la supervivencia.

Todos tenemos aspiraciones que expresan nuestras necesidades humanas. Pero, a veces, esas aspiraciones interfieren en nuestra capacidad para actuar de manera deliberada y prudente. Quizá una de nuestras necesidades sea demasiado grande y nos haga vulnerables. Quizá el escenario en el cual actuamos altera nuestro nivel normal de necesidad, amplía nuestros deseos y nos hace perder el control. O nuestras aspiraciones podrían ser exageradas simplemente porque nuestras necesidades humanas no están siendo satisfechas en el aspecto personal.

Todo ser humano necesita cierto grado de poder y control, de afirmación y trascendencia, así como de intimidad y placer. No sabemos de nadie que prefiera sentirse completamente impotente, insignificante o insensible en la vida. Sin embargo, cada una de esas necesidades humanas normales nos puede causar dificultades cuando perdemos la disciplina y la prudencia requeridas para manejarlas de manera productiva y satisfacerlas de la forma más apropiada.

Reconocer y manejar esas aspiraciones es un esfuerzo individual, ya que cada ser humano es único. Para emplear una metáfora musical, puedes imaginarte como un arpa cuyas cuerdas suenan de una manera singular, tanto por la educación como por razones genéticas. Como cada uno de nosotros tiene sus propias cuerdas, reacciona de manera diferente al mismo estímulo. No existe un arpa perfectamente afinada. Todos somos sumamente sensibles a dinámicas y problemas sociales particulares, y cada una de esas sensibilidades llega a ser una fuente de fortaleza y de debilidad. Puedes descubrir un problema antes de que lo haga otra persona y estar preparado para la acción, pero también puedes verlo cuando no existe, reaccionar de una manera indebida o en el momento inoportuno. Además, es muy probable que no percibas otras partes de la música para las cuales tienes un oído poco avezado.

Cuando estés liderando, tendrás que adaptarte tanto a sus necesidades como a las tuyas propias. Pero, al conectar con sus esperanzas y sus frustraciones es fácil que te conviertas en el depositario de sus anhelos. Sin embargo, el deseo de satisfacer las necesidades de los otros puede llegar a ser una vulnerabilidad si eso alimenta tus ansias normales de poder, reconocimiento e intimidad. Eso es mucho más válido si tus necesidades no han sido satisfechas adecuadamente. Por eso, con frecuencia las personas terminan destruyéndose a sí mismas. Quedan tan atrapadas en la acción y la energía que pierden el dominio y el control propios.

No estamos sugiriendo que el liderazgo implique reprimir tus pasiones humanas normales —más bien al contrario, como podrás ver más adelante—. Pero volviendo a nuestra metáfora original, es importante «asomarte al balcón» repetidas veces para adquirir otra perspectiva, para ver cómo —y por qué— se avivan tus pasiones. Cuando asumes la tarea del liderazgo, invariablemente te haces eco de muchos sentimientos expresados por la gente que te rodea. Seguramente, algunos de los sentimientos que experimentas en tu rol profesional son «heredados»; todos heredamos virtudes y defectos de nuestros padres y de nuestros ancestros. Pero muchos otros sentimientos dependen de tu manera de reaccionar ante el ambiente laboral. En cada rol profesional que asumas, debes ser cauteloso respecto a tu inclinación emocional para comprender los problemas y sentimientos de tus compañeros de dentro de la organización, y ser consciente de cómo te afectan.

Cuando lideras, participas en las emociones colectivas, que generan una gran cantidad de tentaciones: las de ejercer poder sobre los otros apelan a tu propio sentido de la importancia, a las oportunidades de conseguir intimidad emocional y satisfacción sexual. Pero conectar con esas emociones es diferente a entregarse a ellas. Si te dejas llevar por ellas, destruyes tu capacidad de liderazgo. El poder puede llegar a ser un fin en sí mismo, cuando se desvía la atención de los propósitos organizacionales. Un sentido del ego exagerado puede conducir al autoengaño y a las dependencias anómalas. Las relaciones sexuales inapropiadas pueden debilitar la confianza, crear confusión y dar una justificación a tus superiores para desembarazarse de ti y de tu visión de los problemas. Ahora, analizaremos estas tentaciones y cómo se pueden desvirtuar nuestros anhelos normales.

Poder y control

El ansia de poder es humana. Todos pretendemos tener alguna medida de control sobre nuestra vida, todos deseamos experimentar una sensación de poder. Pero algunas personas, quizá como producto de su educación, tienen una necesidad desproporcionada de control. A lo mejor han crecido en un hogar rígidamente estructurado o muy caótico; por eso pueden reaccionar violentamente ante cualquier alteración social, después de haber pasado muchos años alimentando su ansia de control. Su dominio del caos refleja una necesidad más profunda de orden.

Esa necesidad y esa habilidad se pueden convertir en una fuente de vulnerabilidad. Consideremos qué puede suceder si alguien con ese perfil entra en un circuito organizacional opresivo. Imaginemos la escena: personas que experimentan altos niveles de desequilibrio mientras luchan con problemas difíciles en medio de un gran caos y conflicto. Una mujer, Rhonda, irrumpe en la escena sobre su corcel blanco, preparada y dispuesta —y por dentro desesperada— a hacerse cargo de la situación. En realidad, parece una enviada del cielo para los miembros de la organización. E, indudablemente, restablece el orden.

Eso sería una bendición solo al principio, porque cuando las personas que integran un sistema social están desbordadas no pueden aprender adecuadamente. El aprendizaje social requiere cierto desafío al orden social, pero dentro de un grado de desequilibrio productivo. Así que alguien que pueda aportar un aparente orden en el caos, reduciendo el estrés hasta un nivel tolerable, presta un servicio vital. Rhonda evita que la olla a presión estalle.

Pero el ansia de control puede hacer que Rhonda confunda los medios con el fin. La persona que tiene una necesidad desproporcionada de control, que está demasiado ansiosa de poder, es propensa a perder de vista su objetivo. En lugar de coordinar el esfuerzo progresivo requerido para resolver los problemas, Rhonda se concentra en mantener el orden como un fin en sí mismo. No puede asumir la tarea política de afrontar los conflictos difíciles que conducen al caos. Se dice: «Todo debe de estar bien porque la situación está bajo control». Las personas de la organización están contentas porque prefieren la calma a la zozobra. Todo está en orden. Pero, por desgracia, ahora Rhonda ya es vulnerable y está sujeta al deseo de la organización de que evite que tengan que tratar sus asuntos polémicos.

James Kerasiotes fue uno de los funcionarios públicos más exitosos que hemos conocido. Consiguió muchas cosas. El mayor desafío de Kerasiotes, a mediados de los años noventa, fue administrar el Big Dig de Boston, el proyecto de obras públicas de 14.500 millones de dólares destinado a soterrar la principal autopista que cruzaba a la ciudad, la Central Artery, y construir un tercer túnel hasta el aeropuerto Logan. En todos los sentidos hizo un trabajo extraordinario y durante mucho tiempo. Luego se dejó llevar por su necesidad de control. El proyecto sobrepasó el presupuesto inicial, pero Kerasiotes no se lo dijo a nadie. Ni siquiera informó de ello al gobernador, que estaba ocupado en promover su candidatura para la reelección. Pensaba que estaba actuando bien y que hacía un favor a todos al controlar la situación y mantener el problema en secreto hasta que pudiera corregirlo.

Si hubiera dado a conocer el problema cuando lo detectó, podría haber apelado al esfuerzo de los ciudadanos y de los funcionarios federales, estatales y locales para buscar una solución. En cambio, el problema salió a la luz como resultado de una inspección externa. La gestión de Kerasiotes se convirtió en el problema, y fue despedido. Sus ansias de control llegaron a ser su propósito fundamental, que le cegaba y le impedía encontrar una estrategia para compartir la tarea que le habría permitido sobrevivir con su reputación intacta.

Quizá más que cualquier otra institución, el ejército prepara a las personas para actuar en medio del caos y ejercer el poder a fin de restablecer el orden. Eso suele atraer a personas que tienen una necesidad de control, y, de hecho, las prepara para asumirlo. Si formas parte de un grupo recientemente formado que está luchando para organizarse y hay un militar presente, es probable que este dé un paso adelante con su habilidad y su necesidad de controlar el proceso. Cuando los pasajeros del vuelo 93 de United Airlines descubrieron a través de las conversaciones desde un móvil cuando volaban sobre Pensilvania que probablemente unos terroristas iban a estrellar su avión con la intención de matar a muchas personas, los hombres que actuaron para retomar el control del avión tenían experiencia en las artes marciales y militares.[2]

A una escala mucho mayor, cuando un gobierno inmerso en un caos político ya no es capaz de contener los conflictos y las tensiones dentro de la nación, el ejército suele actuar como una fuerza estabilizadora —la fuerza de contención como último recurso—. Esa puede resultar una función importante que, en una situación emergente y peligrosa, podría salvar muchas vidas. Pero, como los militares son entrenados para suprimir el caos y mantener el orden, también pueden ir demasiado lejos, acallando la diversidad de opiniones necesaria para progresar en cuestiones políticas, económicas y sociales. La contención del conflicto y el restablecimiento del orden pueden crear algunas de las condiciones idóneas para el progreso, pero no son el progreso mismo.

Si asumes la heroica responsabilidad de restaurar el orden, es importante que nunca te olvides de que tu autoridad es un producto de unas expectativas sociales concretas. Creer que proviene de ti mismo es una falsa ilusión. Las personas te otorgan poder porque esperan que les prestes un servicio. Si te deleitas con los halagos y el poder que te dan, en lugar de ayudar a la gente a recuperar su adaptabilidad, en última instancia, pones en peligro tu propia fuente de autoridad.

Autoafirmación y reconocimiento

Cuando asumas el liderazgo, algunos se opondrán a tus puntos de vista y otros los ratificarán. Como hemos visto en el capítulo 4, hay muy buenas razones para que te mantengas cerca de tus adversarios. Tendrás que entenderlos, aprender de ellos, desafiarlos productivamente y, sin duda, estar prevenido para su ataque. Pero también es importante que mantengas una actitud crítica frente a las respuestas positivas que vayas recibiendo. Todos necesitamos el reconocimiento de los otros, pero aceptar los halagos de una manera indisciplinada puede conducir a la pedantería: a una visión pretenciosa de uno mismo y de su causa. La gente puede adjudicarte cierta magia, y tal vez tú empieces a pensar que la tienes. Cuanto más alto sea el nivel de angustia, mayores son las esperanzas y las expectativas que depositarán en ti para que los liberes. Es posible que depositen demasiada fe en ti.

A veces hay buenas razones estratégicas para mantener la ilusión de la gente, al menos durante un tiempo. En momentos de gran angustia, las personas necesitan esperanza, y tal vez tú debas mostrar más seguridad en ti mismo de la que personalmente sientas. Después de los ataques terroristas de septiembre de 2001, el presidente George W. Bush conservó la calma y proporcionó esa tranquilidad tan necesaria para su país. Anunció que los autores del ataque serían arrestados y sometidos a la justicia y que, como la lucha contra el terrorismo sería larga y difícil, podíamos y debíamos continuar con el curso normal de nuestras vidas. El nivel de adhesión popular casi se duplicó. Mientras tanto, por supuesto, quedaban por delante difíciles negociaciones.

Como autoridad superior en una crisis organizacional, puedes decidir ocultar algunas malas noticias y permitir que tu gente te admire durante algún tiempo; esa estrategia te servirá para ganar algo de tiempo si no estás seguro del nivel de estrés que puedan tolerar ni del tiempo que necesiten para responder a los futuros retos. Pero trata de no desviarte de tus objetivos estratégicos y no caigas en la complacencia y la presunción. Las personas necesitan saber la verdad lo antes posible, para poder lidiar con los problemas y los cambios que sea necesario efectuar. Si finges tener más respuestas de las que tienes, con el tiempo la realidad te superará; y, en última instancia, pondrás en peligro tu credibilidad al fingir una sabiduría exagerada.

De un modo similar, puede haber fanáticos entre tus seguidores, apasionados por tu causa y ansiosos de usar su influencia sobre ti. En su fanatismo, tal vez aduzcan que tu estrategia gradual es una manera de eludir los problemas. Los fanáticos son eficaces para promover el cambio, pero al no ser capaces de respetar los puntos de vista de sus adversarios y las pérdidas potenciales, suelen establecer un ritmo equivocado. De hecho, uno de los mejores estímulos del liderazgo proviene de los fanáticos que apuestan por tu necesidad de autoafirmación y te presionan para que te precipites rápidamente —y, a veces, de manera inconsciente— hacia el abismo. Algo parecido pudo haberle sucedido al presidente Bill Clinton cuando precipitadamente abortó su plan de salud.[3]

En la antigua Roma, los emperadores tenían en todo momento a un hombre cerca de ellos cuya tarea era recordarles su mortalidad. En un ambiente de crueldad y astucia política desenfrenadas, tener a alguien junto al líder que cumpla esta función sería indudablemente necesario para su supervivencia diaria, sin mencionar su éxito. Esto también te servirá cuando procures introducir un cambio profundo, quizá indeseable. Te sugerimos que busques a alguien para que desempeñe esa función, pero ha de ser alguien que no esté bajo tu autoridad.

La habilidad de desviar las situaciones para fomentar tu grandeza va de la mano de que la gente te vea como a un personaje en escena, más que como a una persona de carne y hueso. En efecto, lo que ven los de tu entorno profesional es el cumplimiento de los objetivos; o, a la inversa, las inquietantes cuestiones que representas. No ven tu verdadero rostro, sino el reflejo de sus propias necesidades o preocupaciones. Esas necesidades dominan la percepción que tienen de ti. Creer que tienes un poder inherente es una trampa, tanto para ti como para los otros. A largo plazo, la dependencia atrapa a la gente, y deberás controlar tu deseo de fomentarla. La dependencia puede convertirse fácilmente en desacato cuando el grupo descubra tus flaquezas humanas. En realidad, el ansia de sentirte importante puede hacerte ignorar las advertencias obvias de que estás en peligro. En el drama *Julio César*, de Shakespeare, cuando alguien desde la muchedumbre lo alerta: «Cuídate de los idus de marzo», César desecha esa advertencia respondiendo: «Es un soñador; no le hagamos caso». Estaba demasiado seguro de sí mismo porque creía que él, más que su investidura, era el centro del mundo.[4]

Controlar la propia grandeza significa renunciar a la idea de ser el solitario guerrero heroico que encuentra todas las soluciones. Quizá las personas te pidan que desempeñes ese papel, pero no te dejes seducir. Eso les impide desarrollar sus propias fuerzas y resolver sus propios conflictos. No empieces a creer que eres tú quien debe abordar el problema y resolverlo. Si te haces cargo del mismo, procura hacerlo durante un período limitado de tiempo, mientras los demás se acostumbran a su necesidad y su capacidad de asumir la responsabilidad del desafío.

Pete, el compañero del capítulo 4, trataba de desarrollar un servicio para las personas mentalmente discapacitadas y, en parte, fue derrotado por su propio orgullo, que lo hizo vulnerable. Sufría una indudable arrogancia. Le preguntamos por qué no había tenido en cuenta a la oposición y nos respondió: «Pensé que tenía toda la ley a mi favor. Podría haber ganado en los tribunales. Imaginaba que tenía el poder de coacción. Me basaba en mi experiencia de 1992, cuando los vecinos intentaron impedirnos ocupar una base abandonada del ejército. Nos reunimos con ellos durante casi un año y me parecieron implacables. Intenté avanzar por ese camino y no surtió efecto. Esta vez tenía todo el poder político de mi parte. Eso me dio un falso sentido de invulnerabilidad. Las opiniones que escuchaba confirmaban que estaba haciendo lo correcto y en el lugar debido. Varias personas de mi junta directiva fueron cautelosas, pero yo jamás presté atención a sus inquietudes». Cegado por su impaciencia y su seguridad, Pete escuchaba solo las opiniones afirmativas y hacía oídos ordos a las críticas; y estas últimas lo vencieron.

Desde luego, todos los seres humanos anhelamos sentirnos importantes y seguros de nosotros mismos. Todos queremos ser importantes en la vida, al menos para alguien; pero, en este sentido, algunas personas son más vulnerables que otras. Ron se incluye a sí mismo en este grupo. Le encanta sentirse necesario e importante. Por eso —como les sucede a muchas personas— pasó muchos años de su vida aprendiendo a resolver los problemas de la gente e invirtió una enorme energía personal en la educación formal sobre esa tarea. Si él puede resolver el problema de una persona, entonces será importante para ella.

Las personas con un deseo exagerado de ser necesarias examinan el horizonte en busca de situaciones donde puedan resolver problemas. No son felices si no ayudan a alguien a solucionar un problema difícil y, cuanto más difícil es, más importantes se sienten. Su lema es: «Usted tiene un problema difícil... Yo tengo una solución». En cierto sentido, son profesionales no agremiados —digamos «mediadores»— que examinan las heridas recientes de la gente, las hacen sangrar un poco más, y luego le dicen: «¡Tengo el remedio!». Pero no te equivoques, a menudo son personas maravillosas y hacen fantásticas contribuciones. Solo debes tener en cuenta que parte de lo que las induce a ayudar a la gente es su necesidad de sentirse importantes. Si bien la idea de que estamos en la Tierra por una razón genera un propósito, es muy fácil que esa necesidad se convierta en una fuente de vulnerabilidad. Imagínate que eres alguien que necesita imperiosamente sentirse imprescindible y, después de entrar en una compañía en declive, haces uno o dos ajustes significativos. Tus empleados dicen: «¡Oh, eres magnífico!», y empiezan a necesitar tu ayuda y tu protección en un estado de dependencia incondicional: ¡exactamente lo que buscabas! El problema es que puedes comenzar a asimilar esa idea falsa y a creer que tienes todas las respuestas y que puedes satisfacer todo tipo de necesidades. Si las personas que te rodean no te cuestionan nada y tú has perdido la capacidad de autocrítica, empieza a surgir una connivencia inconsciente en la que el ciego conduce al ciego.

Esta connivencia puede adoptar una forma potencialmente más amenazante. A lo largo de la historia abundan las autoridades carismáticas que, con su engreimiento y sus aires de seguridad, sedujeron a las masas que buscaban respuestas. Figuras religiosas como Jim Jones y David Koresh, junto con Osama Bin Laden y su banda de extremistas religiosos, son solo algunos ejemplos trágicos y recientes. Hitler es el arquetipo que representa a una escala casi inimaginable la peligrosa dinámica en la que un pueblo que sufre y está desorientado, desesperado por encontrar a alguien que les «señale el camino», se confabula con la grandiosidad de un demagogo.

La mayoría de las personas que predican o enseñan saben algo de ese atractivo. Sus seguidores muestran una gran propensión a creerles cuando dicen: «Tú eres el único». Desde luego, es posible que efectivamente tú tengas unos valiosos conocimientos, pero la necesidad de ser irreemplazable crea una condición peligrosa, donde el liderazgo puede llegar a ser engañoso.

Algunas personas tienen la suerte de haber acumulado una experiencia defensiva que les sirve al principio de sus carreras, antes de que alguien consiga herirlas. Tony Robinson, el ministro superior de la Iglesia congregacional de Plymouth, en Seattle, describe su experiencia de cómo cayó de su pedestal. «Cuando me inicié, fui trasladado a Honolulu para asumir el ministerio de una iglesia donde mi predecesor se había suicidado. Al llegar, me pregunté: "¿Qué quiero hacer con esto?". Sin embargo, como muchas personas que han pasado por el ministerio, estaba confundido con Dios. Pensaba que tenía que corregir las cosas, en lugar de corregirme a mí mismo. Mi experiencia de tal fracaso me hizo ver con más claridad quién era yo, qué se esperaba de mí y qué era lo que no podía hacer». De un modo similar, Pete Powell, otro ministro, cita el consejo dado a muchos sacerdotes jóvenes durante su magisterio: «Si procedéis como Cristo, vais a terminar como él».[5]

Algunas personas nunca pueden aprender. Cuando Ferdinand Marcos llegó a ser presidente de Filipinas, en 1965, el pueblo lo aclamó como a un salvador. Prometió terminar con la pobreza y organizar el país. Pero, tras dos décadas de dominio político en el cual se siguió considerando como la fuente indispensable de conocimiento y orden, el pueblo seguía siendo pobre —y la señora Marcos tenía cientos de pares de zapatos—. Sus ansias estaban totalmente fuera de control, y el pueblo finalmente los expulsó de la nación en 1986.

La grandiosidad te conduce al fracaso, porque te aísla de la realidad. En particular, olvidas el papel creativo que desempeña la duda para promover mejoras en tu organización o tu comunidad, y la duda revela los aspectos de la realidad que se te escapan. Cuando pierdes la capacidad para dudar, solo ves aquello que confirma tu propia competencia.

Desde luego, la experiencia de ir más allá de tus competencias también es un aspecto necesario del liderazgo. ¿Te parece posible tener el suficiente conocimiento y la habilidad para abordar los innumerables desafíos adaptativos que afrontará tu empresa o tu comunidad? De hecho, estar en el límite de las nuevas y complejas realidades es propio de la naturaleza del esfuerzo adaptativo. Si todo estuviera dentro de tus competencias, la vida sería una serie de simples desafíos técnicos. Pero la audacia no es lo mismo que la jactancia. Puedes penetrar audazmente en nuevos territorios, aun cuando no estés seguro de saber qué estás haciendo. Reconocer los límites de tus competencias es una manera de permanecer abierto al aprendizaje mientras señalas un camino.

Digital Equipment Corporation (DEC), cuando se hallaba en su punto culminante, rivalizaba con IBM en la industria de los ordenadores y daba empleo a 120.000 personas. Ken Olsen fundó DEC, pero a diferencia de muchos empresarios también logró desarrollar la compañía y conducirla hasta una alta posición en el mercado. Muy generoso con su comunidad, Olsen trataba a sus empleados extraordinariamente bien y experimentaba con ellos todo tipo de políticas de gerencia personal para incrementar la creatividad, la cooperación y la satisfacción de su mano de obra. Debido a su elevado éxito, la alta dirección recurría a él para tomar las decisiones empresariales clave. Olsen siempre sabía «tomar la decisión correcta». Lo había demostrado en muchas ocasiones.

Pero también su éxito lo condujo a la ruina. A comienzos de los años ochenta predijo, muy razonablemente, que nadie necesitaría tener su propio ordenador. No había ninguna razón para tener uno. Siempre sería más rentable para las personas usar los sistemas conectados a las terminales de sus escritorios. Por consiguiente, mantuvo a DEC fuera del mercado de los ordenadores personales, hasta que fue demasiado tarde.

Desde luego, en la industria todo el mundo toma buenas y malas decisiones, y hace buenas y malas predicciones. En ese caso, la vulnerabilidad no era una consecuencia de la decisión de Olsen, sino de la dependencia que había creado en torno a su persona; lo cual significó que, durante demasiado tiempo, sus decisiones fueran incuestionables para sus colegas. En cambio, una década más tarde, Bill Gates tomó la decisión errónea de mantener a Microsoft fuera del negocio de internet, solamente para dar un giro de 180 grados poco después. Al observar que la industria cambiaba a toda velocidad y escuchar con atención a sus compañeros, Gates cambió de opinión sin ocasionar un daño permanente a su sentido del orgullo;

es muy probable que aquel rápido cambio de rumbo también mejorara su reputación.

Finalmente, cuando tanto ansiamos el reconocimiento y el premio en nuestras vidas profesionales, solemos andar con los ojos cerrados sin hacer caso de nuestros compromisos y valores. Ron lo experimentó cuando publicó su primer libro. Después de haber invertido diez años en él, lo promocionó en todo el país expresando a la gente de muchas maneras cuánto necesitaban lo que él quería decirles. Durante seis meses impartió cursos dos días por semana, los otros días viajaba y concedía entrevistas a los diarios, la radio y la televisión, hablando a quienquiera que quisiera oírle.

Una noche volvió a su casa de un viaje de promoción del libro, y su mujer, Sousan, le sugirió que se diera un baño después de que los niños se acostaran. «Oh, caramba», pensó, «un pequeño placer tras mis esfuerzos de promoción del libro. ¿Acaso no me lo merezco?». Los niños ya estaban aseados, con los dientes cepillados y listos para dormir. El matrimonio entró en el baño. Hicieron correr el agua, agregaron alguna sustancia fragante, se desvistieron y se metieron en la bañera. Pero las fantasías de Ron se desvanecieron antes de que su trasero tocara el fondo de la bañera. Resultó, ahora lo comprende, que aquella no era una refinada celebración. Era una reunión.

Pasaron dos horas en esa bañera, apaciguando los ánimos para conversar. Ella le contó lo que había estado sucediendo en el hogar y en su oficina mientras él estaba tan preocupado y satisfecho por lo que había hecho. «El mundo todavía sigue girando», dijo ella, «...y, si no prestas atención a eso, habrá cambiado mucho cuando decidas regresar».

Ron se resistió a oír ese mensaje de todas las maneras que pudo. La «escuchó» y pensó que todo se debía a la «hipersensibilidad producida por su ausencia». Se enojó. Actuó con dulzura y seducción. Intentó razonar y comprometerse. Incluso se puso patético. Pero Sousan se negó a ponerse a la defensiva y mantuvo la calma. Durante la segunda hora de reunión, mientras el agua se estaba enfriando, él comenzó a tomar conciencia, a entender lo que ella había querido expresar cuando dijo: «Te estás perdiendo. Estás volando todo el tiempo; estás en un programa radiofónico y te lamentas de no estar en otro. Estás en el *New York Times*, pero te quejas de no haber aparecido en el *Washington Post*. Además, estás tan alejado y tan preocupado por ti mismo que no estás realmente presente con nuestros hijos; ¡y *yo nunca voy a terminar mi doctorado*!».

En esa bañera empezó a descubrir lo que él llama su «zona de insaciabilidad»: ese lugar en el que, por mucho que haga y por mucho que logre, nunca es suficiente. Para alguien con un deseo exagerado de ser necesario es difícil responder a esta pregunta: «¿Qué es realmente valioso y qué se puede sacrificar?». Desde luego, tuvieron muchas conversaciones durante los meses siguientes. Ron debía elegir entre sus valores prioritarios, como padre y como esposo protector, y aspectos de su conducta que ponían su carrera por encima de esos valores. Ron quería abarcarlo todo. En el preciso instante en que su empresa comenzaba a tomar fuerza y le llamaban personas para decirle que le necesitaban, le estaban pidiendo que evaluara lo que en realidad le importaba. Justo cuando su avión salía de la pista, su esposa le dijo, en términos inequívocos, que dejara de volar.

Ron suplicó: «¿Cómo puedes hacer esto con mi sueño?». Más tarde, comprendió que ella le estaba ofreciendo un salvavidas. Perdido en su zona de insaciabilidad, su inagotable necesidad de importancia y afirmación, podía ganar el mundo y perderse a sí mismo.

Intimidad y placer

Los seres humanos necesitan intimidad. Necesitamos que nos toquen y nos abracen, emocional y físicamente. Pero algunos somos más vulnerables a la hora de experimentar esta necesidad. Por ejemplo, podemos tener una sensibilidad especial al dolor de haber perdido a un padre a una edad temprana y evitar las situaciones que nos evoquen ese sentimiento. O podemos ser particularmente sensibles al rechazo, de modo que cada vez que empezamos a sentirnos abandonados, suspendemos el buen juicio y buscamos a cualquiera que esté dispuesto a manifestarnos su aceptación, confundiendo a veces lo sexual con otras formas de intimidad.

A través de tu propia experiencia, puede que hayas llegado a ser sumamente eficaz para proporcionar un ámbito de contención a las personas, moderando las tensiones durante un proceso de cambio organizacional, político o social. Puede que hayas desarrollado la energía mental necesaria para unir a las personas que tienen valores y puntos de vista conflictivos. Pero, como el metal de una olla a presión, el ámbito de contención debe tener solidez y elasticidad.

Sin embargo, ¿quién te está conteniendo a ti? ¿Quién protege al protector? Cuando estás completamente cansado de ser un muro de contención, ¿quién te proporciona una oportunidad de satisfacer tu necesidad de intimidad y evasión?

Como respuesta a las diferentes maneras de sentirnos emocionalmente excitados, exhaustos, «abrumados» o simplemente cansados, a veces hacemos cosas autodestructivas. Por ejemplo, consideremos el sexo. No cabe duda de que ser el depositario de las esperanzas de la gente puede ser excitante y que esto a veces lleva a las personas a comportarse de una manera autodestructiva en su vida sexual. Obviamente, eso puede ser diferente para los hombres que para las mujeres. Cuando las personas ven a un hombre como a alguien especial, eso a veces despierta el apetito sexual, así como el ego. Así, algunos hombres que tienen esa necesidad, terminan comprometiéndose en una actividad sexual que sobrepasa los límites de la moral, dañando a las mujeres —o a los hombres—, a sí mismos, a sus asuntos y al ambiente laboral.

Bill Clinton es, quizá, el ejemplo más público de la historia estadounidense. Pero en absoluto es el único. Sabemos de muchos casos similares. Por un momento olvidemos al presidente Clinton, sus políticas y su posición social. Considerémoslo simplemente como a otro individuo de mediana edad que tiene mucho poder en una organización grande e importante.

Intentemos comprenderlo, y comprender también su situación, en los términos que hemos estado analizando: es un hombre que hizo daño a una mujer, a su familia y a sí mismo, y que estuvo a punto de acabar con su presidencia por no ser capaz de gestionar sus propias aspiraciones.

Bill Clinton pasó unos treinta años de su vida adulta soñando con la presidencia. Y ese sueño se hizo realidad en enero de 1993, cuando entró en la Casa Blanca como presidente, con un nivel de excitación personal que sería difícil de comprender para la mayoría de nosotros.

No solo estaba excitado, sino que tenía un ambicioso programa: recuperación económica, revisión del sistema de salud, reducción del delito, control del déficit, reforma del gobierno federal, aprobación del NAFTA, protección del medioambiente, y mucho más. Era un hombre de grandes aspiraciones y, como otros presidentes, cometió el error de intentar hacer demasiado con demasiada rapidez. Trató los desafíos adaptativos como si fueran problemas técnicos, sobrestimó su autoridad y calculó mal la estrategia y el ritmo del cambio.

Dieciocho meses más tarde, tocó fondo. En las elecciones de 1994, los votantes desplazaron a suficientes demócratas del gobierno para dar a Newt Gingrich y a su «contrato con América» un mandato extraordinario, así como el control de la Cámara de Representantes de Estados Unidos.

En 1995, Gingrich atrajo la atención pública, y Clinton trató de recuperarla. Insistía patéticamente en que, como presidente, todavía tenía «relevancia» en la política pública. Pero apenas consiguió transmitir su mensaje porque todas las miradas estaban puestas en Gingrich y en los republicanos. Las esperanzas y los sueños de Clinton casi se habían desvanecido. Solo trataba de evitar desaparecer por completo.

Tras doce meses de ser rechazado e ignorado por la prensa y el público, a finales de 1995 Clinton intenta una última y desesperada apuesta política de jugar con todas las cartas sobre la mesa. Se comprometió con los republicanos en un juego de la gallinita ciega, que terminó acorralando definitivamente al gobierno. Fue un acto de alta intriga. Clinton no se dio cuenta, cuando hizo su apuesta, de que podía hacer que los republicanos pareciesen los villanos, echándoles así la culpa del fracaso. Ese fue el final de su carrera… o el comienzo de un retorno.

El gobierno cayó en noviembre de 1995, con un efecto secundario inesperado. Muchos de los aliados y confidentes del equipo de Clinton que sirvieron para mantenerlo disciplinado no podían volver a trabajar. Así, después de doce meses en el punto más bajo de su presidencia, Clinton se encontraba sin el apoyo cotidiano proporcionado por su grupo de correligionarios del ala oeste de la Casa Blanca. Además, su principal confidente y su fuente de disciplina, Hillary Clinton, estaba fuera de la ciudad. Para seguir operando con un equipo reducido, la Casa Blanca contrató a becarios —cuyos estipendios no estaban afectados por la crisis— para que trabajaran en el Despacho Oval.

Ahora intenta ponerte en la piel de Clinton. Estás al borde del abismo, haciendo la última apuesta de tu carrera, con el bienestar de muchos miles, quizá millones, de personas en juego. Aparte de eso, no hay nadie a tu lado; tus guardianes han desaparecido. Estás solo, manteniendo unida a tu empresa en un momento de gran riesgo. Y tu mujer, tu confidente más importante, está fuera de la ciudad.

Es probable que Clinton sintiera una suerte de excitación irreal y, quizá en el fondo, un poco de desesperación. Al menos, volvía a participar en el juego, después de haber demostrado un enorme poder para conseguir un empate en el Congreso de Estados Unidos. En ese momento, cualquiera podría necesitar la protección de Ulises. Ulises sabía que perdería su fuerza si oía el canto de las sirenas y que, como muchos de sus marineros, se arrojaría al agua para que le destruyesen. Sabía que, al estar solo, cedería a sus ansias. De modo que se preparó haciéndose atar firmemente al mástil y luego se puso cera en las orejas para no caer en la tentación. Ordenó a sus marineros que no le hicieran caso cuando les pidiera a gritos su liberación. Y luego navegó a través de esas aguas, oyó la asombrosa melodía que entonaban las sirenas, se puso frenético como había previsto, ordenó su propia liberación y lo salvó su preparación porque la tripulación desoyó sus gestos y sus gritos. Quizá Clinton también hubiese necesitado conocerse a sí mismo lo suficiente para pedir a alguien que lo atara al mástil.

En el próximo capítulo estudiaremos una serie de anclas para evitar perderse en las aguas inexploradas y peligrosas. Por el momento, trata de comprender más indulgentemente tus propias ansias y tus vulnerabilidades. Cuando Clinton estaba en medio de un juego político desesperado e intensamente excitante, sin su esposa ni sus colegas más cercanos para ayudarle a sujetarse al mástil, entró en escena Monica Lewinsky e intentó seducirlo. El presidente perdió toda la disciplina que tenía, no supo controlar sus impulsos, y por vivir un momento de intimidad y placer hizo un daño irreparable.

La conducta de Lewinsky también respondía a un ansia incontrolable. Hay pocas conductas humanas más predecibles que la atracción que sienten los hombres y las mujeres por alguien con poder, fama o estatus. Casi todos sentimos excitación cuando nos acercamos a alguien extraordinario. No es necesario que trabajes en las proximidades del Despacho Oval para apreciar hasta qué punto las personas compiten por estar cerca de alguien que ostenta una alta posición.

Nosotros también conocemos esa ansiedad. Ambos hemos sucumbido al deseo de estar cerca de hombres y mujeres situados en altas posiciones, sacrificando con eso en alguna medida la integridad, o al menos la dignidad personal. En realidad, nuestra suposición es que muchas personas han vivido la vulnerabilidad que Monica Lewinsky pudo haber sentido: la ilusión de que nuestra autoestima se puede mejorar o confirmar al acceder a alguien «especial». En su forma más evidente, muchos hombres reafirman su autoestima al tratar a las mujeres como si fueran trofeos, y algunas mujeres hacen lo mismo. Todos tenemos recuerdos de esos momentos con un gran hombre o una gran mujer, ya sean fotos, autógrafos o prendas personales. La repisa superior del escritorio de Marty está llena de imágenes que lo muestran junto a personas famosas, tomadas cuando estaba en la política y el gobierno. De hecho, a sus sesenta años sigue siendo un cazador de autógrafos.

Desde luego, esto es un espejismo. No se puede valorar a nadie según sus amistades. Sin embargo, muchas personas viven tan aferradas a esa ilusión que llegan a perderse, sin un sentido real de su propia identidad. Habla con alguien que haya estado en esta situación, y te dirá que fue divertido e interesante estar cerca tantas personas «especiales», pero que eso no puede llenar un vacío interior.

Esta dinámica no cambiará a corto plazo. Las tentaciones seguirán desafiando nuestra disciplina interna y pondrán a prueba nuestros valores. Necesitamos conocer mejor la naturaleza sexualmente provocativa del liderazgo y la autoridad. Clinton no es una excepción. Muchos hombres que están en una posición de poder, formal e informal, han tenido dificultades para reprimir sus impulsos sexuales. No es casual que Franklin Roosevelt, John Kennedy, Martin Luther King y numerosos senadores y diputados de Estados Unidos hayan arriesgado toda su carrera por aventuras sexuales de un tipo u otro. Mohandas Gandhi era muy sincero y explícito acerca de sus esfuerzos prodigiosos para controlar sus apetitos sexuales. Es probable que les ocurra lo mismo a muchos empresarios. La lucha por esa disciplina interna es una responsabilidad del liderazgo y la autoridad. Aunque es posible que hombres y mujeres con un fuerte impulso sexual busquen posiciones de poder, también es probable que, como dijo Henry Kissinger, el poder sea un gran afrodisíaco. En tales casos, ceder al deseo es un indicio de que estás fuera de control, sacas partido de las personas y abusas de tu posición.

No todos los hombres y mujeres tienen esa vulnerabilidad, pero hemos observado algunas conductas básicas en las historias que la gente nos cuenta. La excitación descontrolada tiene dos expresiones básicas: las personas responden a tu autoridad insinuándose, o tú abusas de tu poder y les exiges «favores» sexuales. Las insinuaciones que te hacen suelen ser engañosas, ya que en realidad no se sienten sexualmente atraídas por ti, sino por tu posición y tu poder. Si no nos crees, sal de esa posición y comprueba si todavía te encuentran irresistible. Al hacer demandas sexuales no solo violas la confianza y destruyes un ambiente de trabajo productivo, sino que además te dejas de lado a ti mismo, y a tus problemas. Aunque logres mantener una relación en secreto, el ámbito laboral jamás será el mismo.

Las mujeres nos han descrito diferentes estrategias sexuales. Algunas se pierden en la ilusión de estar con un hombre poderoso que agrande su autoestima. Y, a veces, para estar cerca de él usan sus armas de seducción. Pero ceder a este tipo de seducciones deja como secuela un gran vacío, daño y desilusión.

El poder puede ser un potente afrodisíaco y una fuente de atracción tanto para las mujeres como para los hombres. Pero, debido a las convenciones de género de nuestra cultura, las mujeres a menudo se sienten más amenazadas que los hombres cuando ascienden a cargos de autoridad. En nuestro mundo, todavía dominado por el hombre, la promiscuidad se considera de diferente manera para cada sexo: en los hombres, se ve frecuentemente como una proeza y un signo de poder; en las mujeres, como un signo de vergüenza y debilidad. ¿Acaso Clinton habría sobrevivido si hubiera sido una mujer? Lo dudamos. Las mujeres que ocupan posiciones de poder saben que comprometerse en una aventura sexual conlleva el riesgo de debilitar su credibilidad y su autoridad, aun cuando el episodio siga siendo una cuestión privada. Si una mujer deja que un hombre cruce esa frontera —la frontera de la autoridad— sabe que puede perder su dominio sobre ese individuo, aun cuando nadie más sepa nada al respecto. Si llega a ser de conocimiento público, también se arriesga a perder su dominio sobre los otros. En un sentido primitivo, si ella se deja «sorprender», su autoridad entre las mujeres y los hombres se habrá perdido.

Por consiguiente, las mujeres hacen un gran esfuerzo para mantener esa frontera. Consciente o inconscientemente, muchas tratan de ser precavidas con las personas que se les acercan. Después de un tiempo, esto llega a formar parte de la intuición de una mujer, que ya ni siquiera advierte que siempre está en guardia.

A fin de mantener esa frontera intacta, las mujeres tienen que considerar no solo cómo se comportan con los hombres, sino además cómo se sienten. Esos deseos de hombres y mujeres se pueden intensificar cuando trabajan en contacto permanente. Por eso, para mantener sus sentimientos bajo control y evitar las relaciones intensas en el trabajo, las mujeres a veces se reprimen sexualmente. Pueden asumir el papel de una hermana, una hija o una madre, lo cual es más seguro que ser una mujer tridimensional. Otras crean una «burbuja» o caparazón, para aislarse incluso de sus propios sentimientos y permanecer a salvo.

De modo que, como resultado de nuestras normas y de nuestra historia cultural, los hombres y las mujeres podemos tener imágenes especulares del mismo problema. Los hombres a menudo tienen otro problema añadido: el de ser desinhibidos. Exponen sus deseos, ampliados en el ámbito laboral, sin reparo. Hasta hace poco, eso podría haber perjudicado espiritualmente a un individuo y a su familia, pero tenía escasas consecuencias en su posición de autoridad, e incluso podría haber mejorado su reputación en algunos ámbitos.

En cambio, las mujeres rara vez son respetadas cuando cruzan ese umbral. Muchas mujeres incluso nos han contado que se contienen demasiado. Como consumen tanta energía en ese estado de alerta, a algunas les resulta difícil desprenderse de su rol profesional al final de la jornada para permitirse una intimidad emocional y sexual en su vida privada.

Sabemos que estamos entrando en un terreno que, como hombres, no es el nuestro. Además, es un ámbito lleno de estereotipos. Sin embargo, mencionamos estos patrones a medida que las mujeres los describen para que podamos comprender mejor esos aspectos de nuestra vida que generalmente no se abordan. Para permitirse una experiencia emocional o sexual profunda, una mujer necesita tener confianza. Pero es difícil entregarse en cuerpo y alma si te pasas todo el día en estado de alerta. Por eso, a muchas mujeres les resulta complejo satisfacer sus necesidades humanas, recuperarlas, aun después de dejar el trabajo y volver al hogar.

Muchas mujeres, cuando acceden a posiciones de autoridad y experimentan el hecho de ser el centro de atención, tienen la misma respuesta visceral que muchos hombres. Al ser vistas de una manera especial, sus deseos de intimidad y de placer sexual pueden aumentar. Y del mismo modo que atraen los hombres que ostentan el poder, también atraen las mujeres poderosas. Las tentaciones abundan. Pero, aunque puedan parecer excitantes, esos sentimientos también son una señal de peligro. Algunos hombres, dominados por sus propios deseos, percibirán sus ansias y —como hizo Monica Lewinsky— actuarán de manera seductora. Pocas mujeres cruzan ese umbral; si lo hacen, se dañan a sí mismas.

Por ejemplo, recordemos a nuestra amiga Paula del capítulo 3, quien no pudo soportar tanto esfuerzo tratando de reformar la agencia estatal. La presión y su posición la hacían vulnerable a su deseo de compañía. Asumió esa tarea en un momento de su vida en que tenía importantes necesidades personales de afirmación e intimidad insatisfechas. Su vida en el hogar no era fácil: su matrimonio parecía frágil y se sentía presionada por la exigencia de criar a dos hijos muy pequeños. También dudaba acerca de su vida profesional y se preguntaba si cumplía los requisitos para ocupar una posición de autoridad en la que «recaen muchas responsabilidades».

Paula no era consciente de esas necesidades. Al menos, no sabía que esas necesidades podían hacerla vulnerable. Al intentar satisfacer sus necesidades de manera inapropiada, creando una relación demasiado personal con un colega profesional, involuntariamente se confabuló con sus adversarios y se convirtió en el blanco de las críticas personales. Cuando pasó a ser «el problema», la conversación derivó hacia la naturaleza de sus deseos, desviándose de los conflictos importantes que deseaba abordar.

¿Qué se puede hacer al respecto?

¿Cómo puedes controlar esos deseos viscerales? En primer lugar, conócete a ti mismo, dite la verdad acerca de lo que necesitas y, después, considera apropiadamente esas necesidades. Todo ser humano necesita poder y control, autoafirmación y reconocimiento, intimidad y placer. No podrás liderar y subsistir poniéndote simplemente una mordaza. Para controlar tus deseos deberás conocer tus puntos débiles y tomar medidas para reforzarlos. Esto comienza respetando tus deseos. He aquí dos ideas que te pueden ser útiles respecto a la necesidad de intimidad sexual. Nos concentramos en esta necesidad en concreto porque es un área de vulnerabilidad muy común, aunque suele omitirse.

Rituales de transición

Tanto los hombres como las mujeres necesitan rituales de transición para desprenderse de sus roles profesionales y poder sentirse nuevamente bajo su propia piel. De lo contrario, nuestra identidad profesional bien protegida puede infiltrarse en nuestras vidas personales. Es demasiado fácil mantener la máscara, ya que nos proporciona una buena defensa contra las agresiones durante la jornada laboral. Casi todos los actos pueden servir para marcar la transición entre nuestras vidas, la pública y la privada. Para volver a ser tú mismo, más allá de cualquier rol, simplemente podrías cambiarte de ropa, darte una ducha, ir al gimnasio, dar un paseo, meditar o rezar o beberte una copa de vino. Cualquier tipo de actividad, convertida en ritual y acompañada de algún propósito consciente, puede ayudarnos a pasar de un estado de ánimo a otro. Tendrás que ir experimentando hasta ver qué ritual surte efecto en ti.

De todos modos, algunas personas llegan a identificarse tan a fondo con un papel concreto que parece imposible imaginarlas fuera de ese personaje. En realidad, en la era del correo electrónico, nuestra vanidad ha crecido considerablemente y nos envuelve durante casi todo el tiempo. A menudo, nos decimos: «Seguramente, ahora mismo alguien me debe de estar buscando».

Quizá necesitemos un permiso para dejar de trabajar. ¿Cuántos padres tienen dificultades para tomarse un descanso, aun después de haber acostado a sus hijos? Aunque parezca irónico, desconectar y crear momentos de transición requiere cierta disciplina. Es necesario tener un propósito deliberado para restaurar nuestra necesidad de intimidad y satisfacerla.

Sin embargo, puedes encontrar la experiencia del deseo más elemental en forma de soledad y vacío, y puede que te resulte muy difícil crear esa transición. Quizá tengas que reavivar tu capacidad de intimidad y esas conductas familiares y sociales que has descuidado. La transición no será útil si no tienes ningún espacio íntimo adonde acudir.

Vuelve a encender la chispa

Todos sentimos la necesidad de que nos «toquen» físicamente, y también en nuestro corazón y en nuestra alma. Así nos han concebido. En nuestra sociedad se supone que los judíos hacen el amor los sábados —con sus cónyuges— porque los placeres del amor pueden proporcionar la sensación del paraíso eterno. El goce de la divina eternidad y de la unión no solo es importante para un hombre; de acuerdo con la ley judía, un hombre debe dar pleno placer a una mujer.

Unas relaciones íntimas demasiado frecuentes agotan. Sin embargo, es muy importante que satisfagas tus deseos durante los períodos de intensidad en tu vida profesional, cuando es decisivo mantener un buen estado de ánimo. Y, si esos deseos llegan a ser incontrolables, busca la ayuda que necesites para prestar la debida atención a las posibilidades íntimas de tu vida. De lo contrario, como hemos visto, los deseos se manifestarán de maneras destructivas o abandonaremos completamente ese aspecto de nuestra naturaleza.

Quizá por primera vez en la historia vivimos en una era en la que ya no es un tabú buscar ayuda para acabar con nuestra ansiedad, desprendernos de nuestros roles y volver a encender la chispa. En esta época en la que abundan todo tipo de terapias, casi no hay razones para resignarse a una autosatisfacción. Como sociedad, estamos empezando a sacar la sexualidad de la sombra, y a aprender mejores maneras, y más honestas, de conocer estos dones. En el futuro no será vergonzoso buscar ese tipo de ayuda que muchos necesitamos en nuestra vida privada.

Desde luego, hace falta coraje para superar la vergüenza y los tabúes culturales que nos restringen. Mostramos una lealtad profunda hacia las personas que nos han amado de la mejor manera que conocían, pero que nos han enseñado maneras limitadas de vivir. Por ejemplo, en algunas culturas, a las mujeres se les enseña que no deben sentir ningún placer cuando las tocan. Para ellas, la intimidad sexual solo es un servicio que tienen que prestar al hombre, y el futuro será más positivo porque, con el tiempo, él llegará a estar cada vez menos interesado en estos asuntos. Hemos oído muchas variantes sobre el tema: «No se me acercó en cuatro años. ¡Gracias a Dios, ya no tendré que hacer eso con él nunca más!».

Sin embargo, cualquier esfuerzo adaptativo, incluso a nivel individual, requiere investigar en nuestras lealtades: tomar lo mejor del pasado y descartar lo prescindible. Renunciar a la oportunidad de experimentar la chispa divina en el goce de la unión parece un precio muy alto que debemos pagar para mantener nuestro propio orgullo o nuestra lealtad. Recuperar el placer de una relación íntima parece ser la manera más sana de controlar las propias necesidades.

· · ·

No hemos sido concebidos para conducir las corrientes emocionales que surgen al vivir en medio de enormes redes sociales. Todos estamos destinados a vivir en pequeños grupos bajo condiciones muy estables. Por lo tanto, es completamente natural que nos sintamos abrumados o agotados. En realidad, más allá de lo perfecta que haya sido tu educación y del «software» que tus padres, tu cultura y tu comunidad te hayan transmitido, necesitas una práctica progresiva para compensar tus vulnerabilidades. Necesitas anclas donde poder agarrarte.

Busca anclajes

Para no perdernos en el maremágnum que generan los diferentes papeles que desempeñamos en la vida, profesionales y personales, es sumamente importante distinguir entre el yo —que podemos fortalecer— y nuestros roles —que no podemos fortalecer—. Los papeles que desempeñamos en nuestra organización, nuestra comunidad y nuestra vida privada dependen principalmente de las expectativas de las personas que nos rodean. El yo depende de nuestra capacidad para experimentar y aprender a lo largo de nuestra vida, para perfeccionar los valores fundamentales que orientan nuestras decisiones, se ajusten o no a las expectativas.

Muchas personas experimentan un amargo despertar cuando dejan un alto puesto de autoridad. Los expresidentes y expolíticos descubren que sus llamadas telefónicas con personas importantes y ocupadas no son tan fáciles de realizar como antes, que no responden a sus correos electrónicos con tanta premura, que sus peticiones de favores y de tratos especiales hacia sus «amigos» ya no dan resultados inmediatos. Ello evidencia que los beneficios de los que disfrutaron en el pasado se ajustaban al papel que estaban desempeñando, a la posición que ocupaban, cuando eran el centro de atención.

Distingue entre tu rol y tu yo

Es fácil confundir tu yo con los papeles que desempeñas en tu organización y tu comunidad. El mundo contribuye a que tengas esa confusión cuando fortaleces tu identidad profesional. Colegas, subordinados y jefes te tratan como si el papel que desempeñas fuera la esencia de tu ser, tu ser real.

En 1980, Alan Alda protagonizó la película *Escalada al poder*. En la ficción, Alda interpreta a un senador de Estados Unidos que contempla su candidatura para la presidencia. La seducción adopta dos formas: una historia de seducción física tradicional, donde la coprotagonista, Meryl Streep, encarna a una activista liberal, y no está claro quién seduce a quién. Pero el título adquiere otro significado cuando Alda queda cada vez más atrapado en su rol como senador eficaz, popular y con posibilidades de llegar a ser presidente. Comienza a dar discursos a sus propios niños, tal como hace en el hemiciclo del Senado, y trata a su mujer como a una persona del equipo que debe respetar las reglas del partido. Empieza a pensar que él mismo es el rol público y profesional que desempeña. La película termina antes de que podamos saber si Alda accede a la presidencia y si su matrimonio sobrevive a su ilusión. Pero el peligro es evidente: la trampa demasiado frecuente es quedar atrapado en tu papel.

Confundir tu rol con tu yo es una trampa. Aunque des lo mejor de ti mismo en tu papel —tu pasión, tus valores y tu arte—, los individuos de tu entorno no te responderán como a una persona sin más, sino como al personaje que tú interpretas en sus vidas. Aun cuando sus respuestas te parezcan muy personales, necesitas interpretarlas principalmente como reacciones a la eficacia con la que estás respondiendo a sus expectativas. En realidad, es importante que comprendas eso en pro de tu propia estabilidad y tu paz interior, y para poder descifrar las críticas de las personas antes de interiorizarlas.

Por consiguiente, tendrás que controlar si tu autoestima está en juego. Si interpretas lo dicho como algo personal, tu autoestima se convertirá en un problema. «Usted es un pelmazo» no es necesariamente un ataque, aunque te lo hayan formulado así. Podría significar que a las personas no les agrada cómo estás haciendo tu tarea. Quizá no hayas tenido suficiente tacto para plantear tu desafío. Quizá hayas subido demasiado la tensión o lo hayas hecho demasiado rápido, o quizá estés planteando un problema en el que las otras personas preferirían no entrar. En realidad, es posible que tengan razón en criticar tu sensibilidad o tu ritmo, y también es posible que tengas mucho por aprender para corregir tu estilo; pero esa crítica va dirigida principalmente al problema, no a ti. So pretexto de atacarte personalmente, las personas intentan neutralizar la amenaza que perciben en tu punto de vista.

Imaginemos que propones una idea y todos te la cuestionan. Si aceptas el principio de que el propósito de tu intervención es estimular el trabajo en equipo, entonces ese cuestionamiento se convierte en una forma de trabajo. Es una oportunidad. La resistencia que percibes no es una crítica que va dirigida hacia ti, ni siquiera necesariamente un rechazo a tu punto de vista. Al contrario, sugiere que tu contribución merece una reacción, que provoca un compromiso con el tema.

Elizabeth Cady Stanton describió cómo había respondido la gente en lo que fue la primera asamblea de los derechos de las mujeres en Estados Unidos.[1] Según cuenta Stanton, una tarde del verano de 1848 contó a un grupo de amigos sus disputas por culpa de las posiciones recalcitrantes y ofensivas de los hombres —incluidos los jóvenes adolescentes, los trabajadores y los policías— cuando organizó y dirigió la restauración de una propiedad en Seneca Falls, Nueva York. La discusión puso en evidencia, al menos para algunos de los presentes, que había que hacer algo para cambiar la manera de pensar de los hombres y las mujeres acerca de la condición femenina. Decidieron no solo reunirse otra vez la semana siguiente, sino además empezar a redactar una declaración de los derechos de la mujer.

Después de varias reuniones, adoptaron una declaración de los derechos y resoluciones que exigía que los hombres estadounidenses cambiaran las leyes para permitir el voto de las mujeres. Stanton describió la conmoción que ello produjo en toda la nación: «Tan notorias fueron las opiniones en contra, en las peluquerías, la prensa y el púlpito, que la mayoría de las damas que habían asistido a la asamblea y firmado la declaración, una tras otra, retiraron sus nombres y sus influencias, y se unieron a nuestros opositores. Nuestros amigos nos dieron la espalda y se sintieron deshonrados durante todo el proceso».[2]

Era difícil no tomarse aquellas respuestas como algo personal y, por tanto, con sus correspondientes costes personales. Stanton dijo en aquella ocasión: «Si hubiera tenido la más leve premonición de todo lo que iba a ocurrir después de esa asamblea, me temo que no habría tenido el coraje de arriesgarme, y debo confesar que acepté con temor y estremecimiento asistir a otra asamblea, un mes más tarde, en Rochester».[3]

El hecho de reforzar tu posición puede permitirte soportar la violenta oposición, incluso la de tus propios amigos y excolaboradores que de la noche a la mañana hayan pasado de admirarte a despreciarte. Pero, si puedes reforzar tu posición, es posible que encuentres la entereza para permanecer receptivo, centrado y persistente. El progreso puede requerir décadas. La asamblea de Seneca Falls en 1848 fue el comienzo del trabajo de Stanton sobre el sufragio de las mujeres. Le llevó treinta años más corregir los fallos constitucionales que crearon el problema en Estados Unidos. En 1878, Stanton bosquejó una enmienda al sufragio federal, introducida y rechazada por todo el Congreso durante los cuarenta años siguientes. Cuando en 1918 la Cámara de Representantes finalmente aprobó la esencia del proyecto de Stanton —que llegó a ser la decimonovena enmienda— para presentarla en el Senado, hacía dieciséis años que Stanton había muerto.

Al igual que Stanton, si pretendes ser auténtico y eficaz, debes desempeñar tu papel de acuerdo con tus creencias para que tus pasiones influyan en tu trabajo. Si eres atacado, desacreditado, excluido o despedido, puedes pensar que has sufrido una suerte de asesinato. Pero no puedes esperar que las personas consideren seriamente tu idea si no aceptas la posibilidad de que la desafíen. Aceptar ese proceso de compromiso como una característica del liderazgo te liberará personalmente. Te permitirá estar tan comprometido en el trabajo sobre tu idea como todos los demás, sin retirarte ni involucrarte en una defensa personal.

Una vez más, distanciarte de tu rol es tan importante respecto al elogio como a la crítica. Cuando empiezas a creer en todas las cosas buenas que la gente dice de ti, puedes confundirte con tu rol, y tergiversar tu sentido de la identidad y la imagen que tienes de ti mismo. Además, las personas pueden adquirir un control sobre ti debido a tu deseo de obtener aprobación. Al identificarte con tu rol, demuestras que dependes de la institución o la comunidad para satisfacer muchas de sus aspiraciones personales; lo cual es peligroso, como vimos en el capítulo 8.

No subestimes el desafío de distinguir entre el rol y la persona. Cuando la gente te ataca personalmente, tu reacción instantánea es interpretarlo como algo personal. A todos nos parece sumamente difícil ver las cosas desde otra perspectiva en medio de un ataque personal, mantener una actitud analítica y determinar por qué nuestros mensajes generan tensión en las otras personas. Como descubrió Stanton, eso es especialmente difícil cuando tus amigos y las personas de cuyo apoyo dependes son las que lanzan el ataque. Pero que las personas que te importan te critiquen casi siempre es un aspecto del ejercicio del liderazgo. Cuando Bill Clinton atravesó exitosamente la línea ideológica de su partido en 1993 para elaborar con Newt Gingrich un proyecto crucial de reducción del déficit que elevaba los impuestos y reducía el gasto del gobierno —contribuyendo así a una década de prosperidad— su mujer, Hillary, «desencadenó un amargo y severo ataque» contra su esposo y sus consejeros.[4]

De hecho, el liderazgo a menudo significa ir más allá de los límites de tu circunscripción y crear un terreno común con las otras facciones, divisiones y partes interesadas. El esfuerzo adaptativo rara vez recae sobre un solo grupo. Cada uno de ellos debe hacer su esfuerzo de adaptación. Al cruzar esos límites, podrás parecer un traidor ante tus seguidores, que esperan que lideres sus perspectivas, sin desvirtuar ni cuestionar sus puntos de vista. El hecho de violar sus expectativas genera una sensación de traición, quizá de ultraje. Sin embargo, no se trata de un ataque personal, aun cuando provenga de tus compatriotas, tus amigos, tu esposa o tu socio.

Cuando te tomas de forma «personal» los ataques estás confabulándote involuntariamente con aquellos que quieren desplazarte de la acción, y te convierte en el problema. En una campaña electoral, la personalidad y las cualidades individuales de un candidato se aceptan como temas de discusión apropiados. Pero, en la mayoría de las situaciones —incluso en la política—, el ataque es una defensa contra las perspectivas que encarnas y que amenazan las posiciones y las lealtades de otras personas. Como cuestionábamos antes, ¿acaso alguien critica tu personalidad o tu estilo cuando estás dando buenas noticias o haciendo concesiones importantes? Creemos que no. Las personas atacarán tu estilo cuando no les guste el mensaje que reciben.

La salida más fácil es atacar a la persona, en lugar de al propio mensaje. Por ejemplo, algunos podrían acusar a una mujer audaz de ser agresiva si está buscando un cambio en la cultura de la organización. Al convertir su estilo o su personalidad en el problema, quienes se sienten amenazados distraen a los demás del mensaje que propugna. Al desacreditarle, reducen la credibilidad de su perspectiva.

Si bien Bill Clinton dio mucho pábulo a sus detractores, ¿lo habrían atacado tan incesantemente si hubieran estado del todo de acuerdo con sus puntos de vista sobre los problemas a los que se enfrentaba Estados Unidos? No es casual que quienes le atacaban por sus asuntos personales también estuvieran en desacuerdo con muchas de sus decisiones políticas, y además se sintieran furiosos porque Clinton se apropió de algunas de sus posiciones cuando accedió al poder. Tampoco sorprende que las personas más indulgentes con los defectos de Clinton coincidieran con los elementos clave de su programa. Las feministas fueron casi unánimes al defenderlo en el escándalo de Monica Lewinsky, en lugar de atacarlo por su abuso de las mujeres, sin duda porque Clinton había apoyado el programa feminista. Nada personal.

Irónicamente, aunque el matrimonio Clinton y sus consultores políticos se jactaran de haber montado una defensa rápida y eficaz, su estrategia de ataque y defensa concentrada en motivos personales no les sirvió de mucho. Cada vez que los atacantes consiguen generar una respuesta defensiva de la Casa Blanca, desvían la atención pública de los problemas. Cuanto más defensivamente actuaban los Clinton —al ocultar documentos, inventar argumentos legales, usar el lenguaje jurídico o mentir— más ímpetu e intensidad agregaban al ataque.[5] La reacción defensiva ante el contenido literal de los ataques personales es la mejor arma de los atacantes, porque perpetúa la distracción. Ese mecanismo de evasión casi siempre tiene éxito, simplemente porque es muy natural tomarse un ataque como algo personal.

Desde luego, todos podríamos aprender mejores formas para transmitir un mensaje desafiante. Desafortunadamente, no hay forma de evitar la dificultad de transmitir malas noticias. Es fácil, incluso gratificante, para un médico decirle al paciente: «Aquí tiene su penicilina. Se curará». Pero ¿qué pasa si la noticia es grave? «No creo que pueda salvarlo. Ojalá pudiera, pero no creo que sea posible. Permítame ayudarles a usted y a su familia a comprender qué deberán afrontar, para que puedan hacer las adaptaciones necesarias en sus vidas». Es difícil imaginar un mensaje más doloroso para transmitir o recibir que este. Casi todos los maestros preferirían calificar con un 10, en lugar de con un 3. Casi todos los jefes preferirían contratar que despedir. Pero si el médico, el maestro o el jefe se desvían de su objetivo de ayudar a asimilar su mensaje, y en lugar de ello se convierten en el problema, el esfuerzo habrá sido inútil y se habrá perdido un tiempo precioso.

Incluso el asesinato físico, la última forma de ataque, no es personal. Aunque esto no sea ningún consuelo para la víctima, puede ayudar a los amigos y familiares a que comprendan y superaren la tragedia. Además, el hecho de saber que incluso los ataques físicos no son personales puede alentar el coraje, ayudando a la persona que ejerce el liderazgo a que asuma los riesgos necesarios. Entonces, si comprendes este principio, podrás pensar que, aunque pierdas la vida, la esencia de tu mensaje continuará dando un sentido a la vida de otras personas.

Por ejemplo, el motivo del asesinato de Martin Luther King no fue otro que el de eliminar el papel que desempeñaba en el proceso de cambio dentro de Estados Unidos. Yigal Amir, el asesino de Itzhak Rabin, declaró que su propósito era silenciarlo, y que su muerte era la única manera de lograrlo. Lo que resultaba amenazante no era el propio Rabin, sino su mensaje, su rol.[6]

La incapacidad para distinguir entre el rol y la persona también puede conducirte a descuidar los niveles apropiados de defensa y protección de ese rol. Rabin arriesgó su vida muchas veces durante su carrera como soldado. En el momento en que llegó a ser primer ministro de Israel, estaba acostumbrado al peligro físico. Por eso, los servicios secretos le informaron sobre los inminentes riesgos de asesinato y le aconsejaron que usara un chaleco antibalas, antes de encabezar una reunión política masiva, se negó. Después de haber cruzado ese umbral de riesgo durante años en el ejército, y quizá con un orgullo persistente por su coraje físico, se hizo más vulnerable de lo necesario. La consecuencia fue trágica.

Si Rabin hubiera separado el rol que desempeñaba de su propio yo, podría haber accedido a ponerse ese chaleco; no para protegerse a sí mismo, sino para proteger su causa; podría haber reconocido la necesidad creciente de proteger el papel crucial que estaba desempeñando en el proceso de paz del Próximo Oriente. Si hubiera dado un paso atrás para valorar qué estaba en juego, es muy probable que habría estado de acuerdo con sus guardaespaldas. En cambio, en el momento en que tomó esa decisión calculó los riesgos teniendo en cuenta su nivel personal de tolerancia al riesgo, en lugar de evaluar el riesgo relativo a su papel histórico en el futuro de Israel y del Próximo Oriente.[7]

Desde luego, existe un ejemplo más común de protección de roles: cuando los nuevos padres tienen pánico al riesgo debido a la importancia de sus nuevos roles. Por suerte, la mayoría de las personas que ejercen el liderazgo no tienen que sopesar los riesgos que corren sus vidas. Los peligros físicos no son tan grandes como las maneras cotidianas que la gente utiliza para oponerse cuando les planteas una idea controvertida.

Para volver a centrar la atención de las personas sobre el problema en sí, después de que te hayan atacado, o adulado, indebidamente tienes que desviar la atención que han puesto en tu personalidad, tu estilo o tu juicio personal. A largo plazo, la mejor defensa contra el ataque personal es ser perfecto y no cometer errores en tu vida personal. Pero, por supuesto, nadie es perfecto. Nuestras flaquezas y debilidades humanas siempre están presentes: nos hacen perder la paciencia en público; apretar el botón de «enviar» un correo electrónico antes de pensar en los efectos que puede tener; mentir cuando nos sentimos acorralados; o hacer una observación fuera de lugar que ofende a las personas a quienes estamos tratando de llegar. Todos hemos caído alguna vez en estos errores. Sin embargo, la clave es responder al ataque volviendo a poner el foco donde corresponde: en el mensaje y los problemas.

En sus campañas hacia la presidencia, la prensa acusó a Gary Hart y a Bill Clinton de ser unos tenorios. Ambos respondieron de maneras muy diferentes. Hart contraatacó. Criticó a los periodistas que lo habían perseguido. Cuestionó *sus* escrúpulos y se puso a la defensiva. Bill Clinton eligió un camino muy diferente. Se presentó en el programa *60 Minutes* después de la Super Bowl, se sentó delante de las cámaras cogiendo de la mano a su mujer y admitió esencialmente que se había equivocado. Hart respondió personalmente; Clinton, estratégicamente, y con más honestidad.

Nadie que conociera a Hart o a Clinton podía asegurar con cuántas mujeres habían tenido aventuras. Lo que todos pudieron saber y juzgar era cómo manejaron la situación ambos hombres. El público los evaluó, a los dos, no a través de los relatos de sus flirteos, sino desde la observación de los datos. Eso es lo que la gente ve. *Lo que determina tu destino es cómo respondes a un ataque, más que el motivo por el que te acusan.* Aunque los ataques eran profundamente personales, Clinton los interpretó como ataques a las expectativas que él representaba y a la posición a la que aspiraba. Respondió de una forma muy eficaz, coherente con el rol de aspirante a la presidencia, por lo que fue capaz de desviar la conversación hacia los asuntos políticos de la campaña.

¿Recuerdas a nuestra amiga Kelly, quien trató de evitar el conflicto para asegurar su designación en la Comisión de Servicio Civil de Denver? Fue públicamente criticada durante el proceso, pero comprendió que las críticas —y los elogios ocasionales— no iban dirigidos a ella, sino a lo que representaba para las diferentes facciones de la comunidad. Si Kelly se hubiera tomado en serio los ataques, habría podido reaccionar a la defensiva y se habría ubicado en medio de una crisis que no era la suya. Podría haber puesto en peligro su nombramiento.

Separar el rol de la persona también es un valor a largo plazo. Los roles terminan. Si te identificas demasiado con tu papel, si has llegado a creerte que tú y tu personaje sois iguales, ¿qué te pasará cuando tu gestión se acabe? ¿Jack Welch recuperó su identidad después de desempeñar el papel de «Jack Welch, director ejecutivo de General Electric»? Después de haber depositado hasta su propio yo en ese rol durante tantos años, ¿sabría hacia dónde mirar?[8]

Si bien la paternidad forma parte de la vida personal, proporciona un buen ejemplo de la necesidad de distinguir el yo y el rol en todos los aspectos de nuestras vidas. Cuando Ron tuvo a sus hijos, Marty le dijo: «Sabrás que has triunfado como padre cuando tu hijo te diga: "Te odio, papá", y tú no lo tomes como algo personal».

Luego, Ron siguió confirmando la validez de esa predicción. En su peor momento como padre, dijo que una vez que sus hijos le faltaron al respeto se sintió atacado. Primero, gritó interiormente: «¿Por qué no apreciáis todo lo que hago por vosotros, y todo lo que tenéis?». Pero mucho antes de que ese pensamiento interior trascendiera, empezó a gritar todo volumen, perdiendo vergonzosamente la paciencia. Después, al sentirse culpable por haber actuado así, les dijo: «¿Por qué me hacéis gritar, no sabéis que detesto perder la paciencia?». Tras unos minutos de locura, se retiró frustrado a su despacho, intentando calmarse. Y, cuando se volvió a reunir con su familia, no recordaba nada de lo que había provocado aquel incidente.

En sus mejores momentos, Ron conservaba la calma. En lugar de sentirse personalmente vulnerable por la conducta de sus hijos, recordaba su tarea: corregir su conducta estableciendo algún tipo de límites y luego empezar a escuchar para resolver el problema. Si seguía escuchando durante un día o dos, al final el conflicto se resolvía: inevitablemente, algo desagradable había ocurrido con un compañero de su hijo, en el campo de deportes o en clase. Después de haber identificado el problema, podía ayudar al niño a resolver ese conflicto, cualquiera que fuera. En lugar de concentrar su atención interiormente para aliviar su pena, la focalizaba en el exterior, manteniendo un criterio analítico.

Aunque este ejemplo parezca demasiado obvio, conviene insistir en que no estamos hablando de desempeñar un papel alejado o separado de ti mismo. Usamos el término *distinguir* porque pretendemos que tu *diferencies* tu yo de tu rol, sin distanciarte. En realidad, esperamos que puedas encontrar maneras de poner todo tu corazón y tu alma en muchos de los roles que asumas con las personas y las instituciones. En otras palabras, distinguir entre tu yo y tu rol no significa que debas evitar *personificar* los problemas importantes —aunque eso entrañe peligros, como hemos visto antes—. Hay algunas situaciones en las que no tienes ninguna opción. Tanto si quieres como si no, personificarás los problemas a los ojos de otras personas, y a veces te atacarán cuando vean que llevas la batuta. En otras ocasiones, tendrás que incurrir en esos peligros, porque será la única manera de salir adelante con un problema.

Esta distinción entre el rol y el yo puede ser muy difícil de practicar cuando nos encontramos en situaciones críticas. En esos momentos, resulta mucho más difícil considerar las cosas desde otra perspectiva y ver que los desafíos que representamos para los otros siguen siendo diferentes de nuestra identidad esencial.

Por ejemplo, cuando en 1984 Geraldine Ferraro se presentó como candidata a la vicepresidencia y fue despiadadamente atacada por la conducta comercial de su esposo, convocó una gran rueda de prensa. Algunos de vosotros la recordaréis. Dijo a los periodistas que se pondría de pie y respondería a cada una de sus preguntas, a pesar del tiempo que eso requiriera, para salvar su reputación. De hecho, aquella conferencia duró horas.

Realmente, ¿consiguió volver a focalizar la atención en los problemas reales? No. Los medios de comunicación, en nombre de sus lectores y sus audiencias, siguieron desarrollando nuevas variantes sobre el mismo ataque, a pesar de que ella había respondido a sus preguntas, ya que las finanzas de su familia nunca habían sido el motivo principal. Eran simplemente una distracción, y el hecho de permitir a los medios y al público esa distracción con una maratón de ruedas de prensa fue precisamente una solución errónea. Los problemas que ella *encarnaba* eran problemas reales y sumamente desafiantes en Estados Unidos: ¿Qué significa para una mujer ser poderosa y profesional? ¿Qué significaba para una mujer ser la segunda en la línea de poder de la autoridad más importante del mundo? ¿Qué había hecho la revolución sexual en nuestras familias? Esos temas siguen siendo desafiantes en nuestra sociedad, como vimos en los debates públicos a lo largo de los años noventa.

Los responsables de la campaña, en 1984, aconsejaron a Ferraro —con resultados desastrosos— que se alejara de los problemas que ella representaba. Le dijeron que se limitara a la seguridad nacional, la pobreza, los impuestos y el presupuesto, pero que no hablara desde la perspectiva de una mujer; además, le sugirieron que evitara los problemas de particular urgencia para las mujeres, como la igualdad de oportunidades. Irónicamente, al seguir esos consejos y expresar una perspectiva genérica sobre los problemas, en lugar de un punto de vista más auténtico basado en su propia experiencia, tal vez alentó a los medios para que buscaran un motivo de distracción en su vida personal.

Como primera mujer candidata a la vicepresidencia, Ferraro no pudo distanciarse de su rol, aunque lo intentara, porque a los ojos de la nación personificaba inevitablemente los problemas concernientes a la capacidad y la perspectiva de las mujeres. Como líder, Ferraro tenía que desempeñar ese papel plenamente, lo cual hizo con gran maestría en los últimos cuatro días de la campaña:

> Podemos ganar medallas de oro olímpicas *y* podemos entrenar a los equipos de fútbol de nuestras hijas. Podemos caminar en el espacio *y* ayudar a nuestros hijos a dar sus primeros pasos. Podemos negociar acuerdos comerciales *y* administrar los presupuestos familiares. [...] Las opciones son ilimitadas. Podemos ser todas esas cosas. Pero no tenemos que ser ninguna de ellas. [...] Mi candidatura no solo es para mí; es para todos. No solo es un símbolo. Es un progreso importante. No solo es una afirmación. Es un vínculo entre todas las mujeres de América. Mi candidatura expresa que América cree en la igualdad. Y el momento para esa igualdad es ahora.[9]

Joseph Lieberman, el primer candidato a la vicepresidencia judío, aprendió de ella. Desempeñó su papel de judío religioso durante toda la campaña del año 2000. En casi todos los discursos y siempre que se presentaba la ocasión hablaba del papel de la fe en Estados Unidos. En lugar de plantear el problema y evitar el papel que el público le asignaba, hablaba del problema y lo encarnaba. Si hubiera actuado de otra manera, se habría hecho vulnerable al ataque personal.

Ten en cuenta que cuando estás liderando una causa, la gente no te ama ni te odia. La mayoría de la gente ni siquiera te conoce. Aman u odian las posiciones que tú representas. En realidad, todos sabemos con qué rapidez la idealización se convierte en desprecio cuando repentinamente decepcionamos a alguien. Seguramente, si Monica Lewinsky se hubiera encontrado con Bill Clinton en un supermercado detrás de un carrito de la compra, él solo habría sido un hombre más de mediana edad comprando hamburguesas.

Al conocerte y valorarte a ti mismo, puedes distanciarte de los papeles que desempeñas y tienes la libertad de asumir riesgos dentro de esos roles. Tu autoestima no está tan estrechamente relacionada con las reacciones de las otras personas que cuestionan tu posición respecto a los problemas. Además, lograrás la libertad para asumir un nuevo rol cuando haya concluido el actual o cuando no tengas oportunidades para progresar.

Ningún papel es suficientemente amplio para expresar todo lo que eres. Cada rol que asumas —padre, esposo, hijo, profesional, amigo y vecino— es un vehículo para mostrar una faceta diferente de ti mismo. Cuando asientas tu yo y reconoces y respetas tus diferentes roles, eres mucho menos vulnerable a los sinsabores del liderazgo.

Ten confidentes, y no los confundas con tus aliados

La estrategia del guerrero solitario aplicada al liderazgo puede conducir a un heroico suicidio. Quizá nadie pueda estar suficientemente asentado durante mucho tiempo sin la ayuda de los aliados (un tema que hemos analizado en el capítulo 4) y los confidentes.

Los aliados son personas que comparten muchos de tus valores —o, al menos, tu estrategia— y que operan a través de algunas fronteras organizacionales o sectoriales. Como cruzan una frontera, no siempre te podrán ser leales: tienen otros vínculos que respetar. En realidad, un aspecto clave que hace a los aliados muy útiles es precisamente que tienen otras lealtades. Ello significa que pueden ayudarte a comprender las apuestas de la competencia, los puntos de vista conflictivos y los elementos que no has percibido desde tu visión de la situación; y también a ver las cosas desde otra perspectiva y decir:

«Presta atención a esas personas cercanas a ti; no aprenderás nada de tus enemigos». Además, si son persuasivos, pueden comprometer a tu equipo en el esfuerzo, fortaleciendo así tu coalición.

Sin embargo, a veces cometemos el error de tratar a un aliado como si fuese un confidente. Los confidentes tienen pocas, si tienen alguna, lealtades conflictivas. Generalmente, operan fuera de la frontera de tu organización, aunque en ocasiones haya alguien muy cercano, cuyos intereses coinciden exactamente con los tuyos, que también pueda asumir ese rol. En realidad, necesitas tanto a los aliados como a los confidentes.

Los confidentes pueden hacer algo de lo que los aliados son incapaces. Están dispuestos a escuchar todo lo que necesitas decir, todo lo que tengas en mente, sin que previamente lo hayas digerido o hayas preparado una buena presentación. Puedes expresar tus emociones y tus palabras confusamente, sin orden. Luego, una vez que lo hayas puesto todo sobre la mesa, podrás comenzar a analizar las partes y a separar lo que es importante de lo que es simplemente un desahogo.

Los confidentes pueden ayudarte a que te repongas al final de la jornada, cuando te sientas —como Humpty Dumpty— destrozado. Pueden recordarte por qué es importante salir adelante y asumir los riesgos en primer lugar.

Cuando quieres mantener una conversación con ellos, están más dispuestos a escucharte que a hacer algo por tu problema. Puede que compartan tus inquietudes al cien por cien o puede que no les importe en absoluto tu problema, una cosa o la otra.

Los confidentes deben ser individuos que te digan aquello que no deseas —ni puedes— oír de nadie más, personas en quienes puedas confiar sin que tus revelaciones trasciendan al ámbito laboral. Son personas a quienes puedes llamar cuando una discusión se está saliendo de tono, que te escucharán cuando relates lo sucedido y te dirán dónde se enredó la trama. Puedes revelarles tus emociones sin temer que ello afecte a tu reputación o que socave tu trabajo. Con ellos no tienes que controlar la información, puedes hablar espontáneamente.

Cuando haces un esfuerzo adaptativo, soportas mucha tensión y una buena dosis de dolor y frustración. La tarea de un confidente es ayudarte a seguir todo el proceso y curar tus heridas a lo largo del camino. Además, necesitas a alguien que te señale los peligros cuando estás demasiado orgulloso de ti mismo, para que los adviertas.

Casi todas las personas con experiencias difíciles de liderazgo han dependido de un confidente para ayudarles a superarlas. Un gobernador que se enfrentaba a una difícil situación para sacar al Estado de una condición financiera peligrosa se pasó una noche jugado al billar con un viejo amigo del barrio. Una empresaria, que intentaba cambiar los valores y la cultura de su compañía para responder a la nueva competencia, mantenía largas conversaciones telefónicas con su hermana en las últimas horas del día. Un burócrata que trataba de liderar un difícil cambio en su organización se comunicaba a través del correo electrónico con un nuevo colega profesional que vivía a miles de kilómetros de distancia, a quien había conocido en un seminario intensivo de dos semanas. Tu pareja también puede ser un excelente confidente; excepto, desde luego, cuando los problemas conciernen a las relaciones conyugales o familiares. A veces, tú puedes comprometer explícitamente a un confidente: «Voy a iniciar un proceso difícil aquí, en el trabajo. ¿Te importa si te llamo de vez en cuando para desahogarme y escuchar lo que piensas?». Otras veces, por supuesto, esa dinámica surge de una manera más espontánea.

Cuando *tú* te sientas desanimado, piensa en un viejo amigo, en un compañero de oficina a quien no hayas visto desde hace una década o más, en un empresario o un maestro que te haya ayudado a entrenarte, en alguien a quien le intereses *tú*, y no la posición que ocupas. Llámalo por teléfono. Pídele un momento para que te escuche. Si acepta, entonces cuéntale tu historia, sin tapujos; además, dile cómo te sientes para que pueda hacerse una idea de lo que está sucediendo en tu interior, así como en tu entorno.

Cuando necesitas a alguien para conversar en momentos difíciles, también resulta tentador recurrir a un aliado como confidente, pero eso no es una buena idea.

¿Te acuerdas de Sara, la diseñadora gráfica que hemos presentado en el capítulo 4? Ella sabía que los diseñadores que había contratado para el diario y llevaban a cabo la tarea eran sus aliados, que estaban tan comprometidos con el tema como ella. De hecho, eran excelentes defensores del proyecto y unos empleados eficaces, que aportaban buenas ideas en cada sección del diario, que creaban relaciones entre ellos y cultivaban amistades entre los reporteros y los jefes de redacción, que se resistían a entrar en la era visual.

Pero esa era una tarea difícil y solitaria para Sara. Estaba muy lejos de sus viejos colegas en la región del Medio Oeste. No tenía familia. No tenía a nadie fuera del diario en quien confiar. De modo que empezó a depositar su confianza en los jóvenes empleados, a quienes les explicaba lo frustrada que se sentía, lo difícil que le resultaba tratar con algunos de los gerentes superiores y de los jefes de redacción. En especial, se quejaba de los antiguos empleados de la imprenta, que no tenían la paciencia ni la inteligencia —decía ella— para aceptar los sofisticados cambios que estaba introduciendo y los altos niveles de calidad que se requerían.

En aquel momento, los impresores consideraban que su territorio era sagrado dentro del periódico. La mayoría provenían de hogares humildes y estaban muy orgullosos de su herencia y de su oficio. Habían estado en el diario durante años, atravesado buenos y malos momentos. Muchos de ellos tenían parientes allí, hijos o hijas que trabajaban en el área empresarial o incluso como reporteros o jefes de redacción. Eran una familia.

Al acudir a sus colegas más jóvenes, Sara confundía a sus aliados con sus confidentes. Don, su asistente, era uno de ellos. Don era talentoso, exigente y tan comprometido como ella con el nuevo enfoque visual del periódico. Era un aliado eficaz, pero eso no significa que lo fuera en el terreno personal. Al contrario, Don creía que Sara era irritante y difícil de tratar, y pensaba que su personalidad hacía más difícil el problema de cambiar las actitudes y las costumbres del personal.

También deseaba ocupar su puesto. Creía que podría promover ese proyecto mucho mejor, y mucho más rápido, que Sara. Desafortunadamente, atrapada en su necesidad de un confidente, ella ignoraba el motivo de las dudas y la envidia de Don. En realidad, este aprovechaba cualquier oportunidad para perjudicarla. Cuando ella le comunicaba sus opiniones críticas acerca de sus compañeros, él más tarde las repetía, a veces a esos mismos compañeros. Cuando Sara confió en él para que le proporcionara un puesto seguro donde ventilar sus sentimientos, Don dijo a los otros que ella sufría rabietas y que tenía una conducta indigna. A veces, esas historias la metían en líos, pero solo momentáneamente. El director del periódico las consideraba rumores insustanciales y seguía apoyándola.

Más tarde, Sara concedió una entrevista a una revista de diseño gráfico: habló a su equipo y fue demasiado franca. Normalmente, los impresores no leían la revista, de modo que habló sin tapujos sobre lo que había hecho en la sala de redacción y añadió algunos comentarios algo despreciativos acerca de los impresores, burlándose de su inteligencia y de su competencia. Don, suscriptor de la revista, leyó la entrevista y reparó en los comentarios ofensivos. Hizo varias copias, subrayando las observaciones ofensivas, y las hizo circular por la alta dirección.

Entonces el director tenía ante sí una prueba concluyente, una pistola humeante. Si bien los esfuerzos de cambio de Sara en el diario habían sido muy exitosos, él ya no podía defenderla. A las dos semanas Sara se marchó, y Don la reemplazó.

Sara cometió un error común. Cuando se lucha con la soledad, la inseguridad, el estrés u otras presiones, la necesidad de abrirse a alguien puede ser casi abrumadora. En tal estado de ánimo, es muy fácil confundir a los aliados con confidentes. Sara pensó que, como ella y Don estaban juntos en el problema, él también la respaldaría personalmente. Cuando tratas de convertir a tus aliados en confidentes, jamás sabes cuándo las circunstancias pueden obligarles a escoger entre su compromiso con los otros, sus propias prioridades y su lealtad hacia ti. Como su compromiso previo con el problema es prioritario, es probable que su lealtad anterior prevalezca.

¿Cuál es la opción? En el caso de Don fue fácil. Don no simpatizaba con Sara desde el inicio, y pensaba que su problema se resolvería mejor y más rápidamente si él estuviera al mando. Era solo una cuestión de tiempo antes de que una de sus balas diera en el blanco. Pero, si tu aliado está tan comprometido contigo como con el problema, lo pondrás en un serio aprieto al pedirle que sea leal a ambos. Siempre que sea posible, es mejor mantener las dos cosas separadas.

Los aliados pueden ser los amigos más íntimos. Pueden confiar mutuamente en muchos aspectos de sus vidas. Sin embargo, en el trabajo tienen lealtades y metas superpuestas. Para proteger su relación, es crucial que también respeten las fronteras que los separan y las lealtades recíprocas cuando estas entran en conflicto. Esto es más fácil de decir que de hacer en casi todas las profesiones, excepto en el poder legislativo, donde los representantes están acostumbrados a enfrentarse a las presiones contradictorias de sus electorados. Tom Edwards y Bill Monahan, a quienes citamos en el capítulo 4, eran excepcionales en su habilidad para hablar abiertamente de sus intereses opuestos, y de ese modo protegían su relación. Pero sucede con más frecuencia que tu aliado, atrapado entre dos lealtades, no sepa qué decir. La consecuencia más probable es el distanciamiento entre ambos.

De acuerdo con nuestra experiencia, cuando intentas convertir a tus aliados en confidentes los pones en un aprieto y pones en riesgo una valiosa relación. Ellos fracasan como confidentes y empiezan a eludirte, incluso como aliados fiables.

Busca un santuario

Como sucede con un confidente leal, contar con un refugio fácilmente accesible es un recurso físico indispensable y una fuente de subsistencia. Tú jamás intentarías hacer una excursión a la montaña sin alimento ni agua, pero muchas personas comienzan en la práctica del liderazgo sin reservar ni conservar un lugar donde puedan retirarse y recuperarse.

Un refugio es un lugar de reflexión y renovación, donde puedes escucharte a ti mismo lejos del ámbito laboral, donde puedes reafirmar y profundizar sobre el sentido de ti mismo y del propósito que te guía. «Asomarte al balcón» y ver las cosas desde otra perspectiva puede ser una ardua tarea. En un refugio, tú estás completamente fuera del mundo, es un lugar donde te sientes a salvo, física y psicológicamente. Las normas y las tensiones de la vida cotidiana se suspenden de forma temporal. No es un lugar para ocultarte, sino un santuario donde puedes relajarte, asimilar las lecciones de los momentos difíciles y recuperarte.

Sin embargo, cuando estás bajo tensión y presionado por el tiempo, tus fuentes de refugio son los primeros lugares a los que renuncias. Los consideras un lujo. Precisamente cuando más los necesitas, te privas de ellos solo para estar unos minutos más en tu oficina. Por supuesto, cuanto más difícil es la tarea que estamos haciendo, más necesitamos mantener las estructuras en nuestras vidas, que nos recuerdan nuestra identidad esencial e inviolable y nos mantienen sanos.

No estamos sugiriendo un tipo particular de refugio. Podría ser la mesa de la cocina de un amigo donde tomáis el té. Podría ser el consultorio de un terapeuta o una habitación de tu casa donde sentarte y meditar. Podría ser un parque o una capilla en el camino que va de casa al trabajo. No importa cómo sea tu refugio o dónde esté. Ni siquiera tiene que ser un lugar silencioso; tu refugio podría ser tan ruidoso como deslizarse sobre las olas en una tabla de surf. Lo que importa es que operes como una estructura que promueva la reflexión y que lo uses diariamente. Una vez por semana no es suficiente.

En un momento particularmente difícil de la vida de Ron, cuando se sentía impulsado hacia demasiadas direcciones, tanto profesional como personalmente, comenzó a ir a buscar a sus hijos a la escuela cada día —en realidad, esto sucedió poco después de la «reunión de la bañera» con su esposa—. Renunció a varias de sus comisiones y redujo los viajes de trabajo. Sus hijos generalmente salían a las tres y media de la tarde. Entonces estaban en primero y segundo curso y recogerlos era una experiencia desafiante para todos.

En realidad, a las tres en punto Ron tenía que marcharse de la oficina dejando llamadas «importantes» y proyectos pendientes, y dinero sobre la mesa —de hecho, generalmente abandonaba la oficina a las tres y diez—.

Tenía que conducir como un loco, pero cuando llegaba a la escuela por lo general tenía que esperar detrás de una larga fila de coches. Con el móvil en una mano y el dictáfono en la otra trataba desesperadamente de aprovechar al máximo cada momento. «¿Qué estoy haciendo aquí? ¡Tengo tantas cosas importantes que hacer!», se lamentaba. Finalmente, después de abrirse camino a través de la fila, veía las caritas redondas de sus hijos. Les pedía que entraran uno a uno, pero ¿ellos le escuchaban? Después de meter sus mochilas, atropellándose siempre, pasaban uno sobre el otro para llegar a sus asientos habituales. Y luego venían las historias, que Ron jamás solía oír a la hora de cenar, porque aparentemente solo las contaban una vez, a quien las oyera primero —más tarde descubrió que, si se quedaba callado en el dormitorio, ellos contarían un segundo relato—.

Ron se había transformado con asombrosa rapidez. Había dejado atrás al profesional frenético y se había reencontrado como padre. Pasados solo tres o cuatro minutos, las historias, las risas e incluso los problemas de los niños provocaban su mágica curación. Se sentía instalado en un mundo diferente.

· · ·

Quienes que quieren ejercer el liderazgo necesitan santuarios en donde refugiarse. Quizá Bill Clinton debería haber hecho jogging *dos veces* al día. Es una vergüenza que muchas de las personas que lo respaldaron estuvieran ausentes durante la semana que cayó el gobierno. Todos necesitamos una ayuda —anclas— para que no nos desorienten las distracciones, el flujo de información, las tensiones y las tentaciones. Si tratas de liderar a las personas, estate siempre dispuesto a encontrarte con emociones que no puedas controlar, a no ser que tengas tiempo para seleccionarlas.

Es indudable que necesitamos cuidarnos para ser coherentes con nuestros valores y aspiraciones. Los seres humanos no hemos sido concebidos para vivir en el vertiginoso mundo moderno, de modo que tenemos que buscar una compensación. De lo contrario, perdemos el norte, comprometemos nuestro presente y arriesgamos nuestro futuro. Olvidamos lo que está en juego.

¿Qué está en el límite?

En este libro nos hemos concentrado en el consejo práctico que responde a la pregunta «¿cómo se puede liderar y sobrevivir?». Y hemos ofrecido una serie de respuestas, ninguna de ellas fácil. Algunas soluciones derivan de tu capacidad para analizar una situación y comprender los problemas, las apuestas y el ritmo de cambio apropiado para las personas que te rodean. Algunas respuestas consisten en crear ambientes de contención estratégicos para resolver conflictos. Otras surgen de tu habilidad táctica para responder rápidamente a las situaciones cambiantes, a las conductas de abstención del esfuerzo y a las desviaciones del plan. Y otras respuestas se pueden encontrar en la influencia de tu vida personal, tus relaciones y tus prácticas de renovación.

Pero todavía no hemos explorado la pregunta fundamental: ¿Por qué liderar? Si ejercer el liderazgo es tan difícil, ¿por qué hacemos ese esfuerzo? ¿Por qué corremos ese riesgo? ¿Por qué seguir tratando de avanzar cuando la resistencia parece invencible? ¿Dónde se puede hallar el impulso para seguir avanzando, como Lois en ese círculo de sillas, cuando nadie se presenta a las reuniones que convocas?

Los autores de este libro no somos teólogos. Marty proviene de la política y del periodismo, y la experiencia de Ron se centra en la medicina y en la música. Pero creemos, lisa y llanamente, que la única manera de poder responder a estas preguntas es descubrir qué da un sentido a tu vida.

Para la mayoría de nosotros, sobrevivir no es suficiente. Si la supervivencia fuera nuestro único objetivo, a la larga seguramente fracasaríamos: no vivimos siempre. Sin embargo, aceptar ese hecho obvio nunca es fácil. Puede parecer irónico que en un libro cuyo tema ha sido la supervivencia, promovamos la idea de aceptar la muerte. Pero la libertad de asumir riesgos y hacer progresos significativos proviene, en parte, de la aceptación de que la muerte es inevitable. Incluso la palabra «liderar» tiene una raíz indoeuropea que significa «ir hacia adelante, morir».[1] Como nos recuerda nuestro colega irlandés Hugh O'Doherty: «Al fin y al cabo se te van a llevar». Nada es para siempre; la cuestión es darle un sentido a la vida mientras se pueda.

Piensa una vez más en los pasajeros del vuelo 93 de United Airlines, cuyo avión se estrelló en ese campo de Pensilvania el 11 de septiembre de 2001. A diferencia de los pasajeros de los aviones que se estrellaron en el World Trade Center, los del vuelo 93 sabían que iban a morir. Frente a una muerte segura, dieron un sentido profundo y heroico a sus vidas al hacer fracasar el plan de los terroristas y con eso salvar a un gran número de personas en tierra.

Afortunadamente, hay innumerables fuentes de sentido y significado que no se producen en el contexto de la muerte: el asombro del biólogo que descubre misterios en el estudio de la síntesis del ADN; el placer de un pianista al ejecutar una suite de Bach; la satisfacción de un empresario que crea empleos y prosperidad para los hombres y mujeres de una comunidad; o el profundo silencio de la respiración de un niño dormido.

Algunas fuentes de sentido son extrañas; muchas dependen del talento, las oportunidades y las experiencias que surgen en nuestro camino. Sin embargo, al menos hay una fuente disponible para cada uno de nosotros, en todo momento y en cualquier circunstancia. Las personas encuentran un sentido cuando conectan con las otras de una manera que hace su vida más placentera.

Después de haber escuchado a muchas personas que se enfrentan con el fin de sus días, jamás las hemos oído decir:

«¡Ojalá hubiera pasado más tiempo en la oficina!». En cambio, se refieren de muchas maneras a los otros goces de la vida: la familia, las amistades y cómo sus vidas han influido en los otros. Cuando las personas se aferran a la vida, quieren más tiempo para experimentar esas conexiones.

La simplicidad de este propósito se revela en la cultura del campo de batalla. ¿A qué se debe que un soldado esté dispuesto a arriesgar su vida? No a la obediencia a la autoridad, si bien esta tiene alguna importancia. No a los altos ideales, si bien estos le interesan. Ni siquiera a su propia supervivencia, si bien esto también es obviamente importante. Los soldados salen de las trincheras para luchar porque les preocupan sus compañeros en el pelotón. Si ellos no entraran en batalla, pondrían a sus camaradas en peligro. La lealtad y el afecto por sus compañeros los impulsa a avanzar.[2]

Según Phil Jackson: «La manera más eficaz de formar un equipo ganador es apelar a la necesidad de sus miembros de conectarse con algo más importante que ellos mismos». Para Maggie Brooke, esto significaba salvar a su comunidad indígena norteamericana al ayudar a sus amigos y vecinos a renunciar al alcohol. Para Itzhak Rabin, era convencer a la comunidad israelí de que no podrían tener al mismo tiempo toda la tierra de sus orígenes bíblicos y la vida pacífica que tan profundamente anhelaban. Para John Patrick y David Grossman de IBM, era ayudar a la compañía otrora exitosa —una comunidad en la cual ellos trabajaban y por la cual se preocupaban profundamente— a adaptarse a un mundo cambiante, donde podría prosperar nuevamente.

En cada uno de estos casos —y en todos los que hemos descrito en este libro—, el liderazgo ha estado inspirado por el deseo de una persona de ayudar a los individuos con quienes vivía o trabajaba.

De modo que la respuesta a la pregunta «¿por qué hay que liderar?» es simple y profunda. Las fuentes de sentido más esenciales de la experiencia humana derivan de nuestro anhelo de conexión con las otras personas. El ejercicio del liderazgo puede dar un sentido a la vida más allá de las apuestas diarias: la aprobación de los amigos y colegas o la gratificación inmediata del éxito, porque, como un arte práctico, el liderazgo nos permite conectar con los otros de una manera significativa. La palabra que usamos para este tipo de conexión es *amor*.

Para algunos, hablar de amor en este contexto puede parecer un sentimentalismo exagerado y poco profesional, pero es innegable el hecho de que el amor da sentido a la vida y hace que valga la pena vivirla. El amor da sentido a lo que haces, ya sea en una empresa, en una comunidad, en un aula o en una familia. Asumimos riesgos por una buena razón: esperamos mejorar la vida de las personas.

Amor

Los seres humanos siempre han creado comunidades, comenzando con las familias extendidas que formaron la unidad básica social de la existencia humana durante más de un millón de años. Más recientemente —hace diez mil años—, con la invención de la agricultura, la gente comenzó a renunciar al estilo de vida nómada. Los seres humanos empezaron a permanecer en un lugar, acumular riqueza, formar grandes organizaciones y crear asentamientos y sociedades. Sin embargo, la base perdurable de toda civilización reside en la formación de adhesiones mutuas, y estas lealtades se basan en la capacidad de amar, proteger o expresar interés por las otras personas. La capacidad de apego de una familia sirve como fundamento para la vida social. Y la piedra basal del afecto familiar es la capacidad materna de criar y defender a su descendencia.

El desafío planteado por la complejidad creciente de la civilización durante los últimos diez mil años se halla en la extensión de nuestra esfera de lealtades más allá de la familia, más allá del pueblo, más allá de la tribu. De hecho, a medida que el mundo avanza en el tercer milenio, la humanidad está explorando y experimentando los riesgos y oportunidades de la globalización de las sociedades humanas. Por ejemplo, la Unión Europea es un intento audaz de crear una arquitectura dentro de la cual puedan prosperar las diferentes naciones. ¿Acaso las personas pueden mantener lealtades tan difusas como estas, a través de tantas fronteras culturales, étnicas, religiosas, idiomáticas y de conflicto histórico? El flagelo del terrorismo que azotó a Estados Unidos en septiembre de 2001 es una prueba terrible de la dificultad de este desafío.

En este sentido, la empresa humana es una experiencia de amor y conexión. A medida que aprendemos a tolerar y valorar tanta diversidad, logramos crear comunidades en las que cada vez más miembros pueden prosperar juntos. Cuando el director ejecutivo de una empresa disfruta del éxito empresarial, permite la creación de nuevos empleos, nueva riqueza o nuevas fuentes de eficiencia o placer, de alguna manera está contribuyendo a la felicidad de todas las personas: clientes, empleados y accionistas. Esto tiene que ver, en su origen, con las gratificaciones del amor.

En Medtronic, la muy exitosa compañía que fabrica marcapasos electrónicos, desfibriladores y otros dispositivos médicos, el valor para el accionista creció desde 1985 hasta 2001 a razón de un 37 % anual. Su director ejecutivo Bill George, conocido en la prensa por declarar osadamente en la reunión anual de inversores: «Los accionistas están en tercer lugar», dijo lo siguiente: «Medtronic no está en el negocio de maximizar el valor para el accionista. Estamos en el negocio de maximizar el valor para los pacientes a los que servimos. El valor para el accionista proviene del hecho de prestar un servicio superior a los clientes porque usted ha motivado a sus empleados para servirlos». Como afirmó más tarde: «La misión de Medtronic —devolver la salud a las personas— trasciende las luchas cotidianas, las batallas por la cuota de mercado, las vicisitudes de la Bolsa de valores y los cambios regulares en el equipo de ejecutivos. Su luz guía a los 25.000 empleados de la compañía como la estrella polar, proporcionando un punto de referencia constante frente al cual podemos calibrar nuestra brújula interna».[3]

La brújula que orienta más directamente a las personas, aun cuando se hayan desviado de su curso, es amar y ser amadas. Esa es la experiencia maternal —el apego de la madre con su hijo— de la cual los seres humanos han desarrollado una capacidad generalizable para amar a otros que están mucho más alejados del hogar. La contribución de tu trabajo puede parecer menos directa que la de los empleados de Medtronic, que literalmente mantienen a muchos corazones latiendo, pero solo es necesario que agudices un poco tu imaginación para ver que esos éxitos te vuelven a poner en contacto con el orgullo de tus padres, maestros, familiares o amigos. El éxito actúa como un sustituto de tu amor. En otras palabras, un aspecto importante de sentirte triunfador proviene de volver a experimentar los vínculos con aquellos a quienes amas.

Si los actos de liderazgo, accesibles para todos nosotros, son una fuente tan poderosa de significado, entonces es importante considerar nuevamente las palabras con las cuales comenzamos este libro. Cada día se nos presentan oportunidades de liderazgo y nos resistimos a la mayoría de ellas. ¿Por qué?

Hemos dedicado la mayor parte de este libro a explorar los riesgos del liderazgo que nos hacen retroceder, así como las maneras de superar esos obstáculos y reducir los peligros. En nuestro trabajo con miles de hombres y mujeres durante los últimos veinte años, aparecen una y otra vez dos razones finales para dudar:

- Las personas se aferran al mito de la estimación.
- Las personas olvidan que la forma en que contribuimos no importa.

El mito de la medición

Para algunas personas, correr un riesgo vale la pena solamente si se puede ver su éxito, si se puede tocar, sentir y, sobre todo, calcular. Pero tratar de obtener satisfacción en la esfera de las cifras estimables es menos importante que alcanzar su meta.

El significado no se puede calcular. Pero vivimos inmersos en un mundo de tasación tan penetrante que incluso muchas de nuestras instituciones religiosas miden el éxito, significativamente, según la cuota de mercado. ¿Quién está ganando en la competencia misionera? ¿Los católicos, los mormones, los evangelistas, los musulmanes, los budistas, los hindúes? ¿Cuántos judíos han dejado el rebaño?

Incluso somos testigos de organizaciones religiosas que tergiversan su misión para «llegar a más personas», como si las almas fueran una mercancía estimable. En realidad, la misión de aplicar el espíritu, que por naturaleza no puede tasarse, en nuestros esfuerzos diarios para llevar una vida honorable y buena parece estar en contradicción con la competencia que fomenta la estimación. Demasiado a menudo, la «misión» es algo que hacemos para los de afuera, no algo que motiva el esfuerzo dentro de la comunidad misma. A veces parece que se nos olvide esta frase: «Si usted salva una vida, salva al mundo».[4]

Desde luego, calcular el valor de nuestros actos es un recurso muy útil, pero no nos dice por qué vale la pena vivir. El desafío es calcularlo cada día, sabiendo siempre que no podemos medir aquello que tiene un valor esencial. Por ejemplo, en la medicina a menudo tenemos que vérnoslas con un dilema porque no disponemos de los recursos o el tiempo necesarios para tratar a todos los pacientes que necesitan ayuda: seleccionamos a quienes tienen más posibilidades de beneficiarse de la ayuda que les demos. Y, lamentablemente, quienes tienen menos posibilidades reciben menos ayuda. Pero uno no se puede imaginar ejerciendo la medicina sin las herramientas de medición necesarias para evaluar la presión sanguínea, el ritmo cardíaco, los componentes químicos de la sangre, etc. Salvamos vidas con esas herramientas. En la empresa y en la política, estimamos continuamente el valor de nuestros productos y respondemos como corresponde para incrementar ese valor. En nuestros presupuestos hogareños, asignamos dinero para aquellas actividades que más valoramos. Sin embargo, aun cuando esas herramientas sean útiles, nos desorientan cuando las aplicamos indiscriminadamente como un hábito.

Muchos creen que cuando les llegue su turno, los ángeles del Juicio les preguntarán: «¿Por qué has enseñado a leer a 5 niños y no a 16? ¿Por qué has creado 803 empleos y no 23.421? ¿Por qué has salvado 433 vidas y no 718?». Los historiadores estiman que Herbert Hoover salvó más de 100.000 vidas al organizar un auxilio de emergencia durante la Primera Guerra Mundial. ¿Esto debería haber importado menos que su fracaso en recuperar la economía como presidente de Estados Unidos después del colapso de la Bolsa de valores en 1929 y durante la Gran Depresión que le siguió? Hemos aprendido mucho de sus errores presidenciales, ¿pero alguien puede aumentar o disminuir el valor de los esfuerzos que hizo en su vida?

Antes de graduarse en la Universidad de Columbia, Ron habló con uno de los filósofos de la ciencia más grandes del siglo xx, el profesor Ernst Nagel. Ron quiso saber: «¿Qué preguntas se hace usted?». Con un tono amable y gentil, Nagel contestó: «Por ejemplo, nos preguntamos: "¿Qué se puede medir?"». Esto implica, desde luego, que no todo se puede medir. William Shakespeare reflejó este pensamiento en la declaración de Julieta a Romeo: «[...] cuanto más te doy, más tengo, ambas cosas son infinitas».[5]

Pocas veces encontramos a un ser humano que, después de años de vida profesional, no haya aceptado el mito de la medición y se haya debilitado por su causa. Después de todo, existe una poderosa presión en nuestra cultura para medir los frutos de nuestra labor, y sentimos un enorme orgullo cuando asumimos «mayor» responsabilidad y obtenemos «mayor» autoridad, riqueza y prestigio. Pero usar la estimación como una herramienta no es lo mismo que creer que refleja el valor de algo que es esencial. Tú no puedes cuantificar el bien que haces.

Quizá no haya ninguna actividad en Estados Unidos que enseñe más a los niños acerca del arte de la estimación que el béisbol. En realidad, cada parte del juego se mide y cada jugador es un conjunto ambulante de «estadísticas». Los niños de toda la nación memorizan e intercambian esas cifras.

De acuerdo con los cálculos estadísticos se puede afirmar que Hank Greenberg fue uno de los más grandes jugadores de béisbol de su época, y los aficionados de los años treinta y cuarenta llevaban un registro de sus estadísticas. Entre 1937 y 1947, excluidos los años de guerra —Greenberg fue uno de los primeros jugadores de la liga en enrolarse—, acertó más *home runs* que nadie en el béisbol. Su porcentaje de bateos y de *home runs* lo convirtieron en un candidato para el Hall of Fame. Y todavía figura entre los líderes de todos los tiempos en varias categorías de bateadores. Elegido para el Hall of Fame en 1956, recibió el 85 % de los votos. En un deporte donde la estimación es una obsesión, las cifras de Greenberg eran sobresalientes, se hallaban entre las mejores de su época —o de cualquier época, dentro de ese contexto—. Sin embargo, uno de sus principales logros, una de sus grandes contribuciones al deporte, fue totalmente inestimable.

Greenberg había jugado durante toda su carrera con los Detroit Tigers. En 1946, si bien había perdido uno o dos partidos, aún era un buen jugador, que destacaba en la liga por sus *home runs*. Los Tigers habían terminado en un respetable segundo puesto. Pero después de la temporada de 1946, quizá debido a un malentendido entre Greenberg y el propietario de los Tigers, Walter Briggs, el equipo, por sorpresa y bruscamente, lo sentaron en el banquillo, cediendo sus derechos a retenerlo. Ninguno de los dueños de los equipos de la Liga Americana lo reclamó, lo cual sugería que Briggs había llegado a un acuerdo con ellos previamente. Los Pittsburgh Pirates de la Liga Nacional consiguieron contratarlo. Para uno de los grandes del deporte, ¿cuál podría ser el significado de un final tan degradante de su carrera? Pasó de un equipo competente a un equipo que estaba en el último puesto; de la Liga Americana a la Liga Nacional; de Detroit, donde había pasado toda su carrera, a Pittsburgh, donde no conocía a nadie. ¿Quién querría terminar una carrera sobresaliente tan desplazado?

Eso ocurría en 1947, el año en que Jackie Robinson cruzó la frontera racial al firmar con los Brooklyn Dodgers y convertirse en la primera persona de color que jugaba dentro de las Grandes Ligas de Béisbol. En toda la liga, los jugadores y aficionados adversarios consideraban que lo de Robinson era un ultraje. Greenberg, un judío, había sido el blanco de considerables injurias en su propia carrera, pero después de haberse convertido en una figura respetada en el deporte, ahora estaba terminando sus días con su nuevo equipo y haciendo todo lo posible por él. Si bien sabía que las cosas eran más difíciles para Robinson que para él, Greenberg había estado sometido a un maltrato racial encubierto y, por lo tanto, se identificaba con Robinson. «Sé cómo se siente», dijo Greenberg al comienzo de la temporada.[6]

Robinson y los Dodgers llegaron a Pittsburgh para jugar con los Pirates por primera vez a mediados de mayo. Desde el principio, Jackie Robinson fue abucheado e insultado, no solo por los aficionados locales, sino también por algunos de los compañeros de equipo de Greenberg, los Pirates.

He aquí cómo recordó Greenberg la atmósfera de aquel día: «Jackie llegó a Pittsburgh un viernes por la tarde, y el lugar estaba atestado. Nosotros estábamos en el último puesto, y los Dodgers en el primero. Nuestros jugadores sureños, un grupo de "calentadores de banquillo", gritaban a Jackie: "Oye, mina de carbón, oye, tú, mina de carbón negro, te vamos a poner fuera del juego. No volverás a jugar ningún partido de béisbol. [...] Negro estúpido, hijo de puta"».

Al comienzo del partido, Robinson llegó primero a la base. Hizo un primer golpe desde esta y luego tuvo que volver a cargar cuando el lanzador intentó mantenerlo cerca para evitar que ganara una base. Robinson penetró en el área del primer jugador de base, Greenberg, demostrando el tipo de juego agresivo que lo convirtió en superestrella y miembro del Hall of Fame.

La muchedumbre calló. Por lo común, un jugador en la posición de Greenberg habría dicho algo agresivo o lanzado una mirada amenazadora. En cambio, retrocedió, dejando que el jugador que estaba sobre el terreno se pusiera en pie y se recuperase. En respuesta al juego agresivo de Robinson, muchos jugadores de Pittsburgh y de otros lugares reaccionaron ridiculizando y maldiciendo a este mientras se ponía en pie.

Pero Greenberg no hizo nada de eso. Con un simple gesto, se inclinó, dio la mano a Robinson y le ayudó a levantarse. Todos, en las tribunas y en los bancos, tomaron nota de ese gesto.

En el tiempo siguiente, Robinson llegó a la primera base. Él y Greenberg conversaron. Este le preguntó si se había lesionado en el juego anterior, le dijo que no prestara atención a las burlas y lo invitó a cenar esa misma noche.

Después del partido, Robinson describió a Greenberg como un héroe: «Tiene clase. Los supera a todos...».

El gesto de Greenberg significaba no solo un buen trato personal para Robinson, sino que además comunicaba a los Pirates y sus aficionados que Robinson estaba allí para quedarse. Si aquel jugador era bueno para Greenberg, entonces debía ser bueno.

No hay manera de cuantificar el valor del gesto de Greenberg. El valor de los *home runs* de su carrera le dieron la credibilidad para prestar un gran servicio a Robinson, al béisbol y a la sociedad estadounidense. Los aficionados y sus compañeros de equipo le creyeron porque el gran «Hankus Pankus», como lo apodaban, se había puesto del lado de la justicia. Pero también puede ser que sus acciones durante su último año, jugando para un equipo perdedor, dieran un nuevo contexto y significado a los años pasados, un significado que nunca podría haber adquirido a través de las estadísticas, que simplemente estimaban todos los *home runs* de una carrera.

La estimación es una herramienta muy útil. No pretendemos disminuir su utilidad. Tres cuartos de los cursos que enseñamos en la universidad se basan en la estimación: análisis del coste-beneficio, análisis económico, análisis político, análisis financiero. Lo mismo es válido en las escuelas de comercio y medicina. Pero la estimación es, simplemente, un artificio entre muchos, que no puede captar la esencia de lo que hace valiosas a nuestras vidas y nuestras organizaciones.

Si aceptas el mito de la medición, ¿qué pasa después de haber pasado veinte o treinta años en un empleo? Después de haber llegado a ser una persona importante y respetada con un gran papel destacado, ¿qué pasa cuando pierdes ese rol? Es probable que pienses que tu próximo empleo, la próxima forma de trabajo, tiene que ser igualmente «grande e importante». De lo contrario, no valdría la pena hacerlo; no te valorarías a ti mismo. Después de haber aceptado el mito de la medición, no puedes definir nuevas maneras de amar y apasionarte, de dar y proteger, a no ser que se puedan medir en los mismos términos que tu trabajo anterior. Todos conocemos a personas que se marchitaron por dentro después de jubilarse o de dejar una carrera porque no pudieron encontrar otra cosa importante para hacer.

Afortunadamente, algunas personas escapan a esa trampa.

El padre de Ron, Milton, está considerado como uno de los diez grandes maestros de su profesión: la neurocirugía. Él diseña los instrumentos quirúrgicos usados por los neurocirujanos de todo el mundo. Directa e indirectamente, ha salvado miles de vidas.

Cuando Milton se jubiló, volvió a una de las actividades que amaba en su juventud: la observación de las estrellas. Pero la gama de textos sobre astronomía le parecía insatisfactoria y decidió escribir un libro por su cuenta.[7] Redactado con los niños en su mente, Milton dedicó el libro a sus siete nietos, que desde luego incluían a los dos hijos de Ron y Sousan.

En la noche de Halloween, poco después de la publicación del libro, los padres de Ron le visitaron. Los niños habían salido a pasear con un viejo amigo de la familia, Rick Stemple, un maestro de música que solía alojarse en su casa durante sus años de estudiante. Al final de una tarde bulliciosa, cuando Rick ya se iba, Ron decidió darle un ejemplar del nuevo libro de su padre como obsequio. Mientras toda la familia lo rodeaba, Rick hojeó el libro y luego se dirigió a Milton para pedirle un bolígrafo. Milton sonrió, pensando en lo que podría escribir cuando autografiara el texto para Rick.

Rick cogió el bolígrafo, pero no entregó el libro a Milton. En cambio, se inclinó sobre una rodilla, abrió el libro en la página de la dedicatoria donde figuraban los nombres de los nietos y les pidió a estos que le firmaran el libro.

Ron vio brotar las lágrimas en los ojos de su padre mientras veía que sus nietos estampaban sus nombres sobre la página de la dedicatoria. Después de cuarenta años de medicina clínica, con todas las vidas que había salvado, para Milton nada podía compararse con el significado de ese momento.

La forma no importa

Igual que la estimación puede distraerte de los verdaderos valores de la vida, la forma de tu contribución es menos importante que el contenido. En la última gran tragedia de Shakespeare, *El rey Lear*, el mismo rey queda atrapado en el rol y las formas de la corte real, tanto que rechaza a Cordelia, su sincera hija, considerando sus expresiones de amor demasiado simples y vagas. Engañado por las zalamerías y las simulaciones de amor, entrega su reino a sus otras dos hijas. Cuando Lear finalmente vuelve a estar en sus cabales, pregunta: «¿Dónde he estado? ¿Dónde estoy?». Pero en aquel momento ya es demasiado tarde: ha perdido su reino y a Cordelia.[8]

¿Cómo evitar cometer el error de Lear, solamente para descubrir demasiado tarde la diferencia entre la forma y la sustancia?

En los primeros años de su carrera, Ron trabajaba en el Life Extension Institute, una institución médica de la ciudad de Nueva York que proporciona exámenes médicos para altos ejecutivos empresariales. Ron conversaba extensamente con muchos presidentes y vicepresidentes de empresas que se habían consagrado a «triunfar en el mercado» y contemplaban su pasado a medida que se aproximaban a los sesenta años. A menudo, habían tenido un éxito notable, pero muchos tenían dificultades para darle un sentido a sus vidas en vista de todas las cosas a las que habían renunciado. Se sentían preocupados y algunos habían empezado a preguntarse si era posible crear en sus empresas un mayor sentido de la misión. Varios de aquellos gerentes describían, con perspicacia, el riesgo de cuestionar los propósitos empresariales. Habían sido predecesores y colegas que, después de expresar el deseo de orientar a la organización hacia propósitos sociales más amplios o incluso crear un valor para el cliente, encontraron obstáculos para «escalar posiciones» hasta la junta directiva —que los relegó a un segundo puesto, donde podían ser «visionarios por su cuenta»—. Mientras tanto, la compañía contrataba o ascendía al siguiente ejecutivo de cuarenta años con un enfoque centrado en el resultado financiero. A menudo, el ciclo continuaba de una generación a la otra.

Aquellas personas se sentían «defraudadas». Se habían mantenido concentradas en el premio toda su vida y habían alcanzado la meta, solo para encontrarla insuficiente. Las metas por las cuales se habían sacrificado parecían insustanciales. Estaban viviendo con la inquietud la creciente brecha entre las metas que les habían inspirado y las aspiraciones que daban un sentido a sus vidas. Comenzaron a distinguir entre la forma y la sustancia, y ahora muchos buscan la segunda.

Más recientemente, hemos llegado a conocer a jóvenes multimillonarios en el campo de la alta tecnología que se están haciendo la misma pregunta —aunque mucho antes— en sus vidas. ¿Para qué sirve todo esto? Estos jóvenes son afortunados, no solo porque han se han enriquecido antes, sino porque han descubierto antes las preguntas esenciales.

Cuando los jóvenes comienzan a pensar en su vida profesional, el mundo parece lleno de opciones. Creen que los anuncios clasificados les ofrecerán docenas de empleos interesantes y significativos. Sin embargo, cuando maduran, la suerte, los hechos aparentemente aleatorios, los amigos, la familia, un maestro inspirador o una oferta de empleo inmediata determina gran parte de lo que deciden hacer. Quedan fascinados con esa opción y, a menudo, atrapados en ese rol profesional.

Generalmente, esa opción surte efecto durante un tiempo, quizá incluso durante un largo tiempo. Luego, a veces, estalla una crisis. Nos sentimos como si nos hubieran hecho bajar del caballo. Quizá tú hayas alcanzado la máxima categoría en una carrera exitosa, o seas médico y la estructura y los valores del ambiente hayan cambiado a tu alrededor. Quizá tu compañía haya sido adquirida por una multinacional y te hayan desplazado. Quizá te hayan despedido, o estés asegurado, pero algo te está consumiendo por dentro y piensas que esto no es lo apropiado para ti, aun cuando te haya proporcionado el sustento durante veinte años. Quizá te has quedado en casa para criar a tus hijos y ahora está el nido vacío. Quizá perdiste la reelección, o la perdió tu jefe, y te quedaste sin empleo.

En esos momentos, las personas se desorientan porque han confundido la forma con la esencia. Han llegado a creer que la forma del trabajo es lo que les hace importantes. Se han identificado con sus roles: soy el alcalde, soy el ama de casa, soy un ejecutivo empresarial. Confunden la forma de su participación en la vida con la esencia de su sentido y su propósito.

Si el ingrediente esencial del sentido de la vida es la experiencia de conexión y participación, entonces parte de la magia de la vida en nuestras organizaciones y sociedades reside en la capacidad humana para generar nuevas formas de expresión. El propósito deriva de encontrar las maneras —en lugar de una manera particular— de amar, de contribuir a la empresa globalmente, de mejorar la calidad de vida de las personas que nos rodean.

En sus exitosas memorias, *Martes con mi viejo profesor*, el autor Mitch Albom relata algunas de sus entrevistas con su consejero, Morrie Schwartz, durante el último año de la vida de este. En un momento Schwartz pregunta retóricamente: «¿Sabes qué es lo que te da satisfacción de verdad?». «¿Qué?», responde Albom. «Ofrecer a los demás lo que puedes dar».

«Hablas como un *boy scout*», observa Albom, y esto inspira a Morrie nuevamente:

«No me refiero al dinero, Mitch. Me refiero a tu tiempo. A tu interés. A tu capacidad para contar cuentos. No es tan difícil. [...] Así es como empiezas a recibir respeto, ofreciendo algo que tienes. Eso lo puedes hacer en muchos sitios. No hace falta que tengas un gran talento».[9]

Cualquier medio que utilices no es tan importante como comprender las posibilidades continuas de ayudar a los que te rodean, precisamente hasta el fin de tus días. Morrie Schwartz seguía contribuyendo aun cuando su vida se apagaba: enseñaba a Albom cómo morir al mismo tiempo que le enseñaba cómo vivir.

Fundamentalmente, la forma no importa. Cualquier forma de ayudar a los otros es, en su esencia, una expresión de amor. Y como las oportunidades de contribuir están siempre presentes, hay pocas razones para que alguien se prive de las experiencias profundas que le dan sentido a la vida. El fracaso más común, quizá, es el de Lear: nos quedamos atrapados en la forma y perdemos de vista lo que es esencial y verdadero.

Cuando Jimmy Carter dejó la Casa Blanca era un hombre deprimido y derrotado, pero asumió nuevas formas de contribuir que nadie habría imaginado para un expresidente de Estados Unidos. De una manera tangible y directa, comenzó a construir casas para los indigentes con la organización Habitat for Humanity. Apoyándose en el éxito que obtuvo con la negociación del tratado de paz egipcio-israelí de Camp David en 1978, exploró maneras de ayudar a las comunidades y las sociedades a resolver sus conflictos. Esos esfuerzos se extendieron a una serie de iniciativas para servir a las democracias emergentes. Ahora, más de veinte años después de haber dejado la Casa Blanca, Carter ha hecho una contribución innegable a los pueblos. Tratar de compararla con su hoja de servicios en la Casa Blanca sería completamente absurdo. Su capacidad para crear nuevas formas de participación —desde una filosofía personal de un profundo sentimiento de servicio— es una inspiración para alguien que está en ese proceso de cambio.

Pocos roles son más cautivadores que ocupar la Casa Blanca. Pero incluso las formas menos sugestivas pueden ser seductoras. Cuando las personas iban a ver a Marty en la oficina del gobernador de Massachusetts para explorar sus oportunidades de trabajo en el gobierno estatal, a menudo tenían dificultades para imaginar una manera de contribuir profesionalmente que no fuera a través de la forma en que estaban acostumbradas a hacerlo. Podían verse dirigiendo una agencia estatal, pero podían imaginarse sirviendo como voluntarios en un hospital del Estado. Era fácil confundir un trabajo significativo con todos los privilegios del cargo: el acceso al gobernador, el título, el salario, el estatus o el tamaño de la oficina.

Desde luego, esos aspectos de cualquier trabajo importan, no solo porque son agradables, sino además por la influencia que pueden darte para inducir a la acción. Pero, a menudo, lo que le importa a la gente no es tanto el valor instrumental de estas formas y accesorios como el valor simbólico. Las formas llegan a ser un sustituto del valor y la esencia de lo que hacemos. Como consecuencia, perdemos de vista la oportunidad esencial, sino que además permitimos que nuestra autoestima esté más relacionada con el envoltorio que con el contenido.

Cuando Jerry Rice se retiró temporalmente de la liga nacional de fútbol americano (NFL), como una de las más grandes figuras del deporte, creó una fundación para niños. Para reunir dinero congregó a un grupo de sus compañeros de la NFL y formó un equipo de baloncesto que jugó partidos de exhibición en todo el país. Ron vio uno de aquellos partidos mientras estaba de vacaciones con su familia y se asombró al ver cómo se divertían aquellos hombres mientras jugaban impecablemente contra un equipo estatal formado por ases del deporte y reunían el dinero necesario. Jerry parecía cansado, sin duda —habían jugado tres partidos en tres ciudades en solo dos días—, y evidentemente había perdido el entusiasmo que tenía como jugador profesional, ya que pronto volvió a la NFL. Pero también parecía muy orgulloso de la transición que había realizado y del propósito que estaba inspirando, a diferencia de muchos de sus colegas deportistas, que parecen perdidos durante décadas después de abandonar los estadios.

Tener un propósito no significa lo mismo que tener un propósito particular. Encontramos un sentido en la vida a partir de los propósitos en los que nos embarcamos. Pero después de trabajar en una disciplina, un ámbito o un empleo concreto

244 ＊ Liderazgo sin límites

durante veinte, treinta o cuarenta años, nos empezamos a aferrar a ese propósito específico, a esa forma particular.

Cuando pierdes ese propósito o esa forma específica, piensas que no tienes otras opciones importantes. Nosotros conocemos a un hombre de 77 años, Bennie, que se puede jubilar con todo el salario y los beneficios médicos. Bennie ha estado en el mismo empleo durante cuarenta años. Ya no tiene fuerzas para hacer las tareas que corresponden a su puesto. Pero se niega a irse, dice, porque no sabe qué hará con su tiempo.

Bennie teme la jubilación porque no puede redefinir los propósitos en su vida. Sin la forma, piensa que perderá su fuente de sentido. Pero lo que Bennie realmente ha perdido es algo que quizá tuvo una vez cuando era niño: un sentido del propósito. Los niños tienen una capacidad creadora. Crean un propósito mientras conectan con lo que está ocurriendo. Pero a medida que crecen van dejando de lado esa capacidad. Suelen perder esa creatividad festiva y audaz mediante la cual se preguntan: «¿Qué podemos hacer hoy?».

Los medios que encontramos para alcanzar el significado asumen obviamente algunas formas tangibles, y sin duda esas formas son importantes hasta cierto punto. Algunos empleos coinciden con tus intereses, tu personalidad, tus habilidades y tu temperamento; otros no. Aquí el objetivo no es quitar importancia a encontrar las formas y asumir los roles que personalmente te gratifiquen, sino solo reavivar esa capacidad juvenil de imaginar una serie de posibilidades. Luego, cuando te sientas obligado a comprometerte o cuando sufras un revés, podrás recuperar tu capacidad natural para generar nuevas formas de expresión.

·   ·   ·

Ejercer el liderazgo es una manera de dar sentido a tu vida al contribuir en las vidas de los otros. En su mejor expresión, el liderazgo es una labor de amor. Las oportunidades para esa labor se cruzan en tu camino cada día, aunque sabemos —desde las cicatrices que nos van dejando nuestras propias experiencias— que hace falta coraje para aprovechar esas oportunidades.

Sagrado corazón

El ejercicio del liderazgo es una expresión de tu vitalidad. Pero tu fuerza vital —tu creatividad y tu audacia, tu curiosidad y tu deseo de cuestionar, tu compasión y tu amor por las personas— se puede debilitar diariamente cuando te sientes vencido, humillado o silenciado.

En nuestro trabajo con hombres y mujeres de todo el mundo y de todas las condiciones, hemos visto a buenas personas cubrirse bajo un manto de autoprotección para aislarse de los peligros del liderazgo. La autoprotección tiene sentido: los peligros son reales.

Pero cuando te proteges también corres el riesgo de perder algo. En la lucha por salvarte puedes renunciar a muchas de las cualidades que configuran la esencia de estar vivo, como la inocencia, la curiosidad y la compasión. Para evitar ser herido, es fácil convertir la inocencia en cinismo, la curiosidad en arrogancia y la compasión en insensibilidad. Lo hemos experimentado; quizá tú también.

Nadie se mira en un espejo y ve la imagen de un cínico, un arrogante o un insensible. Adoptamos esas defensas y les damos nombres virtuosos y respetables. Al cinismo se le llama *realismo*, a la arrogancia se la disfraza de *conocimiento legítimo* y la insensibilidad se transforma en *el escudo de la sabiduría* y la experiencia. La tabla resume la dinámica común que adoptan las personas cuando pierden la sensibilidad.

Sensibilidad perdida

Cualidad del sentimiento		Llega a ser		Se disfraza de
Inocencia	→	Cinismo	→	Realismo
Curiosidad	→	Arrogancia	→	Conocimiento legítimo
Compasión	→	Insensibilidad	→	El escudo de la experiencia

El hecho de disfrazar el cinismo, la arrogancia y la insensibilidad con un lenguaje más aceptable no oculta las consecuencias de haberlos adoptado. Pueden ser maneras seguras de sobrevivir, pero también sofocan la misma vitalidad que estamos tratando de proteger.

De hecho, el realismo debe abarcar tanto lo desagradable como lo maravilloso en nuestras vidas, sin barnices. Para indagar resueltamente en la realidad, hace falta coraje. El aspecto cínico del realismo, que supone que sucederá lo peor, es una manera de protegerse cuando reduces tus aspiraciones para no sentirte nunca decepcionado. Es como una póliza de seguro. Si las cosas salen bien, mucho mejor. Pero, si no esperas resolver nada, jamás te sorprendes y, en concreto, nunca experimentas la frustración.

Además, el conocimiento legítimo depende de tu curiosidad para saber cuándo y dónde debes tomar medidas correctivas. Mantener la duda cuando las personas que te rodean anhelan seguridad puede llevarte hasta los límites de tu integridad. Pero ¿cómo puedes aprender si no mantienes un nivel de curiosidad saludable? ¿Y cómo puedes seguir siendo una autoridad a menos que sigas aprendiendo?

En cuanto al escudo de la sabiduría y la experiencia, es natural desarrollar alguna capa protectora a medida que evolucionas en tu rol y soportas las vicisitudes de la vida. De lo contrario, los incidentes cotidianos podrían ser intolerables. Pero también es fácil aceptar el mito común de que uno no puede sobrevivir en un rol profesional exigente sin una fuerte armadura, como si tuvieras que aparcar la compasión al otro lado de la puerta de tu oficina. Las yemas de los dedos callosas pierden sensibilidad. Tu oído se hace cada vez menos agudo, hasta que ya no eres capaz de apreciar los mensajes reales de quienes te rodean, y no puedes identificar la intención que hay detrás de sus palabras. Solo las escuchas estratégicamente, como recursos u obstáculos que surgen en la persecución de tus objetivos. En esa búsqueda de protección corres el riesgo de quedarte sordo para el mundo en el cual estás inmerso.

Por otra parte, el conocimiento y las expresiones más profundas de tu experiencia tienen sus raíces en la compasión. ¿Cómo puedes liderar y desafiar a las personas sin la capacidad de ponerte en su piel e imaginarte qué les está sucediendo? ¿Cómo puedes identificar los motivos que los frenan y solo les dejan ver las pérdidas del cambio?

La cruda realidad es que no es posible experimentar las gratificaciones y el goce del liderazgo sin experimentar también el dolor. El aspecto lamentable de esta realidad es que hace retroceder a muchas personas. Como hemos dicho, los peligros del liderazgo provienen de muchas personas y lugares y adoptan muchas formas, no solo de los adversarios conocidos, sino también de los aliados: la traición de los socios y la ambivalencia de las autoridades fiables.

Aparentemente, el cinismo, la arrogancia y la insensibilidad pueden ser muy útiles. A menudo, puede parecer que sin esa capa de protección no haya nada entre tú y la propia experiencia. Pero, en realidad, debilitan tu capacidad para ejercer el liderazgo. Y lo que es más importante: tal vez te impidan la experiencia intensa de vivir.

Una reflexión sobre el sagrado corazón

La tarea más difícil del liderazgo es aprender a experimentar angustia sin desconcertarse. Y la virtud del líder reside en su coraje para mantener su inocencia y su curiosidad, sus dudas, su compasión y su amor, aun a través de los momentos más oscuros y difíciles. Liderar con un corazón abierto significa poder estar en el punto más bajo, abandonado por tu gente y completamente impotente, pero seguir siendo receptivo a toda la gama de emociones humanas, sin devolver golpe por golpe o comprometerse en alguna otra forma de defensa. En un momento determinado podrás experimentar una total desesperanza y, en otro momento, compasión e indulgencia. Incluso es posible que experimentes estas vicisitudes al mismo tiempo y que mantengas esos sentimientos incoherentes en una tensión recíproca. Un corazón abierto te permitirá sentir, oír y diagnosticar, aun en medio de tu misión, para poder evaluar con precisión las diferentes situaciones y responder apropiadamente. De no ser así, está claro que no podrás evaluar el impacto de las pérdidas que estás pidiendo a los demás que soporten, ni comprender las razones que hay detrás de su ira. Sin mantener tu corazón abierto, te resultará difícil, quizá imposible, dar la respuesta correcta y salir airoso.

Hace algunos años, Ron fue invitado a dar una conferencia sobre liderazgo en Oxford, Inglaterra, durante un fin de semana que coincidía con el año nuevo judío, el Rosh Hashanah. La mañana siguiente a la conferencia, él y Sousan emprendieron un corto viaje a través de la campiña inglesa en el camino a Londres, donde esperaban asistir a los servicios de la sinagoga. Llegaron temprano a un pueblo encantador llamado Castle Combe, donde se filmó la versión cinematográfica original de *El extravagante doctor Dolittle*. En las afueras del pueblo se levantaba una vieja finca muy hermosa, de cientos de años de antigüedad, rodeada de amplios jardines y añejos árboles. La finca entonces operaba como un hostal, de modo que Ron y Sousan decidieron pasar allí la noche. Era la tarde anterior al Rosh Hashanah y, como se aproximaba la noche, se preguntaron cómo celebrarían el día de fiesta tan lejos de una comunidad judía.

Poco antes de la puesta del sol, que marcaba el comienzo del año nuevo, descubrieron una preciosa iglesia anglicana próxima a la finca. Con más de seiscientos años de antigüedad, aquella pequeña construcción de piedra parecía no tener más de veinte hileras de bancos. Entraron y Ron se sentó delante: un judío en una iglesia anglicana frente a Jesús en la cruz. Solo unas semanas antes, Ron y Sousan habían asistido a un seminario judío sobre ecumenismo. El sagrado corazón se explicaba como una representación de la promesa de Dios, no para mantenerlo fuera del fuego y del agua, sino para estar contigo en el fuego y el agua.[1]

Ron contempló la imagen de un hombre torturado por sus creencias, quizá una visión estremecedora para alguien que no está acostumbrado a ella, pero no para un judío consciente de una historia de persecución. Después de décadas de experimentar una afrenta persistente con los abusos violentos del cristianismo, Ron se encontraba sentado en esa iglesia: un salto muy desafiante a través de una profunda división. Mientras reflexionaba sobre sus sentimientos complejos, empezó a preguntarse cómo podría haber sido esta fiesta para Jesús en su tiempo. Pensó con un poco de añoranza: «Tú fuiste uno de nuestros maestros. ¿Por qué no hacernos compañía en Año Nuevo? Aquí no hay nadie más para celebrar el año nuevo con nosotros».

Ron contempló a Jesús y meditó. «Rabí Jesús [*rabí* es una forma afectuosa de la palabra *rabino,* que significa "maestro"]», dijo Ron en tono meditativo, «¿me contarías tu experiencia sobre la cruz? Este es el Rosh Hashanah, cuando contemplamos la disposición de Abraham a sacrificar a su hijo, Isaac. Por favor, ¿me darías un mensaje?». A los diez minutos, Ron estaba muy excitado. Le pidió a su mujer que fuese con él; y estrechando su mano la condujo afuera, bajo el sol del atardecer y le pidió que se sentara junto al tronco de un enorme y viejo pino.

—Sousan, necesito compartir esto contigo, pero no puedo decírtelo, tengo que mostrártelo. ¿Podrías echarte aquí, debajo de este árbol, abrir tus brazos y estirarlos completamente, y permanecer simplemente así?

Juntos permanecieron tendidos, ambos mirando hacia las altas ramas del árbol. Después de unos minutos, él se volvió hacia ella:

—¿Cómo te sientes? —le preguntó.

—Realmente vulnerable —respondió ella.

—Yo también. ¡Y de eso se trata! Ese es el mensaje. Eso es lo que aprendimos acerca del sagrado corazón, la disposición a sentirlo todo, a experimentarlo todo. Sentir, como sintió el rabí Jesús, la duda más grave, abandonado y traicionado casi hasta el momento de su muerte. Clamar como el rey David en el desierto, precisamente cuando necesitas desesperadamente creer que estás haciendo lo correcto, que tu sacrificio significa algo: «Dios mío, Dios mío, ¿por qué me has abandonado?». Pero casi en el mismo instante, sentir compasión: «Perdónalos, Padre, porque no saben lo que hacen». Jesús permaneció abierto.

Un sagrado corazón significa que te puedes sentir torturado, traicionado, impotente, desesperanzado y a pesar de todo permanecer abierto. Es la capacidad de abarcar toda la gama de tu experiencia humana sin endurecerte ni cerrarte. Significa que, incluso en medio de la decepción y la derrota, sigues estando conectado con las personas y con la fuente de tus propósitos más profundos.

Nuestra suposición fundamental en este libro es que puedas liderar y resistir. El liderazgo no significa que debas sacrificarte a fin de hacer el bien en el mundo, sino que encontrarás peligros y dificultades —quizá ya los hayas experimentado— que te harán *sentir* como si te sacrificaran. ¿Puedes imaginarte la sensación de abandono que debió de haber experimentado Maggie Brooke semana tras semana frente a ese círculo de sillas vacías, rodeada de una comunidad rota por el alcoholismo? ¿O la aflicción de Jamil Mahuad, trabajando incansablemente para servir a su país, solamente para terminar renunciando a su puesto, forzado por un golpe militar? ¿O el dolor de Itzhak Rabin cuando cayó atravesado por la bala de un asesino?

Un sagrado corazón es un antídoto para una de las «soluciones» más comunes y destructivas para afrontar los desafíos de la vida moderna: la indiferencia. Liderar con un corazón abierto te ayuda a seguir estando espiritualmente vivo. Te permite sentir fe por todo lo que sea verdadero, incluyendo la duda, sin escapar, fingir ni buscar una solución rápida. Además, el poder de un corazón abierto te ayuda a movilizar a los otros para que hagan lo mismo: afrontar los desafíos que exigen coraje y soportar los sinsabores del cambio, sin escapar ni engañarse a uno mismo.

Inocencia, curiosidad y compasión: virtudes de un corazón abierto

Tú eliges ejercer el liderazgo con pasión porque te impulsan una serie de problemas que quizá han influido en ti durante largo tiempo. Esos problemas podrían ser unos granos que fueron sembrados antes de que nacieras, en tu familia o en tu cultura; pueden reflejar conflictos que están dentro de ti y para los cuales has decidido consagrar un período de tu vida, quizá incluso toda tu vida. Mantener un corazón abierto es conservar la inocencia, la curiosidad y la compasión mientras persigues algo que es significativo para ti.

Inocencia

La palabra *inocente* tiene una raíz latina que significa «no herir ni dañar», como en «no culpable». No estamos usando la definición legal. En cambio, usamos el término en el sentido de la inocencia infantil, la ingenuidad, la capacidad de sostener ideas cándidas, tener pensamientos inusuales y quizá ingeniosos, ser alegre en tu vida y tu trabajo, e incluso ser extraño para tu organización o tu comunidad.

Los desafíos adaptativos requieren que una cultura experimente algún cambio en sus normas, y esto exige cierta anormalidad, lo que no significa que todas las normas cambien, sino que algunas deben hacerlo. Por consiguiente, para que el cambio tenga lugar, se deben importar algunas ideas de un medio diferente o extraerlas internamente desde otra perspectiva dentro de ese ambiente.[2] Esa perspectiva alternativa puede ser errónea el 80 % de las veces, pero eso significa que el otro 20 % la idea curiosa, ingenua pero ingeniosa podría ser justamente la que se necesita.

Cuando lideras a un grupo, a menudo comienzas con un deseo de contribuir a la organización o comunidad, de ayudar a la gente a resolver problemas importantes o a mejorar la calidad de sus vidas. Tu actitud no es completamente inocente, pero la asumes con esperanza e interés por las personas. Sin embargo, luego llega a ser difícil sostener esos sentimientos cuando muchas personas rechazan tus aspiraciones porque las ven demasiado irreales, desafiantes o perturbadoras. Los resultados llegan lentamente y te endureces ante una realidad desalentadora. Tu corazón se cierra.

Como un órgano, el corazón sano se abre y se cierra cada segundo. Entonces, ¿cómo se puede mantener abierto, y no cerrarse en medio de tan difícil tarea? ¿Cómo mantener la inocencia junto con una apreciación realista de los peligros implícitos en el ejercicio del liderazgo? ¿Cómo puedes plasmar tu deseo de amar y proteger, aun cuando reconozcas las realidades a las que te enfrentas, que pueden ser perniciosas?

Mantener tu inocencia no significa aceptar un sufrimiento innecesario. Como dijo un exalumno nuestro: «Durante veinticinco años, cada vez que tuve que despedir a alguien, ya fuera por razones económicas o de desempeño, fue sumamente doloroso para mí y sufrí por ello. No creo que sea cada vez más fácil, pero tampoco creo ser tan estúpido para no echar a alguien que está perjudicando a la organización. Por lo tanto, tiene sentido que actúe. Pero quizá no tengo suficientes agallas. ¿Cómo puedo evitar este sufrimiento y seguir siendo justo al respecto? En cierto sentido, cada vez que despido a alguien, pierdo un poco de inocencia; he de tener mecanismos dentro de mí, y colegas a mi alrededor, para recuperar esa inocencia o volverme a conectar con ella».

Todos tenemos límites. Ocasionalmente, también Jesús se pudo sentir abrumado, agotado. A veces intentó poner límites a las personas que decidió sanar. Por lo tanto, al llegar a tus límites tienes una opción. Podría decirse respetuosamente: «¿Sabes?, hoy ya no puedo hacer nada más. Ha llegado el momento de ver una vieja película, de volver a hojear un álbum familiar, de tener un tiempo libre y de disfrutar de las delicias de la vida, porque esas delicias también existen». O puedes permitir que tu corazón se cierre: endurecerte, desarrollar una gruesa capa protectora o perder completamente tu inocencia.

Curiosidad

Casi todas las gratificaciones de la vida profesional van a parar a las personas que saben, no a las que no saben. Cada día, aun en una gran universidad dedicada al aprendizaje, vemos a algunos colegas más ansiosos de mostrar lo que saben que de revelar lo que ignoran. En el mundo empresarial, la certeza tiene una larga historia. Los empresarios exageran rutinariamente su confianza en sus productos. En el ámbito político, los candidatos expresan certezas que van más allá de su capacidad de predicción. A corto plazo, tus empleados pueden confiar menos en ti cuando compartes tus dudas, ya que les preocupa tu competencia; pero a largo plazo pueden confiar más por haberles dicho la verdad.

Esta dinámica se inicia tempranamente. Cuando los niños llegan a la adolescencia ya experimentan una profunda inclinación a «defender su punto de vista». Comienzan a perder esa maravillosa curiosidad que proviene de reconocer lo que no saben, cuando suponen que deben aprender de las personas con puntos de vista diferentes, no solo discutir con ellas. Pero las sensaciones de misterio y curiosidad tan preciosas en los primeros años desaparecen rápidamente a medida que los debates de rutina desarrollan la estructura característica:

—Tengo razón.

—¡No! ¡Yo tengo razón!

—¡No! ¡Yo tengo razón!

Los desdichados siguen ganando y llegan a ser «los mejores y más brillantes». Son desdichados porque, como el rey Lear, a menudo despiertan demasiado tarde, después del fracaso y los errores. Y finalmente deben aceptar con dolor y resignación la pérdida de su excesiva confianza en sí mismos. Unos pocos, como Robert McNamara, que desempeñó un papel clave en la guerra de Vietnam, demuestran un coraje extraordinario al reconocer sus errores y recuperar sus dudas. El hecho de que McNamara escribiera unas memorias profundamente reflexivas, analizando sus errores de juicio, debería servir de inspiración para alguien que asume los riesgos del liderazgo.[3] ¿Cuántas personas prominentes pueden decir lo mismo acerca de su propia memoria? En cambio, los argumentos de autojustificación se refuerzan unos a otros para proteger algunas nociones de falso orgullo. Y las lecciones para la posteridad se pierden.

Si Jesús, al final de su misión, pudo cuestionar a Dios, entonces seguramente nosotros también podemos cuestionarnos.

¿Es posible conservar esa virtud de la infancia, la curiosidad, aun cuando perdamos nuestra capacidad para las suposiciones basadas en la realidad? ¿Hay maneras de mantener un sentido del misterio en todo eso?

Para tener éxito cuando lideras un cambio adaptativo, necesitas desarrollar la capacidad de escuchar con los oídos bien abiertos, así como la de adoptar ideas nuevas e inquietantes. Esto no será fácil porque sentirás que te presionan para que des respuestas. ¡Y en tus momentos de inspiración, estarás convencido de que, en efecto, las tienes! Entonces podrás decir acerca de tus detractores: «¿Cómo podéis dudar del valor de lo que estoy ofreciendo? ¿De esta nueva tecnología? ¿De este nuevo programa?». Cuando Bill George llegó a ser director ejecutivo de Medtronic en 1989, la compañía tenía la tradición de dividir a los médicos en dos categorías: «nuestros clientes» y los «médicos de la competencia»; es decir, aquellos que eran leales a las compañías competidoras y a sus productos. Descubrió que muchos de los ingenieros no querían tratar con los «médicos de la competencia» porque eran demasiado críticos y desafiantes. «Desde luego», reflexionó George, «ellos eran precisamente los médicos de quienes podíamos aprender más». Contra esa resistencia, George rápidamente resolvió prohibir el término «médicos de la competencia» y los incorporó, junto con sus ideas, a la compañía.

La mayoría de las veces, si eres honesto contigo mismo, sabes que tu visión del futuro es solo tu mejor estimación del momento. Como hemos dicho, los planes no son más que las mejores conjeturas de hoy. Si no tienes el coraje de comprometerte con las ideas «competidoras», ¿cómo podrás hacer el esfuerzo adaptativo necesario para prosperar en ese medio competitivo?

La práctica del liderazgo requiere tener la capacidad de seguir planteándote las dudas básicas en tu organización y tu comunidad. Nuestro colega Robert Kegan enseña la diferencia entre las suposiciones que mantienes y las suposiciones que te mantienen a ti. Las suposiciones que te mantienen a ti te impiden ver cualquier otro punto de vista. Pero nosotros tenemos un nombre especial y virtuoso para ellas: las llamamos *verdades*. Las verdades son suposiciones para las cuales la duda es una intrusa indeseable. Y las «verdades» se mantienen por una falta de coraje para reformular las lealtades.

Compasión

Aristóteles describió a Dios como el promotor impasible. En cambio, el filósofo del siglo XX, Abraham Joshua Heschel, lo definió como «el promotor más motivado».[4] Si Dios es motivable, ¿nosotros no deberíamos también motivarnos con los triunfos, los fracasos y la lucha?

En su raíz, la palabra *compasión* significa «acompañar a alguien en su dolor o padecimiento». El prefijo *com* significa «junto con» y el vocablo latino *passionem* («pasión») tiene el mismo significado que padecimiento, como en la frase «la pasión de Jesús». En todo este libro hemos descrito las razones prácticas y trascendentes para conservar el respeto por los sufrimientos que motiva el cambio. Por ejemplo, el consejo de «mantener cerca a tu oposición» se basa en varios argumentos estratégicos y tácticos, pero también deriva de la idea de que las personas que más se resisten tienen más que perder; y por lo tanto merecen más tiempo, cuidado, atención y habilidad.

Cuando lideras, debes sostener las aspiraciones y los anhelos de otras personas. Obviamente, si tu corazón está cerrado no podrás comprender esas apuestas, ni las pérdidas que tendrán que soportar mientras conservan lo que es más valioso y aprenden cómo prosperar en el nuevo medio.

Como la inocencia y la duda, la compasión es necesaria para el éxito y la supervivencia, pero también para llevar una vida plena. Te permite prestar atención al dolor y a la pérdida de las otras personas, aun cuando parezca que ya no tiene recursos.

El padre de Marty, mientras yacía en la cama de un hospital —durante lo que él y todos los demás sabían que sería su última semana de vida—, hizo un extraordinario uso del tiempo para comprender el impacto que tendría su muerte sobre su familia. Dispuso una conversación privada con cada uno de sus cuatro nietos, en la que les habló de sus valores y de los beneficios de sus casi ochenta años de experiencia. Le hizo a su nieta un conmovedor discurso de aliento antes de que volviera a hacer su examen de conducir —lo aprobó—. Se reunió a solas con su exnuera, que se había distanciado de él después de que ella y su hijo se divorciaran. Le dijo que la quería mucho y que pensaba que había sido una gran madre. Finalmente, una hora antes de expirar, le pidió a Marty que le trajera una cerveza.

—¿De qué marca? —preguntó Marty.

—Bud.

—¿Light o normal?

—Light está bien.

Llorando inconsolablemente, Marty bajó corriendo las escaleras del hospital y cruzó la calle hasta la tienda de licores. Compró un paquete de seis cervezas y volvió a la habitación del hospital para que su padre pudiera darse un último gusto. Sirvió las cervezas y juntos brindaron una vez más para celebrar su vida y su amor.

En el lenguaje formal de este libro podríamos decir que el padre de Marty condujo a su familia, y quizá a sí mismo también, a través del cambio adaptativo de su muerte. Probablemente una mejor manera de decirlo es que el padre de Marty, a pesar de su propio dolor y de su pérdida, esa semana les enseñó algo a todos los que amaba acerca de cómo vivir, cómo morir y cómo aprovechar cualquier oportunidad de amar y ayudar al prójimo.

. . .

Las oportunidades de liderazgo son accesibles para ti y para todos nosotros, cada día. Pero asumir los riesgos del liderazgo es una tarea difícil, ya que los peligros son reales. Sin embargo, la tarea es digna y los beneficios para ti y para quienes te rodean son inestimables. Hemos escrito este libro con admiración y respeto por ti y por tu pasión. Esperamos que los conceptos vertidos en estas páginas te hayan servido de guía e inspiración, y que ahora tengas mejores medios para liderar, protegerte y mantener vivo tu espíritu. Ojalá puedas disfrutar plenamente de los frutos de tu labor. El mundo te necesita.

Notas

Prefacio

1. Deborah L. Ancona, Thomas W. Malone, Wanda J. Orlikowski y Peter M. Senge, «In Praise of the Incomplete Leader», en *Harvard Business Review*, febrero de 2007, págs. 92-100.

Capítulo 1

1. Esta historia es una adaptación de la tesis doctoral de Sousan Abadian, «From Wasteland to Homeland: Trauma and the Renewal of Indigenous Communities in North America», Universidad de Harvard, 1999. Los nombres han sido cambiados y la historia alterada para mantener la confidencialidad.

2. Este caso se basa en las observaciones y las entrevistas de Ronald Heifetz con sectores clave durante este período en Quito e incluso en numerosas conversaciones con el presidente Jamil Mahuad.

3. Gary Hamel, «Waking Up IBM: How a Gang of Unlikely Rebels Transformed Big Blue», *Harvard Business Review*, vol. 78, n.º 4, julio-agosto de 2000, pág. 138. Para la historia completa sobre la cual se basa este artículo, véase Gary Hamel, *Leading the Revolution*, Boston, Harvard Business School Press, 2000, págs. 154-166 (trad. cast.: *Liderando la revolución*, Barcelona, Gestió 2000, 2000).

4. Hamel, *Leading the Revolution*, *op. cit.*, pág. 155.

5. Hamel, «Waking Up IBM», pág. 138.

6. Ira Sager, «Inside IBM: Internet Business Machines», *Business Week*, 13 de diciembre de 1999, P. EB38.

7. Ira Sager, «Gerstner on IBM and the Internet» (entrevista con el presidente de IBM, Louis V. Gerstner, Jr.), *Business Week*, 13 de diciembre de 1999, EB40.

8. Hamel, «Waking Up IBM», pág. 143.

9. Mark Moore, conversación personal con el autor, 16 de octubre de 2000.

Capítulo 2

1. Una versión más amplia de esta historia se puede encontrar en «Diversity Programs at The New England Aquarium», tesis C116-96-1340.0, Kennedy School of Government Case Program, Cambridge, Mass., Universidad de Harvard, 1996.

2. Véase Ronald A. Heifetz, *Leadership Whithout Easy Answers*, Cambridge, Mass., The Belknap Press, Harvard University Press, 1994, cap. 7 (trad. cast.: *Liderazgo sin respuestas fáciles*, Barcelona, Paidós, 1997).

3. Warren Bennis, *The Unconscious Conspiracy*, San Francisco, Jossey-Bass Publishers, 1989.

4. Lani Guinier, «The Triumph of Tokenism: The Voting Rights Act and the Theory of Black Electoral Success», *Michigan Law Review*, vol. 89, n.º 5, marzo de 1991, págs. 1.077-1.154.

Capítulo 3

1. Sobre la habilidad de reflexionar en acción, véase Donald A. Schön, *The Reflective Practitioner: How Professionals Think in Action*, Nueva York, Basic Books, 1983 (trad. cast.: *El profesional reflexivo. Cómo piensan los profesionales cuando actúan*, Barcelona, Paidós, 1998); y M. Weber, *Politics as a Vocation*. Filadelfia, Fortress Press, 1965 (trad. cast.: *La política como profesión*, Madrid, Espasa Calpe, 2001).

2. Lee Kuan Yew, *From Third World to First: The Singapore Story 1965-2000*, Nueva York, HarperCollins Publishers, 2000.

3. Metáfora de Jack Bridenstein, oficial naval de Estados Unidos, comunicación personal con el autor, 11 de agosto de 1982.

4. Li Kuan Yu, comunicación personal con el autor, 17 de octubre de 2000.

Capítulo 4

1. John Greenwald, «Springing A Leak», *Time*, 20 de diciembre de 1999, pág. 80. Para referencias adicionales acerca de la gestión y sucesión de Ivester, véanse también Betsy McKay, Nikhil Deogun y Joanne Lublin, «Tone Deaf: Ivester Had All Skills of a CEO but One: Ear for Political Nuance», *Wall Street Journal*, 17 de diciembre de 1999, pág. A1; y Matt Murray, «Deputy Dilemma: Investors Like Backup, But Does Every CEO Really Need a Sidekick?», *Wall Street Journal*, 24 de febrero de 2000, pág. A1.

2. Este caso se basa en una conferencia de Leslie Wexner en la John F. Kennedy School of Government, Cambridge, Mass., Universidad de Harvard, 13 de septiembre de 2000.

3. Para un relato más completo de Nelson Poynter y de su administración del *St. Petersburg Times*, véase Robert N. Pierce, *A Sacred Trust: Nelson Poynter and the St. Petersburg Times*, Gainesville, University Press of Florida, 1993.

4. Robert Haiman, entrevista telefónica con el autor, 24 de abril de 2001.

Capítulo 5

1. Donald Winnicott, *The Maturational Process*, International Universities Press, Nueva York, 1965 (trad. cast.: *Los procesos de maduración y el ambiente facilitador*, Barcelona, Paidós, 1994); Arnold H. Modell, «The "Holding Environment" and the Therapeutic Action of Psychoanalysis», *Journal of the American Psychological Association*, n.º 24, 1976, págs. 285-307; Edward R. Shapiro, «The Holding Environment and Family Therapy with Acting Out Adolescents», *International Journal of Psychoanalytic Psychotherapy*, n.º 9, 1982, págs. 209-226; Robert Kegan, *The Evolving Self*, Cambridge, Mass., Harvard University Press, 1982; y Edward R. Shapiro y A. Wesley Carr, *Lost in Familiar Places*, New Haven, Yale University Press,1991.

2. Ronald A. Heifetz y Donald L. Laurie, «The Work of Leadership», *Harvard Business Review*, vol. 75, n.º 1, enero-febrero de 1997, págs. 124-134.

3. Arthur Schlesinger, *The Coming of the New Deal*, Boston, Houghton Mifflin, 1958, pág. 538 (trad. cast.: *La llegada del nuevo trato*, México, Unión Tipográfica Editorial Hispano Americana, 1968).

4. Pronunciado a los pies del monumento a Lincoln el 28 de agosto de 1963.

5. Para un tratamiento más exhaustivo del tema, véase «Ricardo de la Morena and the Macael Marble Industry (A)», caso 16-90-971.0, Kennedy School of Government Case Program, Universidad de Harvard, Cambridge, Mass., 1990.

Capítulo 6

1. Hay muchas versiones de esta historia. Hemos recurrido a dos de ellas: una es de David Shields, «The Good Father», *New York Times Magazine*, 23 de abril de 2000, pág. 60; y otra de Phil Jackson y Hugh Delehanty, *Sacred Hoops: Spiritual Lessons of a Hardwood Warrior*, Nueva York, Hyperion, 1995, págs. 189-193 (trad. cast.: *Canastas sagradas: lecciones espirituales de un guerrero de los tableros*, Barcelona, Paidotribo, 2002). Ambas coinciden en los hechos esenciales.

2. En el original, *Cereal Killer*, juego de palabras por alusión a *Serial Kille* (*n. del e.*).

3. Según una encuesta del *New York Times*/CBS News, al día siguiente de su discurso el índice de aprobación a Carter subió del 26% al 37%; ver «Speech Lifts Carter Rating to 37%; Public Agrees on Confidence Crisis», *New York Times,* 18 de julio de 1979, pág. A1; y Howell Raines, «Citizens Ask if Carter Is Part of the "Crisis"», *New York Times,* 3 de agosto de 1979.

Capítulo 7

1. Para una versión más amplia de la historia de Selecky, véase «Principle and Politics: Washington State Health Secretary Mary Selecky and HIV Surveillance», caso 1556, Kennedy School of Government Case Program, Universidad de Harvard, Cambridge, Mass., 2000.

2. Heifetz, *Leadership Whithout Easy Answers,* Cambridge, Mass., The Belknap Press, Harvard University Press, 1994, caps. 6 y 9 (trad. cast.: *Liderazgo sin respuestas fáciles,* Barcelona, Paidós, 1997).

3. La historia completa de la reorganización de la Oficina de Correos de Estados Unidos se puede encontrar en «Selling the Reorganization of the Post Office», caso C14-84-610, Kennedy School of Government Case Program, Universidad de Harvard, Cambridge, Mass., 1984.

4. Este relato de la relación entre Lehman y General Dynamics se ha extraído principalmente de «John Lehman and the Press», caso C16-89-917.0, Kennedy School of Government Case Program, Universidad de Harvard, Cambridge, Mass., 1989. Se puede encontrar información adicional en Jacob Goodwin, *Brotherhood of Arms,* Nueva York, Times Books, 1985; y Patrick Tyler, *Running Critical,* Nueva York, Harper & Row, 1986.

Capítulo 8

1. David Gergen, *Eyewitness to Power: The Essence of Leadership, Nixon to Clinton,* Nueva York, Simon & Schuster, 2000, pág. 261.

2. «The Real Story of Flight 93: Special Report: "Let's Roll"», *The Observer,* 2 de diciembre de 2001, pág. 15.

3. Véase el relato de David Gergen sobre Hillary Clinton y su impacto en la estrategia de Bill Clinton para la reforma del sistema de salud en *op. cit.,* págs. 296-309.

4. William Shakespeare, *Julio César,* acto I, escena 2.

5. «Seminario sobre liderazgo, religión y comunidad», Iglesia congregacional de Plymouth, Seattle, 4 de marzo de 2000.

Capítulo 9

1. Elizabeth Cady Stanton, *Eighty Years and More,* Nueva York, Source Book Press, 1970, pág. 148.

2. *Ibid.,* pág. 149.

3. *Ibid.*, pág. 149.

4. Gergen, *Eyewitness to Power*, Nueva York, Simon & Schuster, 2000, págs. 298-299.

5. *Ibid.*

6. Nurit Elstein Mor, jefe del Departamento de Pleitos Laborales, Oficina del Procurador del Estado, Israel (comunicación personal con el autor), septiembre de 2000.

7. Desde luego, nadie puede saber qué había en la mente y el corazón de Rabin durante esos momentos de decisión. Nuestras interpretaciones se basan en comunicaciones personales con personas de su círculo político, pero siguen siendo interpretaciones, destinadas a ilustrar la distinción entre el rol y el yo, más que una observación biográfica acerca de Rabin.

8. Jack Welch, *Straight from the Gut*, Nueva York, Warner Books, 2001 (trad. cast.: *Hablando claro,* Barcelona, Javier Vergara, 2001).

9. Discurso en el Valley College, Van Nuys, California, noviembre de 1984, en Geraldine Ferraro, *Ferraro: My Story*, Nueva York, Bantam, 1985, pág. 292 (la cursiva es del original).

Capítulo 10

1. *American Heritage Dictionary*, 4a ed., Nueva York, Houghton Mifflin Company, 2000.

2. S. L. A. Marshall, *Men Against Fire: The Problem of Battle Command in Future War*, Nueva York, William Morrow, 1947, caps. 9 y 10; y Edmund Shils y Morris Janowitz, «Cohesion and Disintegration in the Wehrmacht in World War II», *Public Opinion Quarterly,* vol. 12, n.º 2, verano de 1948, págs. 280-315.

3. William W. George, «A Mission for Life», manuscrito inédito, 2001; y comunicación personal con el autor, noviembre de 2001.

4. El Talmud, el Corán y otras enseñanzas sagradas. *Mishnah, Tractate Sanhedrin*, cap. 4, *Mishnah* 5; y *Surat al-Ma'idah,* verso n.º 32 en el *Qur'an.*

5. William Shakespeare, *Romeo y Julieta*, acto II, escena 2.

6. Hank Greenberg e Ira Berkow, *Hank Greenberg, The Story of My Life*, Chicago, Triumph Books, 2001, pág. 181. La relación entre Greenberg y Robinson se describe en las págs. 181-183 y también en *The Life and Times of Hank Greenberg,* un documental producido y dirigido por Aviva Kempner en 1998.

7. Milton D. Heifetz y Will Tirion, *A Walk Through the Heavens: A Guide to Stars and Constellations and Their Legends*, Nueva York, Cambridge University Press, 1998 (trad. cast.: *Un paseo por las estrellas: una guía de las estrellas, las constelaciones y más leyendas,* Madrid, Cambridge University Press, 1998).

8. William Shakespeare, *El rey Lear*, acto IV, escena 7.

9. Mitch Albom, *Tuesdays with Morrie*, Nueva York, Doubleday, 1997 (trad. cast.: *Martes con mi viejo profesor*, Madrid, Maeva, 1999).

Capítulo 11

1. «Deep Ecumenism», seminario con el rabino Zalman Schachter-Shalomi en Elat Chayyim, Concord, Nueva York, julio de 1998.

2. Richard Pascale, Jerry Sternin y Monique Sternin, *The Power of Positive Deviance: How Unlikely Innovators Solve the World's Toughest Problems* (Boston: Harvard Business Press, 2010).

3. Robert S. McNamara y Brian VanDeMark, *In Retrospect: The Tragedy and Lessons of Vietnam*, Nueva York, Vintage Books, 1996; y Robert S. McNamara y James G. Blight, *Wilson's Ghost: Reducing the Risk of Conflict, Killing, and Catastrophe in the 21st Century*, Public Affairs, LLC, junio de 2001.

4. Abraham Joshua Heschel, *God in Search of Man: A Philosophy of Judaism*, Northvale, Nueva Jersey, Jason Aronson, Inc., 1987, pág. xxxiii.

Índice

Acceso, 81

Acciones:

como intervenciones, 152-154

justificación moral de, 125

y sostener la tensión, 155-160

Aceptar bajas, 106-108

Agotamiento, 180

Albom, Mitch, 241-242

Aliados/alianzas, 168

Véase también Socios/asociaciones

confundir confidentes con, 218-223

conocer las alianzas, 91

crear, 86

los riesgos de perder, 89-91

relaciones con, 96

versus la estrategia del guerrero

solitario, 218

Ambiente contenedor, creación

de un, 112-118

Amor, 230-232

Anclas, 197

Angustia, experimentar la, 247-248

Ansia incontrolable, 197

Ansias:

control de, 201-204

de autoafirmación e importancia,

185-193

de intimidad y placer, 193-201

de poder y control, 182-185

Aprendizaje, continuar el, 245

Aristóteles, 255

Arrogancia, 188, 245-247

Asesinatos, 11, 45, 211-212, 212

Ataques:

Véase también Terrorismo

físicos, 44-45, 212

personales, 44-46, 206-207, 209-211

Ataques a la persona, 46

Ataques del 11 de septiembre de

2001, 20-21, 102, 166, 184

Véase también Terrorismo

Ataques verbales, 46

Atención, 163

Véase también Concentración

centrar la, 170-176

desviar la, 40-43, 48

Autoafirmación, 185-193

Autoprotección, 245

Autoridad:

comparada con el liderazgo, 27

durante las crisis, 186

falta de, 37-38, 167, 173

ir más allá de tu, 21-28, 169

los riesgos de perder la, 198-199

marginación de la, 37-39

obtención de, 137

pérdida de los beneficios de la, 205

restaurar el orden usando la, 124

Autoridad moral, 160
Autosatisfacción, 203

Bennis, Warren, 43
Bork, Robert, 47
Both, Henni, 115
Bratton, William, 26
Bush, George (padre), 66-67
Bush, George W., 45, 125, 186

Cambio:
    adaptación al, 130
    adaptativo, 13-20
    amplio o generalizado, 128-129
    de las normas, 251
    disposición al, 100
    generar un (significativo), 104-105
    movilizar para, 13
    respetar el dolor de los otros, 160
Capacidad de reflexión, 55
Carter, Jimmy, 150, 242
Chandler, Otis, 149
Cheney, Dick, 45
Cinismo, 245-247
Clinton, Bill:
    credibilidad de, 168
    el galanteo de, 213
    la condición física de, 180
    la reelección de, 131
    las ansias de, 194-199
    más allá de los límites, 209
    personalidad de, 47, 210-211
    sus reformas del sistema de salud,
        128-129
Clinton, Hillary, 47
Clymer, Adam, 45
Compasión, 245-247, 248, 255-257
Compostura, mantener la, 48
Comprometer, 49-51
Compromiso, signo de, 106
Concentración, 170-176

Véase también Atención
    en los problemas, 170-176
    pérdida de, 40-41
Conducta, 103-106, 114, 118-120
Conducta ejemplar, 103-106
Confabulación: con los atacantes, 49
Confianza, pérdida de la, 103
Confidentes versus aliados, 218-223
Conflictos:
    colocarlos en el lugar debido, 141
    controlar el nivel de estrés de los,
        118-128
    crear un ambiente contenedor para
        los, 112-118
    de personalidad, 138
    graduar el trabajo, 128-132
    mostrar el futuro de los, 132-135
    persistencia de los, 65
    tipos de, 111
Connivencia inconsciente, 189
Conocimiento de sí mismo, 180
Conspiración:
    con los marginadores, 37
    inconsciente, 43
Control:
    ansia de, 182-185
    de la tensión, 118-120
    en el ejército, 184
Controlar el nivel de estrés, 118-128
Credibilidad, 21, 160
    obtención de, 137
    pérdida de, 168
Crisis:
    como un indicador de los proble-
        mas adaptativos, 65-66
    de autoridad, 186
    de liderazgo, 15-17
    desviar la atención durante la, 163
    urgencia generada por la, 167
Culpar a los otros, 97-100
Cultura empresarial:
    cambio de la (en IBM), 24-25

cambio de la, 115-116
estudio de la, 114
hacer cambios en la, 85
la diversidad como misión de la, 33-38
reconocimiento del cambio por medio de la, 167
Curiosidad, 116, 253-255

Debilitamiento de la autoridad, 37-39
Defenderse contra los ataques, 211
Defensa, mecanismos de, 49
Definición del yo, 29, 144
Demagogos, confabulación con la arrogancia de los, 189
Departamento de Salud, Educación y Bienestar de Estados Unidos, 33
Dependencia, alentar la, 189
Desacuerdo interno, 43
Desafíos:
    adaptativos, 13-20
    del liderazgo, 112
    identificar los (adaptativos), 116
Deslealtad, 28-29, 31, 96
Desorientación, 241
Desvalorización mediante la «invisibilidad», 56
Diallo, Amadou, 26
Dilemas compartidos, 50
Dinámica sexual, 198-199
Disculpa, 84
Disfunción, 14, 115
Disposición psicológica, 161
Distinción entre el rol y el yo, 206-218, 241
Doce hombres sin piedad (película), 125, 156

Ecuador, crisis de, 16-19
Eficacia, pérdida de la, 52
Eisenhower, Dwight D., 79, 130

Elección presidencial de 2000 en Estados Unidos, 125
Empleados, mostrar el futuro a los, 132-135
Empresa humana, 231
Encarnar (personificar) el problema, 40, 216, 217
Encontrar aliados, 82-91
Enemistad de los colaboradores, 84
Entender a las personas, 67-69
Entusiasmo, disipar el, 130-131
Equilibrio, intentos de restablecer el, 169
Errores:
    asumir la responsabilidad por los, 97-100
    corregir los, 191-192
    el exceso de franqueza, 222
Escalada al poder (película), 206
Escrúpulos, 213
Escuchar, 69-73
Esfuerzo:
    graduar el, 128-132
    ponerlo donde corresponde, 141-149
    respaldar el, 137-141
Esfuerzo adaptativo, 15-23, 32, 35-36
    Véase también Tarea técnica
    aceptar bajas durante el, 106-108
    distinguir de la tarea técnica, 60-67
    en un nivel individual, 204
    problemas del, 219
    proporcionar un contexto para el, 114
    reconocer la pérdida como parte del, 100-103
    versus técnico, 118
Estilo personal, 60
Estrés, control del, 118-128
Estructuras jerárquicas, 4
Exclusión, 34-40
Éxito, como ruina, 191
Expectativas, 21, 49, 141
Exteriorizar los problemas, 141

Fanáticos, 186
Ferraro, Geraldine, 216
Figuras de autoridad, 73-79
Forma, irrelevancia de la, 239-244
Fronteras, 199-200
Frustración, razones de la, 179-180
Frustrar a tus seguidores, 50
Fuentes de sentido y significado,
        228-229

Gates, Bill, 191-192
George, Bill, 231, 254
Gerstner, Lou, 24
Gingrich, Newt, 130, 195
Giuliani, Rudolph, 26, 102
Gore, Al, 125
Greenberg, Hank, 235-237
Grossman, David, 23, 173, 229
Guerrero solitario, estrategia del, 218
Guinier, Lani, 47

Hábitos, abandono de los, 29-30
Haiman, Bob, 105
Hart, Gary, 213
Heifetz, Milton, 238-239, 256-257
Heroísmo, 185, 228
Heschel, Abraham Joshua, 255
Honestidad consigo mismo, 255
Hoover, Herbert, 234
Hostilidad, 95
Huelga de la Oficina de Correos de
        Estados Unidos, 165
Hussein, Saddam, 66

Iacocca, Lee, 106
IBM, 23
Ilusiones, mantenimiento de las,
        185-186
Importancia, necesidad de un sen-
        tido de la, 185-193

Información, retención de la, 131
Iniciativa, 26, 168
Inmunidad, falso sentido de, 94
Inocencia, 251-253
Insaciabilidad, 193
Insensibilidad, 245-247
Inspiración versus temor, 130
Insubordinación, 140
Interpretaciones, 61, 70, 149-151
Intervenciones, 149-154, 174-176
Intimidad, 193-201, 202
Introspección, 55, 224
Ira, 155-160
Irán-contra, episodio de, 27
Ivester, M. Douglas, 82

Jackson, Phil, 139, 229
Johnson, Lyndon, 39, 153, 162, 168
Jordan, Michael, 139
Jubilación, 244
Julio César (Shakespeare), 187
Justificación moral de las acciones, 125

Kegan, Robert, 255
Kerasiotes, James, 183
King, Martin Luther:
    Véase también Movimiento de los
        derechos civiles
    agenda de, 41
    aprovechar la oportunidad, 164
    mensaje enviado por, 154
    su manera de asumir el riesgo,
        167, 175
    «Tengo un sueño», discurso, 133
Koedijk, Ruud, 114
Kohnstamm, Abby, 25

Landrey, Wilbur, 105
Laurie, Donald, 113
Lealtad, 30-31, 91, 218-219

Lehman, John, 171
Lewinsky, Monica, 197, 211
Lewis, David, 171
Liderazgo:
  comparado con autoridad, 27
  ejercicio del (sin autoridad), 169
  oportunidades del, 257
  peligros del, 11-13, 28-32, 247
  razones para el, 227-232
  y el mito de la medición, 232-239
Liderazgo sin respuestas fáciles
  (Heifetz), 5
Lieberman, Joseph, 217
Línea de fuego, 146
  Véase también Tensión, sostener la
Louima, Abner, 26

Madurez, 60, 160-170
Mahoney, Miles, 71
Mahuad, Jamil, 16-19, 68
Mantener la inocencia, 252
Marcos, Ferdinand, 190
Marginación, 34-40, 56
Martes con mi viejo profesor
  (Albom), 241
McNamara, Robert, 39
Medición, el mito de, 232-239
Médicos como líderes, 12-13
Mensajes, incapacidad para oír, 71-73
Metáfora:
  del balcón, 57, 69-73, 151, 181
  fútbol, 99
  musical, 181
Minimizar la oposición, 156
Moses, Robert, 87
Mostrar el futuro, 132-135
Movimiento de los derechos civiles,
  28, 30, 41, 101, 162
  Véase también King, Martin Luther
Mujeres:
  derechos de las, 207

  marginación de las, 34
  y las fronteras, 199-200
Muskie, Edmund, ataques a su
  esposa, 49

Nagel, Ernst, 234
Necesidades, 187-188, 193-194
  Véase también Ansias
Necesidades psicológicas. *Véase*
  Ansias
Necesidades sexuales, 193
Negación, 170
Nehru, Jawaharlal, 59
Neutralización, 62, 70
Neutralizar tu mensaje, 44
New England Aquarium, 35
Nixon, Richard, 47, 153, 164
North, Oliver, 27

Observaciones, 56, 78, 150
Observar desde el balcón, 56-57,
  69-73, 151, 181
Obstáculos al progreso, 59
O'Doherty, Hugh, 228
Olsen, Ken, 191
O'Neill, Tip, 49
Oportunidades de liderazgo, 1-2
Oposición, 5, 88, 91, 156
Orgullo, 188, 234

Paciencia, 161
Parks, Rosa, 28
Patrick, John, 24, 25, 173, 229
Patterson, Gene, 104
Pensamiento político, 81
Pentágono, ataque al. *Véase* Ataques
  del 11 de septiembre de 2001
Percibir las preocupaciones, 68-69
Pérdida:
  de confianza, 103

Pérdida: (*continuación*)
  en medio del peligro, 28-32
  reconocimiento de la, 100-103
Perseverancia, 22
Personalización, 40, 145
Pertchuk, Michael, 94
Pinochet, Augusto, 124
Pippen, Scottie, 139
Pistas, (búsqueda de) en las figuras
    de autoridad, 73-79
Placer, 193-201
Poder, 182-185, 198-199
Powell, Pete, 190
Poynter, Nelson, 104
Preguntas, 151, 174
Prejuicio, 61
Presión, 63, 160
Problemas:
  aceptar la responsabilidad por
    los, 97-100
  adaptativos (solución técnica para
    los), 146
  centrarse en los, 170-176
  culturales, 64
  de adaptación, la crisis como
    indicador de, 65-66
  de controversia, 157
  de cooperación, 37
  de esfuerzo adaptativo, 219
  de género, 35
  éticos, 131
  exteriorizar/interiorizar los, 141
  maduración de los, 160-170
  negación de los, 170
  percibir el motivo, 68-69
  políticos, 184-185
  «problema del electorado», 51
  romper con la rutina, 172-173
Promociones, como desviaciones,
    42
Propósito, 228-229, 232-239
  tener un, 243

Rabin, Itzhak, 11-13, 45, 212, 229
Realidades emocionales, 123, 182
  Véase también Ansias
Realismo, 245-247
Reencender la chispa, 203-204
Reflexión, capacidad de, 55
Relaciones:
  Véase también Socios/asociaciones
  compartir dentro de las, 90-91
  con aliados y oponentes, 97
  límites de las, 113
  personales, 81
  proteger las, 223
Renovación, 242
Represión, 124
Reputación, 60, 84
Resistencia, 32, 74
  al aprendizaje, 192-193
  al cambio, 39
  al esfuerzo adaptativo, 33
Respaldar el esfuerzo, 137-141
Respeto por el dolor de otros, 160
Responsabilidad:
  aceptación de la, 97-100
  por los errores, 105-106
  sostener la tensión, 155-160
Reuniones, estilo de, 117
Rey Lear, El (Shakespeare), 239
Rice, Jerry, 243
Richardson, Elliot, 145
Riesgos:
  de llamar la atención, 173
  de perder la autoridad, 199
  del liderazgo, 2-3
  para la vida, 212-213
Robinson, Jackie, 236-237
Robinson, Tony, 189
Roles o papeles:
  compromiso con los, 241
  de padres, 214-215, 257
  defensa/protección de, 213
  desempeñar sus, 209

finalización de, 214
«ser especial», 39
Roosevelt Franklin D., 122, 150

Sacrificios, 100-103, 106
Sadat, Anwar, 45
Sagrado corazón, 247-251
Salvaguardar el liderazgo, 69
Sánchez, Ricardo, 133, 143
Santuario, búsqueda de, 223-225
Schlesinger, Arthur, 123
Schlesinger, Len, 98
Seducción, 49-52
Selecky, Mary, 156
Sensibilidad perdida, 245-247
Socios/asociaciones, 81-91
    Véase también Aliados/alianzas
Soluciones, 227
    destructivas, 250-251
    interiorizar los problemas, 141
Sostenimiento del liderazgo, 79
Stanton, Elizabeth Cady, 207
Stemple, Rick, 238
Subordinado, verse a sí mismo
    como, 31
Sun Microsystems, 23
Suposiciones, desafiar las, 125

Tarea técnica:
    desafíos de la, 36
    distinción de la adaptativa, 60-67
    versus adaptativa, 15, 119, 64, 118
«Tengo un sueño», discurso, 133, 176
    Véanse también King, Martin
        Luther; Movimiento de los
        derechos civiles
Tensión, sostener la, 155-160
    Véase también Línea de fuego
Tentaciones, control de las, 198-199
Tergiversación, 47, 49
Terrorismo, 166, 228

Véanse también Asesinatos;
    Ataques del 11 de septiembre
    de 2001
Thomas, Clarence, 46
Three Mile Island, 165-166
Tolerancia, 61, 119, 125
Traición, 33
Transición, rituales de, 202-203
Transiciones de autoridad, 38-39
Tratado de paz del Viernes Santo, 50

Ulises, 196

Valores:
    elección de, 31-32
    las fuentes de nuestros, 31
Vida personal, 202-203
Vietnam, guerra de, 39, 41, 153
Vuelo 93 de United Airlines, 184, 228
    Véase también Ataques del 11 de
        septiembre de 2001
Vulnerabilidades:
    Véase también Ansias
    a los ataques, 46-47, 86
    experimentar, 250
    personales, 130

Welch, Jack, 89, 214
Weld, William, 51, 138
Wexner, Leslie, 89, 98
Willes, Mark, 146
Williams, Glenn, 36
World Trade Center, ataques al.
    Véanse Ataques del 11 de sep-
        tiembre de 2001; Terrorismo

Yu, Lee Kuan, 59

Zona de insaciabilidad, 193

Sobre los autores

RONALD HEIFETZ fue cofundador del Centro de Liderazgo Público de la Escuela de Gobierno John F. Kennedy de la Universidad de Harvard, donde fue pionero en la teoría del liderazgo y en la formación sobre esta a partir de 1983. Asesora a jefes de Gobierno, de empresas y de organizaciones sin ánimo de lucro en todo el mundo. El presidente de Colombia, Juan Manuel Santos, tuvo en cuenta los consejos de Heifetz en su discurso del Premio Nobel de la Paz de 2016. El primer libro de Heifetz, *Liderazgo sin respuestas fáciles* (1997), es un clásico en la materia y uno de los diez libros de texto más recomendados en las universidades de Harvard y Duke. Su investigación tiene como objetivo proporcionar una base conceptual para el estudio y la práctica del liderazgo y las estrategias para desarrollar la capacidad de adaptación de las organizaciones y las sociedades. Heifetz es muy conocido por desarrollar métodos transformadores de educación y desarrollo del liderazgo. Sus cursos en la Escuela Kennedy han sido votados sistemáticamente, por los graduados, como «los más influyentes». Sus métodos de enseñanza son el tema central del libro *Leadership Can Be Taught* (2005), de Sharon Daloz Parks. Heifetz y Linsky son coautores, junto con Alexander Grashow, de *La práctica del liderazgo adaptativo* (2012).

Licenciado por la Universidad de Columbia, la Facultad de Medicina de Harvard y la Escuela Kennedy, Heifetz es médico y violonchelista. Se formó inicialmente en cirugía antes de decidir dedicarse al estudio del liderazgo en asuntos públicos. Completó su formación médica en psiquiatría. Como violonchelista, tuvo el privilegio de estudiar con el gran virtuoso ruso Gregor Piatigorsky. Vive en Cambridge con su mujer, Kathryn. Familia, música, naturaleza y las clases universitarias lo mantienen ocupado.

MARTY LINSKY forma parte del cuerpo docente de la Escuela Harvard Kennedy desde 1982. En 2002 cofundó con Ron Heifetz Cambridge Leadership Associates, una consultoría de liderazgo que fue vendida a la plantilla en 2013. Graduado en la Williams College y en la Facultad de Derecho de Harvard, Linsky ha sido adjunto del líder de la oposición en la Cámara de Representantes de Massachusetts, escritor del *Boston Globe*, editor del *Real Paper* y primer secretario del gobernador de Massachusetts, Bill Weld. Es autor o coautor de más de una docena de libros y capítulos. Su publicación más reciente es «Adaptive Design», publicada en la *Stanford Social Innovation Review*. Lleva mucho tiempo trabajando en un nuevo libro, cuyo título provisional es *The Politics of Everyday Life: Optimismo implacable y realismo brutal*. Linsky tiene tres hijos casados y dos nietos. Su mujer, Lynn Staley, fue directora de diseño de *Newsweek* y es una pintora de éxito en su «jubilación». Linsky ha corrido nueve maratones (¡nunca más!), hace ejercicio a diario (para evitar una operación de espalda), anima a sus queridos Red Sox, disfruta de una buena bebida y de la comida vegetariana (recompensa por hacer ejercicio), pasa todo el tiempo posible en la casa de su familia en Italia, se dedica a combatir el desorden en serio y sigue coleccionando cromos de béisbol (más de veinticinco mil).